天皇の日本史

角川文庫
22127

目次

神話と天皇

学校で教えなくなった神話

これから本書を通して、日本人にとって天皇とは何かという古くて新しい問題を検討していきたいと思う。具体的には古代から現代にかけて約五〇人の天皇を取り上げることによって、天皇像というものを明確にしていきたいと考える（ちなみに「約」というのは、存在の確認できない天皇もいるためだ）。その最初は当然初代とされる神武天皇を扱うわけだが、その前にそもそも天皇はなぜ日本で絶対の君主であると考えられてきたのか、それをまず検討したい。平たく言えば「天皇はなぜ日本で一番偉いのか？　その理由は」ということである。

さて、あなたはこの問いに答えられるだろうか？　残念なことに答えられる人は意外に少ない。なぜなら今の教育ではそれを明確に教えていないからだ。

戦前の「天皇絶対主義」に対する反動だと一般には考えられているが（この考え方にも大変問題はあるが）、とにかく神話を学校で教えなくなってしまった。特に終戦直後の教育を受けた人は神話をまったく教えられていない。

日本嫌いの日本人は「神話は天皇家の支配を確定させるための嘘八百だ。だから教える必要はない」などと主張するが、これはキリスト教を信じる人々の国で「天地創造」や「アダムとイブ」や「ノアの方舟」を教えないのと同じことだ。もっとも最近は欧米でも宗教授業のない国もあるが、やはり神道は伝統文化でもあるので、子供たちが信じる信じないはともかく、まず知識としてはそれを与えるべきなのである。

多くの伝統文化、いや政治や経済や場合によっては科学にまで、神話はさまざまな影響を与えてきた。洋の東西を問わずそれは歴史的事実だ。神話の知識を与えた段階でそれをどのように評価するかは子供の自由だが、与えないという形で子供の知る権利を奪ってはいけないと私は考える。当たり前の話だが、その当たり前が民主主義の名のもとに行われてこなかったのがわれわれの国の現状である。だから、まずそれから始めよう。

日本という国、正確に言えば後に日本と呼ばれる「大八島」を作ったのは伊弉諾尊と伊弉冉尊という夫婦の神様である。神様の名前については非常に読みにくいので初出だけは漢字で書き、以後はカタカナの省略形で書くというスタイルでいきたいと思うが、その二柱（神様は「柱」あるいは「座」で数える）の神様が、混沌とした下界を大きな鉾でかき混ぜ日本の元となる大きな八つの島を作った。これが大八島（本州、九州、四国、淡路島、壱岐、対馬、隠岐、佐渡の八つ、北海道と沖縄は入っていない）である。そして次にイザナギとイザナミは男女の交わり、すなわちセックスをして多くの神々を生みだした。

このイザナギの娘が太陽の女神とされ、天皇家の祖先でもある天照大神（アマテラスオオミカミ）である。イザナギとイザナミは夫婦でセックスによって多くの神を生み出した。ならばアマテラスはイザナミの娘ということにもなるはずだが、実はアマテラスはイザナギの娘ではあるが、イザナミの娘ではない。

これこそが日本文化を理解するためには、必ず知っておくべき重要な問題なのだ。

ミソギで生まれたアマテラス

イザナギはアマテラスの父だが、イザナミはアマテラスの母ではない。二人は夫婦であるにもかかわらず、である。では、ギリシャ神話の最高神ゼウスがそうしたように、アマテラスはイザナギの「浮気」によって生まれた子なのか？　それも違う。実はギリシャ神話とは「真逆」で、アマテラスは父と母のセックスによって生まれたのではない。日本の最も古い歴史書であり、それよりは日本神道の「聖書」と呼んだ方がいいと思うのだが、その『古事記』に明記してある話である。イザナギとイザナミは夫婦として多くの子神をこの世に送り出した。ところがイザナミが死んだ。彼女が「火の神」を孕（はら）み分娩（ぶんべん）した時、「女陰」に大やけどを負って死んでしまったのだ。そしてこれは日本神道の重要な概念だが、死んだ人間あるいは神は必ず黄泉国（よみのくに）に行く。黄泉国は地下にある真っ暗な死のケガレ（穢）に満ちた世界であり、地獄に似ているが実はまったく違うものだ。地獄は生前悪いことをした人間がその罪によって行かされる場所である。これは仏教でもキリスト教でもイスラム教でも変わりない。

ところが日本神道では死者はすべて黄泉国に行かねばならない。考えてみれば理不尽な話だが、日本人はそれほど「死」というものを忌み嫌っていたのだろう。だが、イザナギはイザナミを深く愛していた。そこでイザナギはイザナミを救い出そうと黄泉国へ降りて行った。

しかし、イザナギがようやく黄泉国にたどり着くとイザナミは悲しげに言った。「遅かった」と。彼女はすでに黄泉国の食物を食べケガレており、その身体は無残に腐っていた。百年の恋もいっぺんに冷めたイザナギは、あわてて地上の世界へ逃げ出した。

そして明るい地上に出たイザナギが最初にしたこと、それは清流に入って綺麗な水でさまざまなケガレを流し身を浄めることであった。これをミソギ（禊）と言う。そのミソギの最中、イザナギが左の目を洗った時に生まれたのがアマテラスなのである。

これは極めて示唆に富む重大な神話である。まず日本人は「死」についてそれをケガレと捉えていた。ヨゴレ（汚）ではない。ヨゴレは石鹸で洗えば落ちるがケガレは落ちない。

たとえばイスラム教徒は一度でも豚の調理に使った器具は基本的に使わない。イスラム教にもケガレを除去する方法はあるが、それは土を使って「ミソギ」をする。やはり石鹸や消毒薬ではダメなのである。

一方、日本神道は神も人間も含めすべての動物の「死」をケガレと捉える。その死体に触れた者はケガレが伝染するからミソギをしなければならない。神ですら死ねば「ケガレ」だというのが日本神道が持つ決定的な特徴で、他の宗教にはまったく見られない。

また死に直結するからだろう、「血」も徹底的に忌み嫌う。人間は母親の胎内から出てくる時は血まみれだから、そのあと産湯でミソギをしたとしても「元はケガレのかたまり」だが、ミソギの最中に生まれたアマテラスは、世界で最も清らかな存在なのである。

天皇家は「弥生王」

ケガレをすべて除去したミソギのあとにアマテラスが誕生したということは、繰り返すがアマテラスは世界で最も清らかな存在であるということだ。そして、それが最高神とされているということは日本神道（以下「神道」と略す）においては、「清らか」であることが最高の価値だということだ。ここまでは井沢新説ではなく多くの学者が認める通説である。

ところが、なぜこういう考え方が生まれたかについては私独自の考えがある。世界には「死」や「血」を忌み嫌うどころか、それを「聖」と考える宗教がある。キリスト教やイスラム教がそうで、動物を殺して（イスラム教は豚だけはダメだが）それを神に捧(ささ)げることは、最も聖なる儀式の一つである。キリストは最後の晩餐(ばんさん)で弟子たちにパンと赤ワインをふるまい「これは私の肉と血だ」と言った。

「血」を「死」に直結するものとして忌み嫌った神道では絶対に出てこない言葉である。これは、おそらくキリスト教徒やイスラム教徒の多くがもとは遊牧民であり、ヒツジやウシなどの動物を殺さねば生きていけない（当然その時は血が流れる）文化の民だったからだろう。

一方、日本人、特に農耕民族である弥生人は動物など殺さなくても生きていける。先住民族であったと考えられる動物を殺す文化（狩猟など）の縄文人とは対照的である。つまり動物を殺す文化の縄文人が先住民として暮らしている「日本列島」に、あとから稲作と鉄器を持った弥生人がやってきて縄文人を征服し、この国を作ったのではないか。

そして、その「弥生王」が天皇家で、彼らの宗教が神道である、というのが井沢新説である。その証拠に天皇家の神事には農耕に関するものは多くあるが、動物の血を流す儀式は一つもない。

さて文化人類学的考察（？）はさておき、神話に戻ろう。神話でもアマテラスは当初からこの国（大八島）にいたのではない、高天原という別の場所にいた。この国には大国主命という神、つまり「先住民族の王」がいた。

そしてアマテラスはこの国を葦原中国と呼んでいた。自分の住んでいる神々の世界高天原と黄泉国の中間にある国という意味だ。その国土が豊かなのに目をつけたアマテラスは、オオクニヌシに使いを送って国を自分の孫に譲るように要請した。

自分が営々として築き上げたものを横から取り上げるというのだから、普通の人間なら反発するはずだが、さすがは神様である。おとなしくアマテラスのいうことを聞きオオクニヌシは国を譲った、ということに神話ではなっている。

しかし、これこそ「神話」だろう。つまり事実は、オオクニヌシは激しく抵抗したに違いないということだ。だが、とにもかくにも葦原中国はアマテラスのものとなった。アマテラスはこれを孫に与え、この地は永久にわが子孫（つまり天皇家）のものだと宣言した。その宣言を天壌無窮の神勅と呼ぶ。

抹殺された「神勅」という歴史的事実

天壌無窮の神勅は原文を引用しても、まさにチンプンカンプンだろうから、かいつまんで現代語訳すると、アマテラスはこの国がそれまで葦原中国と呼ばれていたのを、新たに「豊葦原之千秋長五百秋之水穂国（永遠に稲が豊かに実る素晴らしき国）」と呼び、「この国をわが子孫（後の天皇家）が治めることは『天壌』（天地）が『窮』『無』いのと同じく、永久不変のルールなのだ」と宣言、いや命令したのである。だから「神勅（神様のご命令）」なのだ。

そしてこの神勅、昭和一五年（一九四〇）に入ると、それまでの歴代の天皇表に代わって歴史の国定教科書の第一ページに載せられていた。なぜかはおわかりだろう。「なぜ天皇は偉いの？」という疑問に対する回答だったからだ。また外国人から「なぜ天皇がこの国の絶対君主なのですか」と尋ねられた場合の答えもこれだった。だから、国はまずこの神勅を日本史（当時は国史といった）の最初の知識として子供たちに教えたのだ。

　昭和二〇年（一九四五）まで神勅が学校で第一番に教えられていたのだから、当時の日本人はそれを常識としていましたという「歴史」を教育の場で教えるべきなのだが、今ではその事実自体が完全に抹殺されている。たぶん多くの読者にとって、このことは初耳だろう。自分の国の歴史的事実を抹殺するような教育に、一体何の意味があるのだろうか。

　ところで漫画家・水木しげる氏はその著書『水木しげるの古代出雲』（角川文庫）の中で、オオクニヌシは支配していた出雲の国を無理矢理に大和に奪われ征服された。オオクニヌシは深い怨念を抱き死んでいったに違いないと書いているが、まったく同感である。

　その深い怨念を恐れた天皇家は、だからこそ出雲大社という巨大な神社に、丁重にオオクニヌシを祀ったのだろう。ちなみに出雲大社は、昔は東大寺大仏殿と同等の高さ（出雲大社の方が高い）の社殿であったとされており、最近の発掘調査によってそのことが確認されている。敗者の祟りを恐れてその霊を丁重に祀るということも、ケガレを徹底的に忌み嫌うことと並んで神道の大きな特徴である。

天皇とは何か

皇帝、国王、エンペラー、キングとの違い

ここで改めて、「天皇」とは何かということを考えてみよう。天皇にはさまざまな定義がある。日本国憲法によれば「日本国の象徴であり日本国民統合の象徴」（第一条）だが、歴史的に言えば昭和二〇年（一九四五）までは日本の正統な統治者とされていた。その理由は天皇が天照大神（以下、アマテラスと呼ぶ）の直系の子孫であり、そのアマテラスの命令（天壌無窮の神勅）によって、天皇がこの国を永遠に治めることになっていたからである。こういう存在を世界史では「君主」と呼ぶが、日本の天皇はほかの国、ほかの文明に存在したいかなる君主とも違う。これは日本史を理解するための最大のポイントであるのだが、それが歴史常識として定着しているとは言い難い。

たとえば中国の伝統的支配者のことを皇帝という。それは初めて中国全土を統一し、一つの国家にした男が考えた称号である。われわれは彼のことを通常は「秦の始皇帝」と呼んでいるが、なぜそういう呼び方をするのか？　彼が統一するまで中国は七つの国

に分かれており、彼はそのうちの一つ秦国の国王に過ぎなかった。しかしライバルだった他の六ヵ国をすべて制圧し全土を統一したとき、国王ではこの巨大な地位を表現するにはふさわしくないと思い、国王の上に君臨する「皇帝」という称号を考案し、最初の皇帝だから「始皇帝」と名乗ったのだ。

しかし、彼の子孫がずっと中国を治めたわけではない。彼の死後ほどなく秦は滅ぼされ、劉邦という男が新しい王朝「漢」を建てた。しかし皇帝という称号は、中国全土の支配者を意味するものとして近代にいたるまで受け継がれることになった。そして「国王」は中国皇帝の家来である周辺国家の首長の呼称に「転落」した。

だからローマ皇帝やイギリス国王と呼ぶのは本来間違いというか、世界史学界の怠慢と言ってもいい。ローマ帝国の君主は「エンペラー(英語)」でありイギリス(正確にはイングランド、スコットランド、ウェールズなどから成る連合王国)の君主は「キング」だ。中国の君主である「皇帝」とその家来である周辺国家の首長「国王」とはまったく違うものなのだから、「エンペラー」「キング」を日本語に訳すとき「皇帝」「国王」ではなく別の言葉にすべきだったのだ。別の言葉にしておけば西洋史も理解しやすくなったのだが、安易に「ローマ皇帝」「イギリス国王」などという言い方にしてしまったのである。怠慢というのはそのことだ。

ひるがえって天皇はあくまで天皇であって、皇帝や国王ともエンペラーやキングとも違う。現在、日本国は天皇の正式英訳としてエンペラーを使っているようだが、これも本来は改めるべきだろう。天皇は「テンノー」と呼ぶしかない。

神の子孫のDNA

では、天皇は他の国あるいは他の文化における君主と、どこがどう違うのか？

天皇は神の子孫である、ということ（正確には「そう信じられてきた」と言うべきか）、そこがほかの君主とまるで違う。

念のためにお断りしておくが、私は右翼でもないし左翼でもない。「天皇は神の子孫である」などと言うと、日本にはすぐに発言者を右翼（＝超国家主義者）と決めつける向きがあるようだが、そういう人々は日本の歴史をまるで理解していないと断言しても差し支えないだろう。

これは好き嫌いの問題ではない。日本は言論の自由、思想の自由が認められている国だから、「天皇は嫌い」あるいは「天皇という地位は廃止すべきだ」等々、主張するのは自由である。しかしそういう主張と過去の歴史上の事実は、言うまでもないことだが、まったく別の次元の問題である。「私は天皇が嫌いだから、天皇が日本史に果たした役割も認めない」というなら、小学生と同じで話にならない。しかし、日本にはこういう「小学生レベル」の学者や文化人がかつては多数存在した。これでは日本の歴史を深く理解しようと思っても、はなから不可能である。

天皇の特性は外国の歴史と比べてみるとよくわかる。

たとえば中国皇帝は、身もふたもない言い方になるが「誰でもなれる」。身分が低かろうと外国人であろうと、戦争に強く反抗する者をすべて制圧する力があればいい。当然、「前の皇帝一家」は皆殺しにするか追放する。これを易姓革命と呼ぶ。明という王朝を建てた朱元璋は、貧しい農民から皇帝になり上がった男である。

イギリスでも、前の王ハロルド二世を殺したギヨーム二世が、新しい王朝ノルマン朝の始祖ウィリアム一世となった。彼は今で言えばフランス人で、アングロサクソンつまりイギリス人のハロルド二世とは何の血縁関係もない。要するに「力さえあれば君主になれる」が世界の常識であった。

しかし天皇は違う。いい意味でも悪い意味でも「日本の常識は世界の非常識」であって、どこの馬の骨かわからない人間は決して天皇にはなれなかった。神の子孫であるのだから、そのDNAを継いでいない人間は決して天皇になれないのである。

だから藤原氏は苦労した。第三八代天智天皇に仕えた中臣鎌足が藤原姓を与えられて以来、藤原氏は着々と権力を固め、天皇を圧倒するところまでのぼり詰めたのだが、それでも決して天皇家を滅ぼして自分が天皇になろうとはしなかった。いやできなかった。藤原氏は神のDNAを持っていないからである。そこで「関白」という皇族に準じ天皇の政治的権限をすべて代行できる地位を設けたわけだが、日本以外の国ではそんな面倒臭いことをする必要はない。朱元璋やギヨームのようにすればいいのだから。

ところが日本はそうはいかない。だから新興武力集団の長であり、軍事的にはいつでも天皇家を滅ぼせる立場にあった源頼朝も、天皇家を滅ぼさず逆に征夷大将軍という官職に任命してもらい、天皇の代理人として権力をふるう形をとらざるを得なかった。
それがまさに「この国のかたち」なのである。

陵墓をめぐる不幸な現状

平成三〇年（二〇一八）一〇月一五日、宮内庁が「仁徳天皇陵と認定した」古墳を、地元の大阪府堺市と共同で発掘すると発表した。この古墳は五世紀のもので全長四八六メートル、日本最大の古墳だが、問題は考古学者がこれを地名から大仙陵古墳と呼んでいることだ。本当にこれが仁徳天皇の墓かどうか、確実な物的証拠がないからである。なぜないかといえば、エジプトの王墓などと違って、宮内庁が発掘はおろか立ち入りすらほとんど認めてこなかったからなのだ。

私はこのニュースを聞いたとき最初は耳を疑った。なぜ宮内庁のかたくなな姿勢が変わったのか、ひょっとしたら世界遺産に申請されたことに関係あるのかもしれない。そうである以上「中身」が明確でないと問題があるということのようだ。しかし、その発掘調査なるものの正体を知って、私は再び失望した。古墳の本体部分ではなく、環濠つまり周辺の堀の一部を調べるだけということなのだ。これではあまり意味がない。

いったいなぜこんなことになってしまったのか。

幕末、天皇を中心とした国家意識が高まったとき、それまで荒廃していた天皇陵の調査が行われ、所在不明確だった古い陵墓がすべて「確定」した。しかし、その調査は現代から見れば非常に低い学問水準の中で、しかも一刻も早く確定しなければ不敬に当たるという「あせり」の中で拙速に決められたものなのである。中には現代の学問水準では到底天皇陵と認められないもの、逆に明らかに天皇陵なのに正式には天皇陵とされていないものもある。その後、明治憲法下において「天皇は神聖にして侵すべからず」と規定されたため、宮内省（当時）は学者の調査を一切拒否するようになり、戦後新憲法になってからもなぜかその姿勢は継続された。

これに対し、考古学界では宮内庁に対して立ち入り調査および発掘許可を求め続けると同時に、巨大古墳の中で確実にどの天皇の陵（みささぎ）か確定できないものについては、地名を基本とした名称で呼ぶことにして現在に至っているわけだ。

これは極めて不幸な状態である。日本国憲法によれば、日本に存在するものは究極には国民の財産である。ご先祖様のお墓だから大切にしようという気持ちはわからないでもないが、それならば内容をきちんと確定してお祀（まつ）りすべきだろう。また、現在のように墳丘部に木々をほしいままに繁茂させているのも問題だ。これは保護というより放置で、個人のお墓で言えば草むしりを一切せず雑草をぼうぼうと茂らせている状態である。いや、それより悪い。

というのは、雑草は墓をおおうだけだが、木々の根は生長することによって地下の石室などの埋蔵施設を破壊してしまうからだ。これを防ぐために墳丘部に茂った木々は、一刻も早く切り倒すべきだろう。そうしておいて盗掘などによって破壊されていないかも、考古学者の協力を得てきちんと調査すべきだ。アメリカのボストン美術館には、仁徳陵から出土したと伝えられる遺物が所蔵されている。盗掘口があったら雨水などの流入口となって埋蔵物を傷める。

それゆえ最低限、墳丘部の木々ぐらいは取り除かなければ、ご先祖様に対しても失礼だと私は思うのだが――。

神武天皇［初代］と崇神天皇［第一〇代］

死後に贈られる漢風諡号

天皇家の初代である神武天皇は、アマテラスという最高神の子孫であるが、あくまで人間だ。アマテラスの子孫は人間とセックスしたりして徐々に「ケガレ」ていった。普通の人間ほどケガレているわけでは決してなく、地上では最も清らかな存在ではあるのだが、神との最大の違いは永遠の命を失ってしまったことだ。だからこそ天皇は一人だけでなく何世代にもわたって受け継がれていく地位、いや身分となった。

その初代が神武天皇だ。「神武」というのはずっと後の時代になって贈られた漢風諡号（中国風の称号）であって、本名は不明で中国風に対する和風（日本風）の諡号は「カンヤマトイワレヒコノミコト」という。天皇という称号も後世のもので、当時は「スメラミコト」といった。そして「ハツクニシラススメラミコト」というのが神武天皇の和風の尊称である。

まずは法号や戒名のようなものだと考えたらいいかもしれない。たとえば戦国の英雄武田信玄の本名は武田晴信だった。それが出家して僧侶になったときの名が信玄で、これが法号である。空海や親鸞と同じだ。坊さんとしての名前である。そして死んだときにはさらに仏の戒律を授かったという形で戒名を受ける。信玄の場合は「法性院機山信玄」で、生前に僧侶になっていたので「信玄」の二文字が入るが、俗人のままで死んだ場合は同時代の戦国大名北条氏康のように「大聖寺殿東陽宗岱大居士」などとなる。居士は在家信者のことである。

また信玄は「甲斐の虎」などと呼ばれたようだが、これは信玄の領国が甲斐国（山梨県）であったこと、勇猛果敢な武将であったことに由来する異称というかニックネームのようなもので、むしろ褒めたたえる意識があるから美称（ほめて言う呼び名）であると考えるべきだろう。

さて神武や崇神のような漢風諡号は中国の儒教思想にもとづくものだから仏教とはまったく関係ないが、仏教の戒名と共通しているのはその人物の死後にその業績などを讃えて贈られた称号（身分、功績などを示す呼び名）だということだ。つまり生前の神武天皇は「神武」などと呼ばれたことは一度もない。

明治以降、天皇と元号は一致すると決められたが、たとえば昭和天皇は生前決してそうは呼ばれなかった。今上陛下つまり「今の天皇」とお呼びすればいいので、亡くなって初めて歴代の天皇と区別するために昭和天皇と呼ばれることになったのである。たまに歴史ドラマや時代劇で、たとえば後白河天皇が自分のことを「後白河」などと自称するシーンが出てくるが、それは絶対にありえない。生前の「彼」は自分が死んだ後にそう呼ばれることは知らなかったはずだからだ。

また神武天皇は生前「天皇」と呼ばれたこともなかった。天皇という称号も後の時代に作られたものだからだ。では、「神武天皇」が生きて活躍していた時代、「彼」のことを人は何と呼んだのか？

武田信玄で言えば「晴信」にあたる本名はわからない。『古事記』にも『日本書紀』にもその名は記録されていない。くり返すが、天皇のことは古くはスメラミコトといった。それゆえ中国風の神武天皇にあたる日本風の諡号（国風諡号）は神日本磐余彦尊（カンヤマトイワレヒコノミコト）である。

このうち明らかに美称である「神日本（カンヤマト）」と称号である「尊（ミコト）」を省くと「磐余彦（イワレヒコ）」が残るので、ひょっとしたらこれが本名かもしれない。天皇家には姓はない。そして神武天皇にはもうひとつ信玄でいえば「甲斐の虎」にあたる美称がある。それはハツクニシラススメラミコトであり「ハツクニシラス」は「初めてこの国を治めた」という意味だ。しかし実は第一〇代の崇神天皇もハツクニシラススメラミコトと呼ばれていたのである。

神武と崇神の「重なる業績」の謎

初代の美称がハツクニシラススメラミコトなのはわかるが、なぜ一〇代目もそう呼ぶのか？　実はこれが天皇の系譜における最初の大きな謎なのである。

この問題を考える重要なヒントがある。それは漢風諡号に二人とも「神」という文字が入っていることだ。この「神」という文字が諡号に入っている天皇は、実は歴史上三人しかいない。初代神武、一〇代崇神そして一五代応神だ。応神については頁を改めて説明するが、彼は新しい王朝の始祖だった可能性がある。つまり実質的な初代ということだ。

前にも述べたように、漢風諡号はずっと後世になって贈られたものだが、「神」をつ

1 神武（じんむ）
2 綏靖（すいぜい）
3 安寧（あんねい）
4 懿徳（いとく）
5 孝昭（こうしょう）
6 孝安（こうあん）
7 孝霊（こうれい）
8 孝元（こうげん）
9 開化（かいか）
10 崇神（すじん）
11 垂仁（すいにん）
12 景行（けいこう）
日本武尊（ヤマトタケルノミコト）
13 成務（せいむ）
14 仲哀（ちゅうあい）
神功皇后（じんぐうこうごう）
15 応神（おうじん）
16 仁徳（にんとく）
17 履中（りちゅう）
18 反正（はんぜい）
19 允恭（いんぎょう）
20 安康（あんこう）
21 雄略（ゆうりゃく）
22 清寧（せいねい）
23 顕宗（けんぞう）
24 仁賢（にんけん）
25 武烈（ぶれつ）
26 継体（けいたい）

※ゴシック体は天皇、数字は皇統譜による皇位継承順（以下同じ）

けたのはやはり大きな意味があったのではないか。たとえば、神武天皇は架空の存在で、崇神天皇こそ本当の初代であるという説が実は有力なのだ。

その根拠は第二代の綏靖（すいぜい）天皇から第九代の開化（かいか）天皇まで、その事績つまり「何をやったか」がまるで書かれていないのである。そこでこの八人の天皇のことを、日本歴史界の用語で「欠史八代」という。「何をしたかまったくわからず、存在すらも不明確な八人の天皇」ということだ。

本当の天皇家は崇神天皇をもって始まった。しかし後にもっと古い家柄だということを示すために、創業を何百年もさかのぼらせた。そして神武天皇の存在が創作され、神武と崇神の間を埋めるためにさらに八人の天皇の存在が創作された。

しかし初代の天皇の話なら崇神がやったことを神武の業績にするのは簡単だが、その後の八人分のストーリーを作るのは大変な作業だ。そこで名前と墓の所在しか「創作」できなかったという考え方をしたのである。

もちろん、そう考えない学者、研究家もいる。たとえば、初代神武から九代開化までは大和（やまと）朝廷以前の別系統の系譜で、天皇家がそれを引き継いだと考えるのである。

しかし、もし神武天皇が歴史上存在したとすると、『日本書紀』などで国家の始まりを計算すると紀元前六六〇年に日本は誕生したということになる。実はこれは昭和二〇年（一九四五）まで公式に使われていた日本紀元つまり皇紀の根拠で、「ゼロ戦」として有名な帝国海軍の「零式艦上戦闘機」も昭和一五年（一九四〇）つまり皇紀二六〇〇年から運用を開始されたので、そのように命名されたのだ。

日本人の一人としては少し残念でもあるが、この皇紀については日本のライバル中国に対抗するために考え出された数字であると考えておいた方が無難ではないかと私は考えている。この考えは古墳などを研究する考古学の見解とも一致する。

言葉を換えて言えば、神武と崇神は「重なる」ということだ。ではこの天皇は何をしたのか？

九州から大和への「神武東征」

神武は父親の四男であった。しかしながら生まれながらにして非常に優秀であったので、一五歳の時に後継者に指名され父の領土を引き継いだ。その地は、オオクニヌシがアマテラスに「国譲り」をした後、その孫（天孫）邇邇芸命（ニニギノミコト）が高天原（たかまのはら）から「天下り」したとされる、日向国（ひゅうが）（宮崎県、他県説もある）の高千穂（たかちほ）であった。

しかし、あるとき神武は親族を集めて「天孫降臨以来長い月日がたったが、われわれはまだ国土の西の端にいる。この国の中央つまり東には美しい土地があるという。そこへ移住すべきだ」と宣言した。九州から大和地方への遠征つまり「神武東征」の始まりである。

神武は筑紫国（つくし）（福岡県）から安芸国（あき）（広島県）に入り、さらに吉備国（きび）（岡山県）を経由して、大和国（奈良県）へむかったが、途中河内国（かわち）（大阪府）でこの地を支配する長（ナガ）

髄彦（スネヒコ）が徹底的に抵抗したため苦戦を強いられた。

自分の子孫の神武の東征がうまくいっていないことを知ったアマテラスは、武人の建御雷之男神（タケミカズチノオノカミ）と相談して神剣布都御魂（フツノミタマ）を神武に与え、進軍の道案内として霊鳥の八咫烏（ヤタガラス）を送ってこれを先導させた。ヤタガラスというのは三本足のカラスのことで、後に熊野権現（ごんげん）のお使いとされた。

戦国時代、武将たちが起請文（きしょうもん）に使った熊野の牛玉宝印（ごおうほういん）には、このヤタガラスが描かれている。この紙に約束事を書き血判を押せば、その約束は絶対に守らなければならず、破れば神罰をうけるという信仰があったのだ。また熊野権現は蹴鞠（けまり）と縁（ゆかり）があったからだろうか、現在日本サッカー協会のシンボルマークおよび日本代表エンブレムのデザインにも、このヤタガラスが使われている。

それにしてもナガスネヒコの軍は強く、神武はあやうく負けそうになったが、その時空から金色の鵄（トビ）が飛んできて、神武の持っていた弓の弭（はず）（先端の部分）に止まり強い光を放った。ナガスネヒコは目がくらみ、兵も動けなくなり戦うことができなくなった。こうして神武はようやくナガスネヒコの軍勢を打ち破ることができた。

神武は苦戦の原因を、自分は太陽神であるアマテラスの子孫であるのに西から東つまり太陽に向かって攻めかけたからだと悟り、ヤタガラスの案内で紀伊（きい）半島を迂回（うかい）して反対方向つまり太陽を背にして東から西へ向かって大和に攻め入った。この作戦は成功し神武は吉野（よしの）を経て大和の国橿原（かしはら）に到達した。そして地元の神 大物主命（オオモノヌシノミコト）の娘を正妃とし、はじめてスメラミコト（この時代まだ天皇という言葉はない）に即位した。そして前にも述べた通り、ハツクニシラススメラミコト（初めてこの国を統治した天皇）と呼ばれることになった。

美女を選んで短命家系に

『日本書紀』によれば、神武は一二七歳で亡くなったと書かれている。なんという長寿だと思われるだろうし、これが神武天皇が架空の存在であるとの説の根拠にもなっているが、実は神話の世界では、アマテラスという最高神の子孫にしては寿命が短くなったという認識なのである。

そもそも天皇家は神の子孫であった。オオクニヌシから国を譲り受け、実際にその国に天下ったその孫ニニギも神であった。ところが、この神は嫁選びを間違ってしまったのだ。

嫁は大山祇神（オオヤマツミノカミ）（名前に山がついているが海の神としても信仰されている）の娘からもらうことにした。オオヤマツミは喜んで二人の娘をニニギのもとに送った。長女は磐長姫（イワナガヒメ）といいあまり美しくなかった。次女の木花咲耶姫（コノハナサクヤヒメ）はその名の通り絶世の美女だった。そこでニニギは美人の妹だけ妃（きさき）にすることにし、姉の方は親元へ送り返した。

オオヤマツミは嘆いた。そもそも姉のイワナガヒメは醜いが長寿の象徴であり、妹のコノハナサクヤヒメは美人で栄華の象徴ではあるのだが、それは必ず終わりがある、というものだったのだ。つまり、この時からアマテラスの子孫でありながら、ニニギやその子孫つまり天皇家の寿命は短くなってしまった、というのが神話の伝えるところである。

コノハナサクヤヒメは海幸彦(ウミサチヒコ)と山幸彦(ヤマサチヒコ)を生んだ。二人は争い、海神の娘と結婚したヤマサチヒコが海の干潮・満潮を操る霊玉を得てウミサチヒコを降参させる話は、神話の中でも割と知られているが、今の天皇家はそのヤマサチヒコの子孫である。ヤマサチヒコと海神の娘との間に生まれた子供の、さらに四男が神武天皇なのだ。ヤマサチヒコは神武の祖父ということになる。

前にも述べたように、『日本書紀』に基づき神武天皇の即位年を計算すると紀元前六六〇年というとんでもない数字が出てくるが、同じ「ハックニシラススメラミコト」の美称でよばれる崇神天皇は、『古事記』には戊寅(つちのえとら)の年に亡くなったとある。寿命は一〇〇歳以上あったとされており、それはちょっと信じられないのだが、甲子(きのえね)から始まって六〇年目に癸亥(みずのとい)で終わる干支(えと)の数え方は古くから使われていた。

今でも「還暦」とは人間六〇年生きるとこの六〇種類の干支を全部体験できるから、つまり「すべての干支を還(かえ)った」からそういうので(ちなみに今年は庚子(かのえね)の年)、それをもとに計算すると、ちょうど邪馬台国(やまたいこく)の女王卑弥呼(ひみこ)がいたとされる三世紀の紀元二五八年が戊寅である。

崇神は寿命はともかく、実在性は高いといわれているから、邪馬台国と何か関係があった可能性もある。

ヤマド（邪馬台）とヤマト（大和）

大和朝廷と邪馬台国はどんな関係か。まさに諸説紛々でいまだに定説はないのだが、私は両者は同じものだとみている。

まず邪馬台という名前である。これを今「ヤマタイ」と発音しているけれども、「台」を「タイ」と読むのは近代の読み方である。昔はこれを「ド」と発音した。つまり「ヤマド（邪馬台）」と「ヤマト（大和）」ということになり非常に近い音である。

そのヤマド国の女王は卑弥呼だという。この漢字は、中国人の自分たちだけが文明国であるという傲慢(ごうまん)さ（中華思想）の産物で、邪馬台国の「邪」とか卑弥呼の「卑」は悪い意味だが気にする必要はない。発音だけを見る必要がある。そうすると「ヒミコ」になるがこれを幸子や花子のような名前だと思っている人はいないだろうか。そんなことはありえない。今ですら身内以外の女性の名前を呼び捨てにすることは大変失礼なことである。ましてや自分の国の女王の名前をヤマド国の使者が呼び捨てにするはずがない。これは称号だろう、つまり国王とか総理とか地位・身分を表す言葉である。それなら一番考えられるのは「日御子」つまり太陽の化身（あるいは子孫）だということだ、しかも女性である。

大和朝廷の神話において天皇家の祖先とされているアマテラスは、太陽神でありながら女神であるという極めて珍しい存在だ。他の世界では太陽神はギリシャ神話のアポロンのように男性で、女性は月の女神か大地の女神であることが多い。女性＝太陽というのはめったにないことだから、邪馬台国と大和朝廷は同じものであり、卑弥呼はアマテラスのモデルではないかと考えられるわけである。ではそれが明らかに男系の王家である天皇家とどうつながるのか？

ヤマドとヤマト、二つの政権の違いはそこである。明らかに女性優位の国家がなぜ男性優位に変わったのか？ これはもう想像するしかないが、ヒミコはおそらくシャーマン（霊能者）であって呪術による政治を行ってきたが、当時の先進国中国の政治文化に触れた人々がそれを見習って国を「近代化」した。それがまさに崇神の時代でその時から中国と同じ男系を重視する王家すなわち天皇家になったのではないか。

もちろんこれも確かな証拠があるわけではない。ただ女性であるアマテラスがこの国の支配者として指名したニニギは女性ではなく男性だった。このあたりはそうした「転換」の事情を語っているのかもしれない。

もうひとつの問題は、二つの政権はそれぞれどこにあったか？ である。大和朝廷はその名の通り大和国（奈良県）で産声をあげたのだが、邪馬台国も最初から大和国にあったのか？

私は昔、邪馬台国東遷説をとっていた。単純な九州説でもなく大和説でもない、そもそも九州にあった邪馬台国が東に遷って大和朝廷になったという考え方である。その根拠はじつはこの神武東征にある。他ならぬ大和朝廷の神話つまり「先祖の言い伝え」が「われわれはもとは九州にいてのちに大和に入ったのだ」といっているからだ。しかし、話はそう簡単ではない。

この話の続きは第一二代景行天皇の息子ヤマトタケルの登場以降に詳しく述べるが、その前に順を追って、神武天皇の後に続く架空の八人の天皇「欠史八代」について述べていきたい。

欠史八代［第二代〜第九代］

神武と崇神の間に入る架空の八人

「欠史八代」のことは、神武天皇の章でも少し触れたが、日本の古代の神話と歴史を記録した「記紀」つまり『古事記』と『日本書紀』において、載ってはいるがその業績がまるで述べられていない八人の天皇のことだ。具体的には天皇家初代神武天皇のあとを継いだとされる第二代綏靖、そして第三代安寧、第四代懿徳、第五代孝昭、第六代孝安、第七代孝霊、第八代孝元、第九代開化までの八人の天皇のこと、あるいはその時代を指す。

初代神武と、第九代開化を継いだ第一〇代崇神については、すでに詳しく述べたが、そこでも説明したように、安寧や懿徳という呼び方は諡号といい、後世の人間が奉った敬称であることだ。すなわち本名ではない。では本名はあるのかといえば、たとえば初代神武は、後に「カンヤマトイワレヒコノミコト」と呼ばれたようだが、これはどうも国風諡号（日本風の諡号）らしい。これに対して神武や綏靖のような呼び方を漢風（中国風）諡号という。

またこのほかに（多分生きているうちに使われた）「美称」を持つ天皇もいて、初代神武が「ハックニシラススメラミコト」すなわち「初めて国すなわち天下（ハックニ）を治めた（シラス）天皇（スメラミコト）」と呼ばれたことはすでに述べた。すなわち天皇とは漢風な言い方で、大和言葉つまり日本風ならスメラミコトになるわけだ。

ところが欠史八代に属する八人の天皇は諡号だけで、本名や具体的な事績についてはほとんど何も記されていない。どこに都を置いた（住んだ）か、誰を后にしたか、陵墓はどこにあるのか、それぐらいしか記載されていないのである。

ここで問題は、彼らの後を継ぐ第一〇代崇神は、当然初代神武と本名は違うのだが、美称はまったく同じハックニシラススメラミコトであることだ。そこで古くから、実は初代神武と第一〇代崇神は同一人物ではないか、という説が生まれた。実際には大和朝廷の創設者である崇神の業績をさかのぼって神武に振り分け、そのあいだに八人の架空の天皇を入れたというのである。

ではなぜそんなことをしたのか。歴史的に見れば大和朝廷が日本の支配者となったのは紀元三〇〇年代、すなわち四世紀の中頃ではないかといわれている。私は、それより一〇〇年前に日本のどこかにあったという邪馬台国は、当時の発音から「ヤマタイ」ではなく「ヤマト」であり、女王卑弥呼は「日御子」であり、天皇家の始祖であるアマテラスだったと考えているから、大和朝廷の実質的な始まりは三世紀の中頃だったと思っている。

つまり大和朝廷全体の歴史は実質一七〇〇年だったと考えるわけだ。ところが今から八〇年前の昭和一五年（一九四〇）、日本は日本紀元二六〇〇年の祝賀祭を大々的に執り行っているのである。実際の歴史から見れば、一九四〇年当時から考えても約九〇〇年、天皇家（大和朝廷）の歴史は水増しされていることになる。そして水増しに必要なのは複数の架空天皇である。

約九〇〇年の歴史を「捏造」

なぜ天皇家の歴史は二六〇〇年もあったとされていたのか。

いわゆる干支（えと）は厳密には子丑寅（ねうしとら）などと甲、乙、丙などとの組み合わせで六〇種類ある。甲子（きのえね）から癸亥（みずのとい）で一めぐりして満六一歳で最初の甲子にもどる。そこでこれを還暦といい、甲子の年に作られた球場を甲子園（こうしえん）球場といっているのだが、この中で甲子から数えて五八番目の辛酉（かのととり）（「しんゆう」とも）の年には革命が起こりやすいというのが、古代中国の考え方であった。

古代日本の歴史学者もこの考え方に影響を受けたようだ。暦法は現代から見れば迷信を多く含んでいるが、当時の人々にとっては最新の科学である。このことを忘れてはいけない。つまり彼らは、古代日本には正確な暦がなかったために、明確でなかった神武の即位年を革命の起こる辛酉の年だったに違いないと考えたのだ。だが問題は六〇年に一度やって来る辛酉の年のどれに当たるかということだ。

先にも述べたように、昔の学者はそれを、西暦で言えば紀元前六六〇年に設定したと考えられている。これが神武紀元すなわち皇紀になる。だからこそ西暦一九四〇年（昭和一五）には皇紀二六〇〇年祭が祝われ、日本海軍はこの年に採用した艦上戦闘機を末尾の〇を取って零式（れいしき）と呼んだ、通称「ゼロ戦」である。念のためだが、旧暦か新暦かは太陰太陽暦か太陽暦かという問題であって、皇紀と西暦との関係とはまったく違う。

しかし、これはいくらなんでも無理がある。私は講演などでよく実例に挙げるのだが、邪馬台国の卑弥呼は『三国志（さんごくし）』の名軍師諸葛孔明（しょかつこうめい）とほぼ同時代人である。孔明が馬車に乗り今とほぼ同じ中華料理を毎日食べていたとき、卑弥呼は宮殿と言っても礎石のない「掘っ立て小屋」に住んでいた。中国の方が早く文明化したのだからこれは仕方がない。

しかし、奈良の大仏が創建されたとき、あんな巨大な鋳造仏は中国にもローマにもなかった。また文学では、一〇〇〇年以上後にスタートした日本人の方が『源氏物語（げんじものがたり）』など優れた作品をつくった。いまから一五〇年前、いち早く近代化したのも日本である。この時点では中国を追い抜いたといっていい。

そうは言っても、古代日本人はやはり中国に対する劣等感があったのだろう。だからこそ中国周辺の国家の首長は「国王」すなわち中国皇帝の家来なのに、自分たちの君主は「天皇」つまり中国とは別の独立した国家の首長だと考えるようになった。もちろんそれ自体は悪いことではなく、むしろ日本民族の気概を示したと評価できるのだが、問題は中国を超えようとするあまりであろう、神武の即位年を紀元前七世紀に設定したことである。

要するにコンプレックスのなせるわざで、「わが国の方が中国より古い、秦の始皇帝（前三世紀）より早く統一国家を形成した」と言いたかったのだ。そのためには初代神武と実質的な始祖である第一〇代崇神の間の約九〇〇年の歴史を「捏造」せねばならない。そこで第六代孝安天皇のように、一三七歳まで生きた（『日本書紀』）にもかかわらず、事績がまるで記録されない八人の天皇、すなわち欠史八代が必要だったことに「一応はなる」のだ。

垂仁天皇［第一一代］

相撲発祥の天覧試合

第一一代垂仁（すいにん）天皇は、当然ながら実質的な初代天皇と目される第一〇代崇神（すじん）の息子である。長男ではなかった。豊城命（トヨキノミコト）という兄がおり、垂仁は活目尊（イクメノミコト）と呼ばれていた。

父の崇神はどちらを後継者にするか迷い、二人の見た夢で判断することにした。兄のトヨキノミコトは「東に向かって槍刀（ほこ）を振り回す夢を見た」と答え、弟のイクメノミコトは「四方に縄を張って雀を追い出す夢を見た」と答えた。崇神は弟のイクメノミコトの方が農耕や生産を重んじる性格とみて後継者に指名し、トヨキノミコトにはまだ朝廷に従わぬ東国（関東以北）の平定を命じた。

父の位を継いで天皇となった垂仁の治世にはさまざまな文化的出来事があったが、もっとも有名なものは相撲の発祥かもしれない。

神話の時代、神々が相撲らしきものをとったという記述はある。あのオオクニヌシの国譲りの直前、父オオクニヌシの方針に反対だった息子のタケミナカタが、アマテラスの使者タケミカヅチに力比べを挑んだが、タケミカヅチが自分の腕を剣に変えてしまったため敗れた。タケミナカタは相手の腕をつかむことすらできず、あっけなく敗れてしまったという話だ。「らしき」といったのはそこで、双方がっぷり四つに組んだわけではないからだ。

では人間同士の正面からの勝負はいつ行われたのか。

それがこの垂仁の時代なのである。いまも奈良県に当麻（たいま）という地名がある。その地出身の当麻蹴速（たいまのけはや）が自分より強い者はいない、と豪語しているのを聞きつけた垂仁は、出雲国（いずものくに）から野見宿禰（のみのすくね）という強者を呼んだ。

二人は天覧試合をやることになった。現在の相撲とは違って足で蹴（け）ることが中心で、むしろキックボクシングのようなものだったらしい。だからこそ蹴速（蹴りが速い）だったのだろうが、勝負は宿禰の勝ちだった。逆に蹴速は宿禰に蹴り倒されてしまった、しかも大地に倒れた蹴速を宿禰は強く踏みつけてとどめをさした。命を懸けて相手が死ぬまでやるのが作法だったのだ。

勝者の野見宿禰は褒美として当麻蹴速の領地を与えられた。そこで一族をあげて出雲から大和（やまと）へ移住した。そして天皇の直臣となった宿禰は新たな手柄を立てて姓を改めることになる。

「殉葬」をやめ「埴輪」に

古代社会には世界中に殉死（じゅんし）という風習があった。王侯貴族つまり「偉い人」が死んだとき、「あの世へのお供」として妻や家来が後追い自殺することだ。

いや、古代社会どころか、その後もこの習慣は根強く生き続けた。日本でも戦国時代までは武士が主君の後を追うというケースは少なくなかった。江戸時代、これが禁止されたことによって生まれた悲劇を描いたのが、森鷗外（もりおうがい）の『阿部一族（あべいちぞく）』である。

近代までこの風習が存在した国もあった。英語で妻の殉死のことをサティーという。これは近代に至っても、イギリスの植民地であったインドでヒンドゥー教徒の豪族の家では夫が死ぬと妻が火葬の際に一緒に焼き殺されるという、とんでもない習慣があり、それをそう呼んだからである。

ちなみにこの習慣はイギリスによって廃止された。

10 崇神（すじん）
- 豊城命（トヨキノミコト）
- 11 垂仁（すいにん）
  - 12 景行（けいこう）
    - 日本武尊（ヤマトタケルノミコト）
      - 14 仲哀（ちゅうあい）
    - 13 成務（せいむ）
  - 倭姫命（ヤマトヒメノミコト）
- 倭彦命（ヤマトヒコノミコト）

植民地支配というのは、こういう側面もあることは見逃してはいけない。日本でも夫に先立たれた女性を「未亡人」と呼ぶが、これは「(夫が死んだのに)いまだ亡くならざる人」という意味で、実はサティー的感覚を濃厚に含んだ差別語である。

筆者は、古い言葉をむやみやた

らに差別を助長するといって排除することには反対だが、未亡人は別の言葉に言い換えるべきだと思う。今さら「後家さん」と言い換えるのも不適切（実はこれも家中心の考え方が反映している）なので、ここは男の場合も含めて、配偶者に先立たれた人を表す新語を作るべきかもしれない。

さて、殉死は知っているが殉葬を知っている人は意外に少ない。これは王侯貴族が死んだ時に、召使などを強制的に「お供させる」つまり殺すことで、自殺ではなく他殺である点が殉死とまったく違う。両者を区別せずに、殉死と同じ意味に扱っている向きもあるが、本人の意思を無視して殺す場合、私は区別して殉葬とすべきだと考えている。

殉葬はいわゆる世界四大文明圏ではインダス（インド）以外にも中国、エジプト、メソポタミアすべてにあった。そうした古代の王墓からは、殉葬された人々の骨が多数出土する。そして、この習慣はどうやら日本にもあったようだ。

垂仁天皇の時代にもあった。天皇の弟、倭彦命が亡くなったとき、仕えていた人々が墓の周辺に生き埋めにされたが、数日間も死なずに泣き叫び死後には鳥や獣が腐肉をあさった、と伝えられている。生き埋めにされた人間がなぜ泣き叫べるのか、動物がどうしてその肉を食えるのかという疑問もわくが、地面から首だけ出す形で埋められたのだろう。

天皇が心を痛めていると、相撲で当麻蹴速に勝ち近臣となった野見宿禰が、人間の代わりに土で作った人形を埋めたらどうかと提案し、喜んだ天皇はそれを許可した。そこで宿禰は故国出雲から大量の工人を呼んで人形や馬の像を作らせた。これが古墳の副葬品として有名な埴輪（はにわ）の起こりで、その頭となった宿禰は功績を賞され土師（はじ）という姓を与えられた。

しかし、学界ではこの話を「伝説」として否定する。もちろん否定するにはそれなりの根拠がある。

考古学の定説と宮内庁の壁

日本では殉死、いや主人が死んだら家来たちを無理やり生き埋めにする殉葬はなかった、というのが考古学界の定説である。理由は簡単で、日本の古墳からは埴輪は見つかっても、明らかに殉葬されたとみられる遺体の骨は発見されていないからだ。明確な発掘例がない、ゆえに殉葬はなかった……。鉄壁の論理のようだがそうでもない。というのは、あの邪馬台国（やまたいこく）の女王卑弥呼（ひみこ）のことを書いた『魏志倭人伝（ぎしわじんでん）』に、卑弥呼が死んだときに大きな墓が造られ、「奴婢百余人（ぬひよにん）」つまり召使や奴隷が百人余り殉葬されたと書かれているからだ。これは一体どういうことか？

邪馬台国は日本ではないという論を唱える人もいるが、邪馬台と大和が当時の発音ではほとんど同じ「ヤマト」であること、卑弥呼も「日御子」つまり天皇家の祖先であるアマテラスと同一人物と考えられることから、やはり邪馬台国は日本を指すと考えるべきだろう。となると奴婢百余人が埋められた古墳がどこかにあるはずである。大規模な古墳で、まだ発掘調査が行き届いていないとなると天皇陵しかない。

いや、これも正確に言おう。宮内庁が規制をかけて発掘どころか立ち入り調査すら許さない巨大古墳は、実は天皇陵だけではない。陵墓参考地あるいは「皇族の墓」がある。陵墓参考地とは「文献や規模、地元の伝承等から皇室関係者の墳墓と考えられるが、特定の皇族を被葬者と決定するだけの確たる証拠がないため、陵および墓に準ずるものとして宮内庁が管理している墳墓」(『法律用語辞典』有斐閣)のことだ。

ややこしいが、要するに天皇および皇族のものとみられる墓はすべて基本的に発掘は許さない、というのが宮内庁の立場なのである。だから日本の考古学はエジプトや中国、いや世界の考古学に比べて後れをとらざるを得ない状況になっている。

それでも天皇陵をいきなり発掘調査するのは抵抗があるというなら、こうした墓の発掘調査を解禁したらどうだろう。奈良県桜井市に通称「箸墓古墳」と呼ばれる前方後円墳がある。宮内庁は「大市墓」として、欠史八代に属する第七代孝霊天皇の皇女倭迹迹日百襲姫命の墓としている。ちなみに宮内庁の見解としては、これは皇族ヤマトトトヒモモソヒメノミコトの墓であるから被葬者が明確ではない陵墓参考地ではない、ということのようだ。私はかつてこの墓を陵墓参考地と記したが、これは厳密にいえば誤りということだろう。訂正させていただく。

いずれにせよ、問題は孝霊天皇皇女の墓だと宮内庁は主張するが、実在したかどうか明確でない欠史八代に属する天皇の、しかも皇女の墓というのはあまりにもリアリティーにかける考え方であるということだ。女性の墓にしては（女帝でもないのに）大きすぎるという見方もある。

私は、卑弥呼の墓だが後世のやむを得ぬ事情によって他の人物の墓とせざるを得なくなった、と考えているが、その見方が正しいか誤りかどうかも発掘をすれば決着するだろう。

これは緊急の課題であると私は考えている。

世界が驚く陵墓の惨状

なぜ、箸墓古墳を調査するのは緊急の課題なのか。

それは既に指摘した「木の根っこ」問題があるからだ。古墳の墳丘部にほしいままに木を茂らせておくと、木はどんどん生長して根を張り、場合によっては石室を破壊し雨水を流入させる。つまり埋葬施設の破壊が進むのである。

韓国人は日本にやってきて、こういう古墳の状態を知るとびっくり仰天する。韓国でも古い時代は古墳のような墓を王墓としたが、そうした王墓は木が繁茂しないように常に整備している。初めて朝鮮半島統一に大きく貢献した太宗武烈王（金春秋）の墓には、生えている木など一本もない。そして日本も昔はそうだったことは、復元された五色塚古墳（兵庫県神戸市）などを見れば一目瞭然だろう。まさに日本の天皇陵、皇族墓、陵墓参考地の現状とは正反対だ。

韓国人がそういう状態に驚くのは、個人の墓で言えば「草ぼうぼう」を放置しているのと同じことだからだ。「御先祖様に対して申しわけない」のである。日本では天皇が深く尊敬されているというのに、陵墓の状態を見れば御先祖様をないがしろにしているとしか思えない、だからそのギャップに驚くのである。

私は韓国という国の歴史の見方には大きな異議を持っている。最大の問題は、反日をことさらに盛り上げて国内の対立を解消し、国民を団結させようとしていることだろう。最近の徴用工問題などまさに言いがかりとしか思えないが、こうした陵墓に対する見方は韓国人の方が正しい。いや、韓国だけでなくそれが世界のスタンダードである。中国でもキリスト教やイスラム教の世界でも、御先祖様の墓を「草ぼうぼう」の状態にしておくことが正しいなどとは絶対に考えないだろう。

では、日本の宮内庁はなぜそう考えないのか。考古学者の立ち入りや発掘という学術調査を拒否するにしても、宮内庁の職員が樹木を除去することはやろうと思えばいつでもできることのはずである。なぜそうしないのか。

合理的判断ができないのは、それが宗教的理由にもとづくことだからである。日本だけなのは、日本独自の宗教にもとづくことだからである。こう言えば、私の本の愛読者はお分かりだろう。穢れ（ケガレ）である。

イスラム教徒が豚を調理したフライパンをいくら洗っても「ケガレている」として絶対に使わないように、古代日本人は「死のケガレ」を徹底的に遠ざけた。神であろうと天皇であろうと死んでしまえば「死のケガレ」そのものである。

誇張で言っているのではない。日本の国を創造した夫婦神、夫はイザナギノミコトで妻はイザナミノミコトだが、彼女は黄泉国（死の世界）に行き「死のケガレ」にまみれたため夫に捨てられてしまった。そしてイザナギノミコトは「死のケガレ」を除去できる唯一の方法「禊（清らかな水の中で体を洗うこと）」をおこない、その最中に（夫婦神の交わりによってではなく）アマテラスが生まれた。その子孫である天皇は「死のケガレ」からもっとも遠ざかった清らかな存在である。しかし神ですら死ねばケガレとして「処分」されるのだから、天皇も当然そのようにしなければならない。ここが問題だ。

二人の天皇の大英断

「穢れ」が日本の伝統的宗教である神道の基本概念であることは、別に井沢新説ではない。日本民族の古典とも言うべき『古事記』に記されており、このことに異論を唱える人はいない。

ところが、日本歴史学界の先生方はこうした日本独自の「伝統的宗教」を歴史から排除してしまう。それ抜きで歴史を考えようとするのだ。これは中世ヨーロッパの社会をキリスト教抜きで考えようというのと同じで、実にとんでもない考え方である。

先にも述べたように、日本の「飛鳥時代」とよばれる時代は、それ以後の奈良、平安、鎌倉と違って首都が固定していない「首都流転時代」だった。天皇一代限りで首都を移転するなどという、政治的経済的にはまったく不合理なことをなぜやっていたのか？それは天皇の死による巨大なケガレから逃れるため、というのが井沢新説だ。この不合理な行為をやめさせたのが、第四一代持統天皇だ。後に持統天皇の章で詳しく説明するが、持統天皇が自らの遺体を仏教式に火葬にするという大英断をくだし、それ以後首都は天皇一代限りで移転されなくなった。

実はもう一つ改善されたことがある。それは、天皇一代ごとに巨大古墳を造らなくて済むようになったということだ。わかりやすく言えば、天皇の遺体は巨大な放射性廃棄物のようなものだ。これを「無礼な表現」だと感じる人は、申しわけないが神道をまるでご存じないと言うしかない。何度も言うが、『古事記』では神ですら死ねば「ケガレのかたまり」として忌み嫌われることが明記されている。

だからこそ、天皇が亡くなると人里離れた場所に古墳を造り、石棺という「カプセル」に収納した遺体を埋納する。そして周りは堀で取り囲む。世界中で、城でもないのに堀に囲まれている王墓など私の知る限りない。ではなぜ堀で囲むかといえば、水でケガレが遮断できるからだ。もちろん、これも井沢新説だが、ほかに考えようもあるまい。「医者問題」あるいは「葬儀担当問題」ものちに登場する持統天皇が解決の道を開いた。病気になれば誰でもベテランの医者にかかりたい。名医とは一人の例外もなくベテランの医者ということでもある。しかし経験を積めば積むほど、医者は死のケガレにまみれてしまう。神道の立場からはそんな人間は遠ざけた方がいいが、それでは名医に診てもらえない。

　その難問も仏教で解決した。古代日本で医者は最初の頃は外国人で後に僧侶であった。

ともに日本では「ガイジン」なのである。だから葬儀にかかわる僧侶も大手を振って宮中に入れる。そうした道も、もとはといえば持統天皇の大英断に由来するものである。

　ところが明治に神仏分離をおこなったためだろう、天皇家周辺においては神道の要素が強くなった。その結果として「死のケガレ忌避」が復活し、「古代の陵墓には一切タッチしてはならない。草むしりも許さぬ」ということになってしまったのではないか。

　しかしこれは明らかに逆行である。垂仁天皇も大英断を下した。人間の「殉葬」の代わりに埴輪の「副葬」でいいとしたことだ。これは持統天皇のそれに匹敵する大英断である。そうした過去の天皇の大英断を無視して、「草ぼうぼう」にしておけばいいという態度は本当に正しいのだろうか。

景行天皇［第一二代］

息子ヤマトタケルと仲が悪かった

第一二代景行(けいこう)天皇は、垂仁(すいにん)天皇の三男であったが、なぜか皇位を継いだ。

歴代天皇のなかでも有数の精力家で多くの后妃との間に多数の子をなした。また戦争も好きで大和(やまと)に従わない各地に遠征し、これを服属させた。特に大きな仕事は九州の熊襲(クマソ)を屈服させたことである。

最初の后(きさき)とのあいだに長男の大碓命(オオウスノミコト)、次男の小碓命(オウスノミコト)をもうけた。実は二人は双子だったらしい。しかし性格はまるで正反対だったようだ。オウスノミコトはのちに別の名前で歴史に残る。日本武尊(ヤマトタケルノミコト)（倭建命、以下ヤマトタケルと略す）である。

文字通り「ヤマトの勇者」ということなのだが、どうしてそういうことになったのか。

その経緯を語るためにはまず確認しなければいけないことがある。『古事記(こじき)』を読む限りは父景行と息子ヤマトタケルは仲が良かったのか悪かったのかという問題である。

どうも二人は仲が悪かったようだ。正確に言えば息子が父に嫌われていたようなのである。しかし『日本書紀』にはそんなことは書いていない。どちらが正しいのか。『古事記』は文字は漢字が使われている。まだ「ひらがな」「カタカナ」がなかったのでそうするしかなかったのだが、和歌などは漢字の発音を利用して「当て字」で書いてあり、その実体は大和言葉である。しかし『日本書紀』はほぼ完全な漢文だ。古代中国語、つまり外国語で書かれた日本の歴史なのである。

ヨーロッパでもローマ帝国の国語であったラテン語が長い間学術論文を書くときの基本語であった。東アジアにもそういう意識があり、日本は独自の文字をつくったときそれを「仮名（仮の文字）」と呼んだし、朝鮮では独自の文字を作ろうとした世宗大王は大反対をくらい、やむを得ず「訓民正音（正しい発音を教える記号）」と呼ばざるを得なかった。ハングル（偉大な文字）という名称が定着したのは、日本統治時代に再評価されて以後のことである。

しかし外国語で書かれると、どうしても日本的な要素が省略されたり改変されたりしてしまう。そこで筆者は、基本的には『古事記』の方が潤色されない真実を伝えていると考えている。しかし、『古事記』がすべて正しく『日本書紀』がすべて誤りであるとも思わない。結局、両書を比較して「こちらの方が真実に近いのではないかな」と思われる部分を採用していくしかない。これ以前もこれ以後も『天皇の日本史』はそうした考え方で筆を進めていることを一言お断りしておく。

冷酷非情な息子の活躍

景行は大の色好みであった。美濃国(岐阜県南部)に美人がいると聞きオオウスノミコトを迎えに行かせたが、あまりに美しかったのでオオウスは自分のものにしてしまい、父には別の娘を渡した。またオオウスは朝夕の食事にも出てこなかった。景行はこのオオウスの態度に不快を覚え、オウスノミコトに「ねぎし」せよと命じた。「訓戒せよ」と言ったつもりだったが、オウスはそれを「処刑」せよという命令として捉え、兄を惨殺してしまった。当時の日本語ではそのように誤解する余地があったのである。景行は仰天した。

なんとオウスは兄が厠に入るところをつかまえ圧殺し、手足を引き抜いて薦に包んで捨ててしまったことがわかった。

実の兄である。「処刑せよ」というのが父の命令だと誤解したとしても、弟なら普通は確認するか兄のために命乞いをするだろう。ところがオウスは、何もせず直ちに最も残虐な形で「処刑」を実行したのである。

こんな息子を父は大いに恐れた。こんな乱暴者の矛先はいずれ自分に向くかもしれない。近くに置いておくのは危険だ。ならば、その強さをプラスに変える絶好の策がある。それは、まだ大和朝廷に従わぬ地方の豪族たちを征伐する司令官としてオウスを活用することである。

ちょうどそのころ、景行が一度は屈服させた九州のクマソが再び反乱をおこしていた。

さっそく、景行はクマソ征伐をオウスに命じた。これが遠征また遠征に日々を過ごす彼の人生の始まりであった。

現地に行くとクマソの勢いは侮れないものがあり、正面から戦っても勝てそうにない。本拠の館（やかた）も厳戒態勢にあった。奇襲も難しい。そこでオウスは一計を案じた。彼はまだ若くいわゆる「イケメン」であったのだろう。女装してクマソの頭であるクマソタケル兄弟の宴会の席に潜入した。そして宴たけなわとなり、兄弟が酔っぱらい油断しきったところを、隠し持っていた短剣で二人とも刺し殺したのである。兄は即死したが、弟は死の寸前オウスの素性を知り「あなたはヤマトタケル（ヤマトを代表する勇者）だ」とたたえた。だがオウスはそれを聞いても顔色一つ変えず、冷酷に弟にとどめを刺した。そして大混乱に陥ったクマソの一族を徹底的に成敗した。

これ以降オウスはヤマトタケルと名乗るようになったのである。

だが、クマソを倒すという大手柄を立て都に凱旋（がいせん）したヤマトタケルを、父景行は褒めもせず休息すらも与えず、今度は東国への遠征を命じた。この時、ヤマトタケルは父景行に嫌われていることに気がついた。景行は景行で改めて息子の冷酷非情を再認識し、やはり側近くには置けないと判断したのであろう。

しかしヤマトタケルも人間である。実の父に嫌われることは、彼のような人間でも苦痛だったようだ。彼は叔母（おば）の倭姫命（ヤマトヒメノミコト）に報告に行った。いや、報告にかこつけて愚痴をこぼしに行ったのである。

この叔母は当然前代の垂仁天皇の娘だが、それまでは大和でお祀りしていたアマテラスを伊勢で祀ることを始めた人でもあった。なぜ伊勢が選ばれたかは定かではないが、太陽信仰の聖地だったのかもしれない。ともかく、これが伊勢神宮の起源で、後に皇族の娘が選ばれて伊勢神宮の巫女となり斎王と呼ばれたが、この時代その言葉自体はないものの、斎王的立場にあった人だといえよう。

神剣「クサナギノツルギ」

ヤマトタケルが愚痴をこぼすと、ヤマトヒメは励まし素晴らしい贈り物をくれた。神剣「草那芸剣」である。

これはアマテラスがオオクニヌシに国（現在の日本）を譲らせ、アマテラスの孫（天孫）瓊瓊杵尊がその国に降臨するときに、アマテラスから勾玉、鏡とともに与えられた剣で、後に三つ合わせて三種の神器と呼ばれ皇位を象徴する神宝となる。このころは伊勢で祀られていたのだろう。

この三種の神器の中に世界でも珍しいほど精巧な青銅器である銅鐸は入っていない。それに鏡は「かがみ」、剣は「つるぎ」という漢字（中国語）に対応する大和言葉があるが、鐸（鐘のこと）に対応する大和言葉はないし、『古事記』『日本書紀』にもいっさい登場しない。ということは、鐸は大和朝廷に滅亡させられたか征服された側の神宝で、すべての記録からは抹殺されたということだ。どこの神宝かといえば、私はアマテラスに「無理やり国を奪われた（と私は考える）」出雲の可能性が高いと考えている。この点は後に詳しく説明する。

いずれにせよ、天皇家の祖先である天孫ニニギノミコトが降臨した後も、この国のすべてが天皇家に従ったわけではない。だからこそ初代神武天皇は自ら剣をふるい、九州から東征する必要があったのだし、大和に落ち着いた景行天皇の時代になっても、「まつろわぬ（服従しない）」地方豪族が大勢いたのである。ヤマトタケルの遠征は必要だったのだ。

ヤマトヒメは新たな東征に出発するヤマトタケルに、剣のほかにもう一つ贈り物を与えた。それは小さい袋で、「もし火急の事態になったら、この袋を開けなさい」と言い添えた。

ヤマトタケルは元気を取り戻して大和から東にむかった。まず尾張国（愛知県西部）に赴くと、その国造の娘にミヤズヒメという美人がいた。二人は相思相愛となりヒメは結婚を望んだが、まだ遠征は始まったばかりである。ヤマトタケルは任務が終了したら必ずここへ戻ると約束し、さらに東へ向かった。

相模国（神奈川県）の国造は天皇家に対して悪意を抱いていた。そこでヤマトタケルに「近くの大きな沼に人を苦しめる悪い神がいる」というデタラメの情報を与えた。それを信じたヤマトタケルが一人で偵察に行くと、国造はさっそく周りの草原に火を放ち四方から火攻めにした。おそらくは秋から冬にかけてのことで、草は枯れて燃えやすい状態だったのだろう。

周りに部下はいないし、四方から火の手が迫り逃げ場がない。ヤマトタケル、絶体絶命の危機である。そこで思い出したのは、伊勢で叔母ヤマトヒメがくれた小袋である。開けてみると、その中に入っていたのは火打ち石だった。言うまでもなく火をつける道具である。一体どういうことか、ヤマトタケルはやがてその意図に気がついた。そして、これも叔母からもらったクサナギノツルギで、あたりの草を文字通り「薙ぎ払い」その草を積み上げた。

そして、それに火打ち石で火をつけた。

ヤマトタケルは実在したのか

枯れ草の山が燃え上がると、その向火で燃えさかる火の方向が逆転し、ヤマトタケルは脱出することができた。怒りに燃えたヤマトタケルは、彼を焼き殺そうとした相模国造の一味をすべて斬り殺し、その死体を燃やした。この時代は仏教渡来以前なので、これは火葬ではない。遺体をバラバラにするのと同じことで一種の報復である。ちなみに、ヤマトタケルがこれを行った場所が、この故事にちなんで焼津（静岡県焼津市）という地名になった。

また、野球ファンなら草薙球場をご存じかもしれない。時々プロ野球の公式戦が開かれる場所だが、静岡市駿河区にある。隣の清水区には草薙神社があり、このあたりがヤマトタケルが火攻めにあった場所ということらしい。

さて、これまでは基本的に『古事記』によって物語をつづってきたが、実は『日本書紀』では、ここまで「天叢雲剣（アメノムラクモノツルギ）」と呼ばれた神剣が、ヤマトタケルが「草」を「薙」いで危機を乗り越えたことにちなんで、「草薙剣（クサナギノツルギ）」とよばれるようになったと書いてある。どちらが正しいのか？

少し考えると『日本書紀』の方が正しいように思える。しかしここで注意すべきは、前にも述べたように『日本書紀』は漢文つまり外国語で書かれた書物であり、物事を合理的に考えようとするといえば聞こえはいいが、できるだけつじつまを合わせようとする傾向があるということだ。

理屈で言うなら、アメノムラクモノツルギとは雲を呼び雨を降らせることもできる剣なのだから、火を消すために雨を降らせればよかったではないかということになる。一方、クサナギノツルギとは文字通り生えている草を薙いでも奇麗に斬れる（柔らかいもの、不安定なものをスパッと斬れるのは切れ味が鋭いということ）ということだったのかもしれない。本来そう呼ばれていたのが、ヤマトタケルの危機に際してヒントを与える結果になったということかもしれない。要するに神話の解釈は一筋縄ではいかないのである。

ヤマトタケルは本当に実在したのか？　と聞かれれば、少なくともモデルになる人物は必ずいたはずだと私は答える。大和朝廷が各地の豪族をすべて屈服させて日本を統一したことは、紛れもない事実だからである。当然その過程には、後世の源義経のような、あるいは織田信長のような軍事の天才がいたに違いない。

そしてこれも歴史の法則だが、どんな分野でも歴史を大きく進めるのは一人の天才である。学者先生は大和朝廷の征服事業も複数の人間によってなされたという見方をしがちなのだが、それこそ源義経を、織田信長を見るといい。何人もの人間が束になってもできないことを一人でやってしまう天才が時々歴史には出現し、そうした人間がまさに歴史を進めるのである。これは日本史でも世界史でも変わらない。

ではヤマトタケルの業績と伝えられていることが、すべて彼ひとりでやったことなのか。多数の人間の功績をヤマトタケルという名前で「ひとつにまとめた」という学界の通説は、完全に間違っているのか？　そうとも言えない。なぜなら、次にヤマトタケルを襲った試練を救うために、突然彼の「妻」が登場するからである。

『古事記』の欠点と魅力

ヤマトタケル率いる討伐軍はさらに東にむかい、浦賀水道を渡ることになった。東京湾の入り口で、ここを渡れば相模国から上総国（千葉県中央部から南部）に行くことができる。念のためだが千葉県南部は北部の間違いではない。旧国名につく「上」「下」は南北のような方角ではなく、都から当時の交通ルートでどちらが近いかを示しているのである。この時代「総の国」に行くには、まさにヤマトタケルが通ったルートで行くのが最も容易であった。だから南部が「上総」になり北部が「下総（しもうさ）」になった。上野国（こうずけのくに）（群馬県）、下野国（しもつけのくに）（栃木県）なども同様で、一つの地域が三つに分かれると、越前国（えちぜんのくに）（福井県北部）、越中国（えっちゅうのくに）（富山県）、越後国（えちごのくに）（新潟県）という言い方になる。言うまでもなく「前」の方が「後」より大和国に近いということである。

浦賀水道は古来、走水（はしりみず）と呼ばれ、潮流が激しいので有名なところである。ヤマトタケルを乗せた軍船も、潮流の激しさを乗り切れず沈没しそうになった。人々は海神の怒りにふれたとおそれおののいた。なぜ海神は怒ったのか。渡海前にヤマトタケルが「こんな小さな海など飛び渡ることができる」などと小馬鹿にした発言をしたからだと『日本書紀』には書いてある。『古事記』には、とにかく海神がヤマトタケルの渡海を妨害したとしか書いていない。前にも述べたように、こうしたところが両者の違いである。

ところがそこへ、まさに突然、ヤマトタケルの后の弟橘比売命（オトタチバナヒメ）が登場する。彼女がヤマトタケルを救うために海神に身をささげることを申し出るのである。そのために敷き物を海にほうり込むと、不思議なことにそこだけ波が静まった。そしてヒメは「さねさし　相模の小野に　燃ゆる火の　火中に立ちて　問ひし君はも（あの相模国の草原で燃えさかる炎の中でも私のことを思っていてくれた、いとしい君よ）」という歌を詠んで敷き物の上に移りそのまま海中に消えた。それと同時に荒れ狂った海がまるで鏡のように静かになった。そして、七日後、彼女のクシが浜辺に流れ着いたので、そのクシを葬って墓とした。

こうした「和歌」が記載されているのも『古事記』だけで『日本書紀』には一切記載されていない。理由は簡単で、外国語（漢文）で書かれた書物だからである。だからこそ『古事記』の方が古い形を残していると言えるのだが、それは『日本書紀』のように合理的に整理されていないということでもある。

ヤマトタケルは妻のオトタチバナヒメの死を深く嘆き、帰途、足柄峠（静岡県と神奈川県の県境）で後ろを振り返って「吾妻はや」つまり「ああ、わが妻よ」と叫んだのだが、これがこのあたりのことを「東」と呼ぶきっかけになったという。実はこうした地名起源伝説はヤマトタケル物語の中には数多いが、こうした話も『日本書紀』にはまったく載せられていない。その理由もお分かりだろう。漢文では表現できないからだ。しかし、ミヤズヒメのことは、どうなってしまったのかと思うのは私だけではあるまい。その辺が『古事記』の欠点でもあり魅力でもある。

日本における連歌の始まり

ヤマトタケルは現在の千葉県から茨城県に入り、北上して関東地方を平定した。そして西へと方向を変え神奈川県から静岡県に入った。その県境の峠で「あづまはや」と嘆いたのである。さらに甲斐国（山梨県）に入り、ミヤズヒメの待つ尾張国つまり愛知県西部を目指した。

甲斐国の酒折宮で宿営したとき、思わずヤマトタケルは「新治筑波を過ぎて幾夜か寝つる」とつぶやいた。それに対して脇でたき火の世話をしていた老人が「日々並べて夜には九夜　日には十日を」とあとを続けた。大変感心したヤマトタケルはその老人を国造に任じた。そしてこれは日本における連歌の始まりだという。

連歌とはまず最初の一人が「五・七・五」の上の句を詠み、二人目がそれに合う「七・七」の下の句をつけ、さらに三人目が再び「五・七・五」をつけて続けていく。連なる和歌だから連歌と言う。実は「筑波の道」とも言うが、それはこのヤマトタケルの故事に基づいている。ちなみに通常の和歌は「敷島の道」と言い、連歌のスタートの「五・七・五」発句はのちに独立して俳句となった。

さて、尾張にたどりついたヤマトタケルはミヤズヒメと結婚した。オトタチバナヒメのことは忘れたのか、と女性読者には言われそうだ。確かに近代以前、貴人は複数の妻をもつことが許されていた。しかし、オトタチバナヒメとミヤズヒメの関係はそういうことではないだろう。おそらく複数の人間の手柄話をひとつにまとめたのである。だからこそ、整合性のない、つまりつじつまの合わないところがある。

しかし現代人のように、それをいじくってまとめようという考え方はない。強いて言えば『日本書紀』がそういう考え方をしている。当然矛盾するところは削除したり改変したりしているだろう。だから『古事記』のほうが原型に近い。そして誤解してはならないが、それでもヤマトタケルは実在したのである。物語の核になる人物が実在したからこそさまざまな修飾が可能になる。

ミヤズヒメとの幸せな生活は長く続かなかった。ヤマトタケルは近くの伊吹山に荒々しい神がいると聞き、退治することを決意した。その時、遠征の大成功におごっていたのだろうか、神剣クサナギノツルギをヒメのもとにおいたまま伊吹山におもむいたのである。その程度の神なら素手で討ち取れるということだ。途中、白いウシのように大きなイノシシに出会ったが、ヤマトタケルは「こいつは神の手下に過ぎない、今は殺さず帰りに殺せばよい」と言ってさらに山奥にむかったのだが、それが油断だった。白イノシシは神そのものだったのである。しかも怒った神は激しい氷雨を降らせ、ヤマトタケルをさんざんに苦しめた。

「言葉」の間違いが命取り

ヤマトタケルは結局、ほうほうのていで敗走した。

なぜ伊吹山の神に勝てなかったのか、神剣クサナギノツルギを尾張のミヤズヒメのもとへ置いてきたことが原因のように見えるのだが、実はそれは現代的な解釈で、最初に出会った白イノシシを神そのものではなく手下と誤認し「今は殺さず帰りに殺せばよい」と言挙げしたことが敗因だと、『古事記』には明記してある。

日本人は古来、言葉そのものに霊力があるという信仰を抱いてきた、言霊信仰である。つまりアラビアンナイトに出て来る呪文「開けゴマ」のように、言葉には実際に物事を動かす力があるということだ。その霊力を発動させるため、意識的に言葉で宣言することを言挙げという。当たり前の話なのだが、言霊を動かすためにはその内容が正確でなければいけない。つまりヤマトタケルは「開けゴマ」と言うべきところを、「開けダイコン」と言ってしまったようなものなのだ。それではいつまでたっても扉は開かないし、伊吹の神が死ぬこともない。その間に反撃されて大きなダメージを受けたということだ。

ヤマトタケルは心身を損ねた。長年にわたる遠征の疲労もたまっていた。個人的見解を言えばミヤズヒメのもとへ帰って疲労を癒やせばよかったと思うのだが、ヤマトタケルはそこから一直線に故郷を目指した。伊吹山は近江国（滋賀県）であり、伊勢国（三重県）を通ればすぐに大和国（奈良県）にたどり着く。現在も残るこの「三重」という地名はヤマトタケルが疲労困憊して自分の足が「三重に曲がってしまった」と嘆いたのが由来なのである。そこから少し大和寄りの能褒野というところまで来て、ヤマトタケルはついに力尽きた。

「やまとは国のまほろば、たたなずく　青垣、山ごもれる　やまとしうるわし（大和は国の真ん中にある素晴らしいところ、青々とした木々の中に籠っている、ああ、美しい大和よ）」と、いくつかの歌を詠じ、最後に「嬢子の、床の辺に、我が置きし、剣の大刀その大刀はや（ああ、その大刀よ）」とクサナギノツルギのことを歌って、そのまま絶命した。

ヤマトタケル薨去の報は直ちに大和に伝えられ、妻子が能褒野に駆けつけた。他にも妻子がいたのである。『古事記』のヤマトタケルの妻子をまとめた部分には、オトタチバナヒメの名はあるがミヤズヒメはない。前者は子を産んだが、後者は産まなかったということらしい。また息子の一人はのちに天皇（第一四代仲哀天皇）になる。ヤマトタケルが最後に大和を目指したのはそういうことだったのかもしれない。

ミヤズヒメの一族は、その後ヤマトタケルの遺品となったクサナギノツルギをご神体とした神社を建立した。現在も愛知県名古屋市にある熱田神宮である。ちなみに宮中にも三種の神器の一つとして神剣があるが、これはクサナギノツルギから分霊したもののようだ。またヤマトタケルの魂は白鳥と化し能褒野の地からいずこともなく飛び去ったという。だから彼の墓は複数ある。

景行天皇も初めは決して愛していなかった息子の死を深く嘆き悲しんだという。

応神天皇［第一五代］

英雄ヤマトタケルの息子は「哀れむべき人」

第一〇代崇神（すじん）天皇あたりだと、まだまだ大和（やまと）朝廷に逆らう勢力があったということがわかる。たとえば崇神天皇の時代には、出雲（いずも）族の神宝を取り上げたという話が残っている。鏡、剣、玉つまり三種の神器以外の神宝を出雲族は持っており、オオクニヌシ亡き後大切に保存していたものを取り上げたということだ。

もちろんその神宝が何であったか一切記載はない、そもそも抹殺することが目的だったのだから。しかし私はそれが何か見当がついている。先にも述べたが、それは銅鐸（どうたく）であろう。銅鐸は実に高度な技術で作られたものであり、人間の背丈ほどのものでも厚さ数ミリくらいしかない。旋盤で削るならともかく、鋳造して、つまり鋳物として作るのは今でも技術的に極めて難しい。こんなものが作られる背景には高度な文化があったはずだ。

しかし『古事記』『日本書紀』に銅鐸は一切登場しない。そもそも銅鐸とは、銅鏡や銅剣のような考古学の遺物としての名であり、銅鏡のことを「かがみ」といったように、大和言葉で何と言ったかはさっぱりわからない。その言葉自体「ヤマト」から抹殺されたのだろう。

しかし、私はそれを「振音（ふるね）」ではないかと思っている。銅鐸は実体は鐘であり、振ると音が出たはずだからである。もちろん洒落（しゃれ）で言っているのではない。この時、神宝を奪われ殺された出雲族のトップは「出雲振根（ふるね）」だったと伝えられている。字面は違うが出雲族は首長の名と神宝の名を同じにすることによって後世に残したのではないか。

また崇神天皇の時代には、全国に四道将軍という名の四方面にわたる遠征軍の長を派遣し、各地で従わないものを討伐した。そして、その跡を継いだ垂仁（すいにん）天皇（第一一代）、景行（けいこう）天皇（第一二代）と代が重ねられていくのだが、景行天皇の皇子が先述したヤマトタケルである。

彼は関東から九州にかけて朝廷に逆らう勢力を次々に退治し、疲労のあまり都に帰れず客死したことになっている。ヤマトタケルが本当に一人であったかどうかはわからない。四道将軍のように複数の人間がやったことを集約したのかもしれないし、本当にそんなに広範囲で戦った軍事の天才がいたのかもしれない。源義経（みなもとのよしつね）のことを考えればあり得ない話ではないし、モデルとなった人物は当然いただろう。

ヤマトタケルは天皇になれなかったが、第一三代の成務（せいむ）天皇には男子がいなかったので、そのあとをヤマトタケルの息子が継いだ。これが第一四代の仲哀（ちゅうあい）天皇である。しかし、この天皇の諡号を改めてごらんいただきたい。「哀」という字が入っている。「哀」とは「悲しむこと」「あわれむこと」であり、こんなマイナスの文字が諡号に入っているのは一二五人の歴代天皇の中でも仲哀天皇ただ一人である。英雄ヤマトタケルの息子とは思えない。

しかも、この仲哀天皇の息子が第一五代応神天皇なのだ。前にも述べた通り、諡号に「神」が付く天皇は初代神武、第一〇代崇神、そしてこの応神だけだ。しかも、その応神の母にして仲哀の妻は歴代皇后の中でただ一人諡号に「神」が付く神功皇后なのである。これは一体どういうことか？

皇后による「神のような功績」

仲哀天皇は一体どのように亡くなったのか？　発端は九州の熊襲征伐であった。実父ヤマトタケルが苦心して討伐したクマソがまた反乱を起こした。天皇は軍勢を率いて九州まで遠征し、皇后も同行していた。北九州の筑紫に至って、天皇は皇后に神がかりの状態になるよう命じた。神のお告げを受けるためである。

神がかりとなった皇后は「クマソなど放っておけ、それよりおまえに海の向こうにある宝の国を授けるから渡海して征服せよ」、と命じた。ところが天皇はそれを信じず「海の向こうに国などあるものか、神は嘘つきだ」と罵る言葉を口にした。神は怒って「お前など黄泉国に行ってしまえ」、つまり死ねと通告した。

そばにいた大臣武内宿禰は天皇をたしなめ、神を招くための琴を弾くように天皇に進言した。その部屋は真っ暗だった。神がかりするためには部屋は暗闇でなければならない。つまり、その真っ暗な密室にいたのは天皇、皇后そして武内大臣の三人だけだった。ところがその琴の音が急に途絶えたので、あわてて灯りをともすと天皇は既に死んでいた。つまり「神の怒りに触れて死んだ」のである。

結局、皇后が神の命令を受け海を渡って宝の国を攻めることになった。宝の国とは三韓つまり朝鮮半島の新羅、百済、高句麗の三国である。皇后は新羅に大軍をもってせまり、新羅王を土下座させて降伏に追い込んだ。それを見て百済・高句麗も降伏した。こうして彼女は「三韓征伐」という天皇ですらできなかった功績を成し遂げたので、亡くなると諡号を「神功（神のような功績）」とされ神功皇后と呼ばれたのである。

その神功皇后が生んだのが応神天皇である。この天皇の出生についても逸話がある。皇后は出陣前に臨月を迎えていた。しかし、生まれてしまっては戦争ができないので、彼女は冷たい石を何個も布で包み、それを腹に巻いて出産を遅らしたというのだ。以上は『日本書紀』に載せられている話である。

ただし『古事記』にはその特徴として何年何月に天皇が死に、何年何月に皇后が凱旋したかということは書いていない。しかし『日本書紀』は当時の外国形式つまり中国スタイルの歴史書だから日付けは記録されている。

それをもとに計算すると、仲哀天皇はその治世の九年目の二月五日に死んでいる。ところが応神天皇が生まれたのは同年の一二月一四日である。計算すると一〇ヵ月と一〇日になる。俗に妊娠期間を「十月十日」と言うがこれは実際には二八〇日くらいである。つまり十月というのは「一〇ヵ月目」ということで「数え」である。ところがこの一〇ヵ月と一〇日は「満」であり、ちょうど「十月十日」プラス一ヵ月になっている。

確かに「出産を遅らした」のだから話のつじつまはあっているが、実際には「子は父の死後一一ヵ月後に生まれた」と『日本書紀』は言っているわけだ。常識で考えればそんなことはありえない。

「三韓征伐」という虚構

この仲哀天皇から神功皇后さらに応神天皇に伝わる一連の物語が何を示しているか、もうおわかりだろう。おそらく『古事記』や『日本書紀』の作者も、後世の人間が「真相を読み取る」ことを意識して書いている。それは「仲哀天皇は殺された。そして神功皇后の産んだ応神天皇は仲哀の子ではない」ということだ。

しかし、本当の父の名を書くわけにはいかない。それでは男系の天皇が神武以来続いているという神話を否定することになる。だから「仲哀の子ではあるが出産は遅らした」という「神話」が必要になった。

さらに別の「神話」も必要だ。真相がそうなら、皇后は新しい王朝の初代ということになる。それなら「神」のつく諡号をつけなければいけない。しかし真相は語れない。

ならば、この皇后が「神のような功績」を挙げたことにするという手がある。そうすれば「神功」と呼んでも不自然ではない。

「神のような功績」とは具体的には海を渡り、朝鮮半島の三国（三韓）の新羅、百済、高句麗を征服し服属させた、というものだ。これは事実ではない。確かに天皇家は朝鮮半島に領土のようなものを持っていた痕跡はある。高句麗と戦ったことも高句麗側の記録にある。

しかし、最終的に百済と組んで唐・新羅連合軍に戦いを挑んだ日本は、白村江の戦い（六六三年）で敗れた。軍事超大国唐の支援があったからだが、結果的にはすべての足掛かりを失い、日本の勢力はすべて朝鮮半島から駆逐された。新羅には勝ったのではなく負けたのだ。

「三韓征伐」は歴史的事実ではない。そして事実ではないことを、誰かの手柄にするなら、普通は男性である天皇の手柄とするはずだ。しかし、なぜそれを女性である皇后の手柄としたのか、その理由は今述べたことでいいと私は考えている。それでこそ、彼女の「息子」が「応神」であることも納得できる。新しい王朝の始祖（初代）だからだ。

じつは、この「三韓征伐」という神話、後世に思わぬ害毒をもたらしたので、それについては言及しなければならないだろう。もう一度繰り返すが、日本は七世紀に朝鮮半島に持っていた利権をすべて失った。それ以降、朝鮮半島は日本となんのかかわりもない新羅国、高麗国、朝鮮国という国が次々に治めた土地であった。

しかし、日本は江戸時代以降、徳川家康が武士階級の基本教養とした朱子学が、日本固有の神道と合体するという現象が起きた。詳しくは幕末の天皇のところで述べるが（一一三代東山天皇、一一九代光格天皇の章などを参照いただきたい）、この結果、天皇という存在が神に等しいものに祀り上げられ、神話はすべて事実ということになってしまった。この神話が事実ならば、「神功皇后以降、朝鮮半島は日本の固有の領土だ」ということになり、それに対して彼らが文句を言うなら「征伐（逆らう悪を討つ）」してもいい、ということになる。

なにしろ武士の基本教養だ。木戸孝允（桂小五郎）も西郷隆盛も大久保利通も心の中ではそう思っていたということであり、当然そのことは明治の歴史教育にも反映されることになってしまった。それが私の言う「害毒」である。明治以降の日本の方向性を誤らせたからだ。

古墳が示す巨大な権力

ここで、先に述べた「天皇陵」と呼ばれるものについて思い出していただきたい。天皇陵は、古いものはすべて古墳形式で、宮内庁はすべての天皇についてどの墓がどの古墳か「治定」している。

ところがこの「治定」、考古学者からはさまざまな疑問が出されている。おのおの天皇の在位の時代と、考古学によって確定できる古墳の年代がしばしば一致しない。この「治定」はいまより考古学の水準が圧倒的に低かった、江戸時代以前に決められたものが多いからだ。

ところが宮内庁が発掘どころか立ち入りもめったに許さないので、研究は遅々として進まない。宮内庁によれば陵墓は尊ぶものであって研究対象ではないということだ。だから考古学者は、昔は「仁徳天皇陵」と呼ばれていた古墳を「大山古墳（伝仁徳天皇陵）」という呼び方をする。つまり「仁徳天皇陵と伝えられているが確定はできないので地名で呼ぶ」ということだ。

そういうわけで、大山古墳に次いで日本第二位の大きさ（体積では日本一とも言われる）を誇る「応神天皇陵」も最近学会では「誉田山古墳」などと呼ばれるが、じつはこの古墳に関しては応神天皇陵として認めていいのではないかという研究者も少なくない。

洋の東西を問わず、大規模な征服者あるいは統一者は巨大な建築物を建てるなどの大土木工事を行うことがよくある。初めて中国全土を統一した秦の始皇帝が万里の長城を作ったのが典型的だが、権力が集中したことによって、大規模な予算と人員の投入が可能になるからである。つまり、これは歴史の法則なのだ。

日本でも江戸幕府の初代将軍徳川家康はあちこちで大規模な土木工事をやっている。たとえば名古屋城の築城などもそうだが、意外に気がつかれていないのが江戸という都市の大改造であろう。関東平野を背後に控えた江戸は海に面していることもあり、関東の首府にふさわしい位置にある。にもかかわらず鎌倉幕府も関東の大大名であった北条氏も、ここに本拠を置かなかった。理由は江戸という場所はあまりにも凸凹であったからだ。

今でも渋谷、日比谷、千駄ヶ谷といった「谷」のつく地名が多い一方で、神田台、駿河台、市ヶ谷台といった台地も多い。家康の時代、神田は山であった。それを切り崩してその土で海を埋め立てて江戸の町を拡大した。そのように家康が江戸の凹凸をある程度修正したので、大都市として初めて使えるようになったのだ。

それは二〇〇万石以上の規模を持っていた北条氏でも無理だったことで、天下の大名を動員できる家康の強力な政権があってこそはじめて可能だったことなのだ。もちろん国内に強力なライバルがいれば、そんな工事にうつつを抜かしている暇はない。

つまり「応神天皇陵」のような巨大な古墳が築造可能であったということは、その背景に安定した巨大な権力があったことを示しているのである。

それを学者は「河内王朝」と呼ぶ。「応神天皇陵」がある河内平野（大阪府）は大和国（奈良県）とは離れた海沿いの土地だ。つまりここに、それまでの天皇家と違う新しい王朝が誕生し、その始祖がこの巨大古墳の主である応神天皇だと考えれば、すべてのつじつまがあうということである。

総本社・宇佐神宮に祀られた女神

応神天皇はのちに神様になった。天皇は神の子孫だからといって、すべての天皇が神様扱いされていたかといえば決してそうではない。特に神社に神様として祀られている天皇は実はそんなに多くはない。

ちなみに天皇あるいは天皇の祖先神を祀る社を特に「神宮」と呼ぶ。アマテラスを祀るのが伊勢神宮であり、明治天皇を神として祀るのが明治神宮だ。しかし応神天皇は実は別の名前で祀られている。八幡神（あるいは八幡大神）という名前なのである。もともとは九州の豊前国（大分県）宇佐地方の地方神だったとも言われているが、いつの頃からか八幡神は応神天皇の神霊だということになった。八幡神は八幡宮に祀られているが、その総本社は宇佐にある宇佐神宮である。

ところがこの宇佐神宮、行ってみるとなかなか興味深い神様の祀り方をしている。宇佐神宮は応神天皇、神功皇后、そして比売大神という三柱の神様を祀っているのだが、応神天皇は一之御殿、比売大神は二之御殿、神功皇后は三之御殿に祀られている。そういう言い方をすると、当然日本人は中央の神殿が一之御殿であり応神天皇が祀られており、向かって右が二之御殿、向かって左が三之御殿だと思うだろう。一番偉い神様を中央に祀るのが常識だからだ。

しかし実際には御殿（神殿）は向かって左から「一、二、三」と数えるので、中央に祀られているのは比売大神なのであり、応神と神功はそれを挟むような形で、言ってみれば両脇に祀られている。もちろん神宮では一之御殿に祀られている八幡大神（＝応神天皇）が一番尊いと考えているようだが、常識的に考えればこの配置では中央の比売大神が最上位で、応神・神功はそれより下という位置づけになる。

では比売大神とは何かといえば、神宮ではそれをスサノオの系統を引く宗像三女神、つまり三人の女神のことだと言っている。だが、三女神にはそれぞれお名前があるのにそれをまとめて一つの神殿に入れてしまい、比売大神（偉い女神）などと「総称」で呼ぶのは誠に失礼な話だと私は思う。しかも、この神様は祀られ方から見て応神天皇よりも偉い、だから私は宗像三女神ではないと考えている。

では何かと言えば、ひょっとしたら卑弥呼ではないだろうか。

前にも述べたように、卑弥呼はアマテラスのモデルであった可能性が高い。そして神武東征の物語から見ても天皇家のルーツは明らかに九州にあったと考えられる。しかし卑弥呼の頃は明らかに女性上位で、卑弥呼の後継者も一族の「台与」という女性だった。卑弥呼が称号（日御子？）であったように台与も称号であったとすると興味深いのは、このあたり（豊前国、豊後国）は昔、「豊の国」であったことだ。トヨとは女王時代の後継者の称号であったのかもしれない。

しかし、天皇家はそのうちに男系優先となった。その「切り替え」の時期に、子供の頃から女王になるべくして育てられた女性は一体どうなったろう？　オオクニヌシのように深い恨みを抱いて死んだのではあるまいか。だとしたら、その霊は応神と神功が「サブに回る」ような形で丁重に祀られねばならない。私は比売大神とはそういう存在であったと考えている。

仁徳天皇【第一六代】

文字通り「徳のある仁」だった

第一六代仁徳天皇、実に素晴らしい諡号（没後贈られた称号）である。

当時の先進国家で日本のお手本であった中国、その中国人が長年にわたって磨きをかけた政治哲学にして宗教が儒教で、その儒教の最大の目的が人格を磨いて「仁」になることだった。「仁」とはもっとも完成された人格なのである。「忠」も「孝」も守り抜き、「仁」となった人の最大の特徴は何かといえば「徳」を持っている、ということだ。「徳」は人間の持つ最大の美質なのである。

だからこそ『三国志』のライバル同士劉備と曹操もそれぞれ玄徳、孟徳と称したし、松平元康も改名して徳川家康と名乗った。つまり仁徳天皇は、文字通り「徳のある仁」であった天皇ということだ。

実は彼は、戦前の教育の中ではもっとも有名な天皇の一人だった。なぜならこの天皇には有名なエピソードがあるからである。

あるとき仁徳は高い山に登り都の地を見おろした。そして言った。「食事どきだというのに炊事の煙がほとんど上がっていない。民は困窮し飢えているのだろう。これから三年、民に課す税と労役をすべて免除せよ」。

命令は実行された。国家の収入が無くなったので補修費が捻出できず宮殿はいたるところで雨漏りするようになったが、仁徳は意に介さず免税を続けた。そして三年後、再び山に登ってみると、あちらこちらから炊事の煙が上がっていた。仁徳は喜び「民のかまどはにぎはひにけり」と言ったというのだ。今の永田町や霞が関に聞かせたい話である。

15 応神（おうじん）
- 16 仁徳（にんとく）
  - 17 履中（りちゅう）
    - □
      - 23 顕宗（けんぞう）
      - 24 仁賢（にんけん）
        - 25 武烈（ぶれつ）
  - 18 反正（はんぜい）
  - 19 允恭（いんぎょう）
    - 20 安康（あんこう）
    - 21 雄略（ゆうりゃく）
      - 22 清寧（せいねい）
- 菟道稚郎子（ウジノワキイラツコ）
- □ ― □ ― □ ― □ ― 26 継体（けいたい）

仁徳は本名を大雀命（オオサザキノミコト）という。第一五代応神天皇の息子で、その崩御後、皇位継承権を持つ異母弟の菟道稚郎子（ウジノワキイラッコ）と互いに三年間にわたり皇位を譲り合ったが、ウジノワキイラッコが亡くなったために皇位を継いだ。

問題はウジノワキイラッコがなぜ死んだかだ。『古事記』には何も書いてない。しかし『日本書紀』によれば、ウジノワキイラツコはオオサザキノミコトに皇位を譲るために自殺した、と書いてある。つまり、心の底からオオサザキノミコトに天皇になってほしかったウジノワキイラツコは、あまりに兄が辞退するのでやむを得ず自分の命を絶ってまでそれを実現したということだ。

確かに「美談」なのかもしれない。しかし問題はそれが真実かということである。

創作された皇位継承の「美談」

この物語、「美談」には違いないが、何か不自然な感じがするのは私だけだろうか。そもそも、相続の順位は兄の方が上のはずである。なぜ父は弟の方を皇位継承者に指名したのだろうか。

理由は二つ考えられる。一つは兄の生母の身分が低いということである。もう一つは父が弟を溺愛し、兄を差し置いて弟を指名した場合である。どちらの場合でも、兄は極めて不満に思うだろう。

この「相続経過」を、単純に事実だけまとめると次のようになる。父天皇が亡くなったとき、後継者が指名されていたにもかかわらず皇位継承が行われず、三年後ようやく指名されていた皇位継承者が死に、それとは別の人間が皇位を継いだ、ということだ。

私が何を言いたいかお分かりだろう。

ただし、もしそのような「殺人事件」があったとすると、殺された被害者は怨霊化する危険がある。だから丁重に祀らねばならないのだが、実はそんな形跡は全くない。ということは、そういう事件があったとは考えにくいのである。『古事記』には単に「若くして死んだ」とある。日本思想の原型を残しているのが『古事記』で、中国思想に影響されているのが『日本書紀』だとすると、次のようなことが考えられる。

　中国最大の歴史家である司馬遷の『史記』に「伯夷列伝」がある、伯夷という兄と叔斉という弟の話で、彼らは国王の息子だった。ところが父の国王は弟の叔斉を後継者に指名した。弟はとんでもないとそれを辞退し、兄の伯夷に王座を譲ろうとしたが、伯夷は父の意に従うのが「孝」つまり子としての道だと承知せず国外に逃亡した。ところが弟も兄の後を追って出奔したというのである。これは有名な話で、儒教を学んだ人間ならだれでも知っているといっても過言ではない。

　おそらく『日本書紀』の編者は、こうした中国的美談が日本にもあったと強調したかったのであろう。事実は、弟は後継者に指名されていたが先だって死んだので、残された兄が後を継いだということなのに、それを弟が兄を立てるために自殺した、という「美談」に創作したということだ。日本にも中国に負けない素晴らしい「兄弟」がいた。だからそのときの天皇を「仁徳」とお呼びするのだ、ということであった可能性が高い。

　注意しなければならないのは、現代のミステリーの法則「その死によってだれが最大の利益を得たか」を安易に当てはめると、ありもしない「殺人事件」をデッチ上げてしまう可能性があるということだ。あくまで古代の常識に沿って物事を考えなければいけない。

天皇陵築造は雇用創出の公共事業!?

そういえば、こういうことを言う人がいる。仁徳は三年間の免税で民を救ったのではなく、自分の巨大な墓を造るという「無駄な大工事」を実行し人民を酷使し搾取した「悪王」である、と。この意見は本当に正しいのだろうか？

まずその大前提として、宮内庁で「仁徳天皇陵」として認定している古墳が、本当に仁徳天皇の墓なのかということがある。考古学界ではこれを「大仙陵古墳」と呼び、天皇陵らしいが仁徳天皇の墓であるかどうか確証はない、という見解を示しているからだ。しかし、このあたりはそう目くじらを立てることもないと思う。確かにあの時期、天皇家は巨大化していたのである。そうでなければ巨大構築物など造れない。「河内王朝」という新しい王朝が誕生していた、という説を唱える学者もいる。それまでの飛鳥とは違い、海沿いの難波が本拠で「仁徳天皇陵」も今の木々で覆われた姿と違って、兵庫県にある復元された五色塚古墳のように整備されていただろうから、国家の威信を示すランドマークであった可能性もある。

そもそも「国家権力が造らせた巨大建築物は人民の奴隷労働によるものである」というのは、マルクス主義あたりに由来する誤った史観なのである。たとえば、東京の原型である江戸を都市として完成させた徳川家康を思えばいい。家康は神田山を削って築地という埋め立て地を造り、江戸城を拡大し寺院や神社や武家屋敷や町人町をつくった。それが奴隷労働によるものだ、という人は一人もいない。手当を払ったからである。家康の「先輩」にあたる織田信長、豊臣秀吉も大規模な土木工事を何度もやっているが、それに対する恨みの声はない。なぜならそれは現代風に言うなら「雇用の創出」であり「景気浮揚策」であったからだ。庶民はむしろ歓迎したのである。

「都市の拡充ならインフラの整備を伴うから意義があるが、墓など造っても意味はない」というのも間違っている。団塊の世代の方々は昔「ピラミッドはファラオ（王）が人民を奴隷労働で働かせ造らせたものだ」と習ったと思う。実は現代の考古学ではこの考え方は完全に否定されている。むしろ、農閑期で仕事の無くなった農民の雇用を創出するための公共事業ではなかったか、といわれているのだ。となれば、日本の天皇陵築造もそうした公共工事であった可能性もある。もしそうだとすれば、民衆は潤ったはずである。当然それは君主への人気につながる。

豊臣秀吉は主君信長の息子を殺すなどかなりひどいことをしているのだが、それでも人気があるのは空前の好景気をもたらし、民を豊かにしたからだろう。民にとって君主が個人的にモラルを守っているかどうかは問題ではない。一番重要なのはいかに景気を良くしたかであり、逆に国民を飢えさせれば革命がおこる。それが政治というものの実際の姿である。

つまり仁徳天皇の時代、日本は高度成長していた可能性がある。問題はそのことが日本の記録である『日本書紀』を読んでも、あまりよくわからないことだ。では、『魏志倭人伝』の時代から日本を、ある意味で客観的に記録していた中国の歴史書には、この時代のことは何か書かれていないのだろうか。

倭の五王は誰か

「倭の五王」という、五世紀に日本（倭）を治めていた五人の首長のことが、当時の中国の歴史書に記録されている。五世紀にはもう大和朝廷が確立されていたから、この五人は天皇であると思われる。ただし、日本が「中国に負けない独立国である」という自覚をもち、われわれの君主は「日本国王（中国皇帝の家来）」ではなく、「日出ずる処の天子」すなわち日の本の皇帝に匹敵する「天皇」であると名乗るのは、聖徳太子以降のことである。この時代はまだ中国皇帝に貢物を贈り、その見返りに「倭国王」であることを認定してもらって喜んでいた段階だった。

何度も言うが、「仁徳」とか「天武」などの漢風（中国風）諡号は後世に贈られたもので、この時代にはまだない。仁徳は本名オオサザキノミコトだが、中国に朝貢（貢物をささげる）することは中国文化のしもべになることだから、この名ではなく中国風の名を名乗る必要がある。

どうやらそのようにふるまった「天皇」が五人いたらしい。中国側では、彼らは讃・珍・済・興・武、つまり讃王・珍王・済王・興王・武王あるいは倭王（である）武と名乗ったと記録されている。逆に中国側から見れば、それまで関係がなかった国が朝貢してくることは、当代の皇帝に「徳があった」ということになり大歓迎なので、こういうことは詳しく記録するわけだ。

中国は当時、大陸全体を支配する政権がなく南北朝時代とよばれる。北は北魏がほぼ一貫して支配したが、南は宋、斉、梁、陳の四つの王朝が入れ替わり成立した。日本（倭）が関係を持ったのは日本に近い南朝の宋からであって、その公式な歴史書である『宋書』に倭の五王のことが詳しく記されている。といってもあくまで中国側の表現なので、彼らの本名なども記載されておらず、明確にどの天皇が讃・珍・済・興・武なのかは決定できない。しかし、中国に使者を送れたということは、国内を統一し、かなりの経済力があったとみるべきであろう。したがって讃は仁徳ではなかったかという説が有力である（異説もある）。

とにかくこの時期、天皇家が巨大化し日本全体への支配力を強めたということは紛れもない事実だろう。外国への侵攻あるいは外交使節の派遣は、国内に敵がいなくなり統一国家になったということである、豊臣秀吉の例を見ればそれは納得のいくところだろう。

讃が仁徳であるかどうかは反対説もあるが、五王の最後の一人である武が第二一代雄略天皇であることはほぼ間違いないといわれている。したがってこの間の日本側の記録を見ていけば、天皇家がどのように巨大化していったかも検証できるということだ。

「英雄色を好む」という言葉があるが、仁徳はその諡号とは裏腹に極端な女好きであったらしい。また皇后の石之日売命（イワノヒメノミコト）は嫉妬（しっと）深い女性で、仁徳の「浮気現場」を押さえてとっちめる場面が何度か出て来る。そうした人間的な面も君主としての人気につながったと大いに考えられる。

雄略天皇［第二一代］

出土鉄剣に刻まれた「ワカタケル」

五世紀に日本（倭）を治めていた五人の首長「倭の五王」、讃・珍・済・興・武、つまり讃王・珍王・済王・興王・武王あるいは倭王（である）武のうち、最初の「讃王」が仁徳天皇であるかどうかは確定したわけではない。応神天皇だとする説もある。しかし繰り返すが、最後の「武王（倭王武）」が第二一代雄略天皇であることはほぼ間違いない、とされている。

おそらく五〇歳以上の読者なら、昭和五三年（一九七八）の考古学史上に残る大発見「稲荷山古墳出土の鉄剣」を覚えているだろう。通常、鉄の遺物というのは長年土中にあるとサビが進んで破壊されてしまうが、この鉄剣は埼玉県の稲荷山古墳から良好な状態で発見された。しかも、その剣には一一五文字もの漢字が金象嵌で刻まれていたのだ。実はこの鉄剣、掘り出されたのはもっと前だったのだが、表面がサビで覆われていて最初は文字の存在に誰も気がつかなかった。昭和五三年というのは、それが公表された年なのである。筆者は当時、TBS報道部の記者として鉄剣の取材に現地に赴いた。

現在は国宝に指定されている鉄剣は長さ約七三センチもある堂々たるもので、文字の内容はある一族の系譜（系図）なのだが、特筆すべきは「辛亥」という干支の表記がある（製作年代が推定できる）こと、獲加多支鹵大王（この時代まだ天皇という称号はない）の治世に作られた、と彫り込まれていたことである。

実はこの「ワカタケル」、雄略天皇の名前として『古事記』や『日本書紀』に記載されているのである。そればかりではない、「ワカタケル」を中国風の一字の名前にするとしたら「武」だろう。日本「武」尊はヤマト「タケル」ノミコトなのだから、そして倭王武が中国に使者を送ったのは五世紀後半とみられるが、六〇年に一度の「辛亥」の年を五世紀後半にあてはめると四七一年がその年であり年代的にも一致する。また中国側の記録には武王は兄の位を弟が継いだと書かれているのだが、確かに雄略天皇は兄である第二〇代安康天皇のあとを継いで天皇となっているのである。

中国（宋）は朝貢してきた倭王武を求めに応じ「使持節　都督倭・新羅・任那・加羅・秦韓・慕韓六国諸軍事　安東大将軍　倭王」に任命している。この時代、朝鮮半島北部は高句麗が強く百済を圧迫していた。南部は百済と新羅で分け合っていたわけだが、それを倭の勢力範囲として認めたということだ。

五世紀前半に建てられた高句麗の好太王（広開土王）碑文には、四世紀に倭が朝鮮半島に進出して百済や新羅を屈服させ、高句麗と争ったことが記録されている（かってこの碑文を日本軍部が改造したという説が韓国を中心に唱えられたが、現在は根も葉もない妄説として完全に否定されている。詳しくは第二六代継体天皇の章をご参照いただきたい）。神功皇后の「三韓征伐」は歴史的事実ではないというのが私の立場だが、根も葉もない嘘というわけでもない、ということだ。しかし三韓の中の高句麗には結局勝てなかったし、新羅に滅ぼされた百済を復興しようとして、唐・新羅連合軍に惨敗した（六六三年、白村江の戦い）ことは歴史的事実である。

ところで中国側では「倭王武の上表文」を記録している。これはいったいどのようなものか。

雄略は「大悪天皇」だった⁉

「昔から祖禰躬ら甲冑を擐き、山川を跋渉し、寧処に遑あらず。東は毛人を征すること、五十五国。西は衆夷を服すること六十六国。渡りて海北を平らぐること、九十五国…………」

倭王武が中国（宋）の皇帝順帝に奉った「上表文」の書き出しである。祖禰とは祖先のこと、まさに神武天皇のように鎧兜に身を固め休む暇もなく東と西、そして海を渡って北つまり朝鮮半島南部まで勢力下におさめた、と誇らしげに述べているのである。しかしあくまでこれは中国皇帝を主君と認めてのことである。だからこそ、順帝は見返りに武に「倭国王」その他の称号を与えた。国王とは中国皇帝の家臣であるというのが、中国の決めた東アジアのルールであった。しかし、こののち六世紀末から七世紀にかけての第三三代推古天皇の時代になると、摂政（天皇代理）であった聖徳太子は当時の中国（隋）に対し「日出ずる処の天子、日没する処の天子に書を致す」と対等の言葉遣い（相手を立てるなら「書を奉る」にしなければならない）、若い人の言葉で言えば「タメ口」の国書を送っている。実はこれも『日本書紀』など日本側の記録には載っておらず、中国側の史書に「こんな無礼な国書を送ってきた国がある」という「ニュース」として記録されているのだが、このころから日本は独立国としての自信を深め、われわれの「元首」は日本国王（＝中国皇帝の臣下）などではない、皇帝と対等な「天皇」であるという態度をとるようになっていく。逆に言えば、ほとんどすべての国が中国になびく中で、日本という国は中国に従わない「コシャクな国」になったということだ。

　しかしそれはこの時点ではまだ先の話であって、雄略天皇の時代は国際的には「倭国王の武」であったのだから、そこまでは行っていない。しかし、雄略天皇の時代に国力が拡大したということは間違いのない事実である。

　実は既に明治時代に熊本県の江田船山古墳から銀象嵌で漢字が入れられた鉄剣が発見されており、そこにも大王の名が刻まれていた。この剣ものちに国宝に指定された。しかし銘文の一部が欠けており、誰を指すのか明確ではなかった。それが埼玉県の稲荷山古墳出土の鉄剣の金象嵌によって、やはり「ワカタケル大王」と彫り込まれていたことが分かった。つまり、雄略の統治が北は関東から南九州まで及んでいたことが、物的証拠で確認されたのである。

　では、雄略はいったいどんな天皇だったのか。

『日本書紀』には実はとんでもないことが書いてある。雄略は「大悪天皇（はなはだ悪しきすめらみこと）なり」、と民衆は批判したというのだ。もちろん「大悪」とは今とほとんど同じ意味である。

神話的存在から現実へ

　実は雄略こそ天皇家の実質的「初代」ではないか、という考え方がある。

「欠史八代」のことを覚えておられるだろうか？　初代神武天皇の即位年を中国との対抗上あまりにもさかのぼらせてしまったため、「実質的な始祖」である第一〇代崇神天皇との間が約九〇〇年空いてしまった。そこで二代から九代まで架空の天皇すなわち「欠史八代」を「捏造」し、第六代孝安天皇の一三七歳のように各天皇が一〇〇歳以上まで生きたことにしてつじつまを合わせた。そういうことに「一応はなる」と私は「欠史八代」の章を締めくくっておいた。

　なぜ「一応」なのかといえば、この考え方だとそれ以降の天皇は一〇〇歳以上生きたことにしなくてもいいことになるからだ。ところが実際には第一一代垂仁は一三九歳、第一二代景行は一四三歳、第一三代成務は一〇七歳まで生きたと記録されている。その次の若くして死んだ（殺された）第一四代仲哀は年齢の記載がないが、第一五代応神、第一六代仁徳まで天皇は一〇〇歳以上という超人的な寿命を保ったと記録されているのである。

一体これはどういうことか。このあたりの天皇は、ちょうどヤマトタケルのように複数の人物の物語を一つにまとめたということも考えられる。たとえば仁徳天皇という名で記録されている実績は、実際には二人ないし三人でやったことと考えるのである。複数の人物の寿命を足せば一〇〇歳以上になってもおかしくない、逆に言えばこのあたりの天皇は明確な「個人」ではないともいえるわけだ。

ところが雄略は違う。当時の称号であった「ワカタケル大王」の名は古墳から出土した鉄剣という物的証拠に刻み込まれているし、中国では「倭王武」としてその存在が文献に載っている。確実に個人として実在したのである。しかも、中国で武王の兄だとされている（つまり存在が確定している）興王つまり第二〇代安康から、天皇の年齢は「まとも」なものになる。ちなみに安康は五六歳、雄略は六二歳まで生きたと記録されており、これ以降一〇〇歳を超えて生きたとされる天皇は一人もいなくなる。

雄略から天皇の歴史は、「神話」から「現実」になったと考えるべきだということである。

もちろん雄略が突然「大王」になったわけではなく、そこに至るまでは先祖の努力という積み重ねがあったのだろう。ただそれは神話化されていて実態をつかみにくい。

「倭の五王」にしても、最初の三人「讃、珍、済」は誰が誰だか明確に決められないのもそれが理由だ。しかし雄略からはそれが実証的に検証できる。

実は、雄略の父である第一九代允恭天皇については年齢の記録はない。しかし、その子であり雄略の兄である第二〇代安康が后の連れ子である目弱王に暗殺されてしまった。実は安康は王の父を殺し、その妃であった姫を自分のものにし皇后に立てていた。それゆえ王は「父のかたき」として眠っていた安康を刺し殺したのだが、その混乱に乗じて雄略は王を討ち、他にもいた皇位継承候補者を皆殺しにして即位した。まんまと天皇の座をせしめたのである。

ライバル吉備氏の弱体化を狙う

平群、大伴、物部といった豪族の長を大臣や大連（大臣と同じく朝廷の重臣）に任じ、足場を固めるとともに、雄略は一方で葛城氏や吉備氏を力で弾圧した。

反雄略の勢力だったからだが、中央の葛城氏に対し吉備氏は地方の有力豪族であった。吉備国はいまの岡山県一帯だが、岡山市西部にある造山古墳は、天皇陵に指定されていないにもかかわらず、全国第四位の規模を誇る前方後円墳である。墳丘の長さは約三五〇メートルあり、仁徳天皇陵とされる大仙陵古墳の約四八六メートルには及ばないものの、第三位のミサンザイ古墳（宮内庁では第一七代履中天皇の陵としている）とはほとんど同じ大きさなのである。この地に天皇家に匹敵するほどの巨大な権力があったということだ。その主が吉備氏なのである。

その吉備氏が反乱をおこした。雄略天皇七年のことである。まだ元号はないのでこのように表現するわけだが、特筆すべきは、このころからそれが西暦で言えばいつごろの出来事かを、かなり正確に表記できるようになった。一〇〇歳以上も生きたといわれる仁徳の時代では、絶対不可能なことだ。これは西暦で言えば四六三年の出来事らしい。

吉備国の国司の妻が美貌であることを知った雄略が、その妻を奪い自分のものにしたことが反乱の原因だと『日本書紀』は述べている。確かにそういうことがあったのかもしれない。「英雄色を好む」という言葉があるが、雄略が女好きだったらしいことはさまざまな証拠がある。それは後に述べよう。しかしこの事件は「女好きによる失敗」ということではなさそうだ。むしろ雄略は、天皇家に匹敵するほどの力を持つ吉備氏を弱体化させるために挑発したのではないか。なぜならその後、造山古墳のような巨大前方後円墳が、地方豪族によって造られることは一切なくなるからだ。

またその二年後、雄略は海を越えた朝鮮半島を攻略するために、蘇我韓子や紀小弓を派遣した。韓子の曾孫が有名な蘇我馬子であり、小弓は豪族紀氏の一員である。攻略目標は新羅であり、豪勇で知られた小弓は奮戦し、一時的に軍を撃退するが最終的には戦死してしまう。「倭王武の上表文」にあったような連戦連勝ではなかった。むしろてこずったからこそ、雄略は中国に使いを送りこのあたりの支配権を明確に保証してほしかったのだろう。

ただし、雄略が「大王」という文字を使って自分のことを表現したのは、中国皇帝の家臣にすぎない「王（国王）」から脱却し、のちの「天皇」へとつながる独立の気概を示したと評価する向きもある。確かに「倭の五王」つまり中国へ朝貢し「倭国王」に任じてもらって喜んでいた「日本の首長」は、倭王武すなわち雄略をもって終わるのだから、この見方は案外正しいのかもしれない。

物語に登場する人間味あふれる姿

雄略は独裁者で反対勢力は容赦なく弾圧した。のちの日本史で言えば織田信長にちょっと似ているところがある。ただ、自分の敵に常に神経をとがらしていたからだろうが粗暴な面もあった。たとえばささいな落ち度で部下を「手討ち」にすることもあったようで、そのことを皇后にたしなめられている。前に述べた「大悪天皇」という異名はこうしたところから出た。

しかしそれとはまったく逆に、人間的魅力あふれる英雄としての姿も伝えられている。都近くの葛城山には一言主という神がいた。ある日、葛城山に狩りに出かけた雄略は、自分たちと同じ装束の一行を見つけ、そのリーダーの名を問うた。「吾は悪事というともよく一言、善事というともよく一言、言ひ離つ神」と答えたという。お告げは文章ではなく単語でするということだ。雄略はこの神と対等に交流したという。この神は葛城周辺にいて独自に神を祀っていた特別な集団の長だったようだ。

『日本霊異記』という『今昔物語』などに先だつ、日本最初の説話集がある。説話とは基本的には仏教にちなむ教訓的な話を集めた、どちらかというと抹香臭いものだが、この『日本霊異記』には当時の人々の生活を生き生きと伝えるものが多く残されており、冒頭に雄略が登場する。

もっとも主人公は雄略でなく、その家臣で少子部蜾蠃という奇妙な名前の男である。この男の名は『日本書紀』にも登場するから、実在の人物であったことは間違いない。雄略は蚕を飼って絹糸を作り出す技術、つまり養蚕を初めて中国の呉国から輸入した人物であったようだ。今でも和服を扱う商店を呉服屋と呼ぶが、それはこの時絹織物の織り方も呉国から伝えられたことによると言われている。

雄略は国内でもっと養蚕を盛んにしようと、家臣のスガルに「蚕を集めよ」と命令した。ところがスガルはそれを「子を集めよ」という命令だと早とちりし、赤ん坊をたくさん集めてしまった。それを知った雄略は大笑いし、お前が育てよと命じて、少子部(小さい子供の担当)という姓を与えたという。

また大和の三輪山の神は蛇体つまりヘビの姿をしているようだが、一度見てみたいと考えた雄略はスガルにとらえてくるように命じた。スガルは本当にとらえてきたのだが、その姿を見た雄略は大いにおそれ、宮中深く隠れてしまったという。以上は『日本書紀』に載っている話である。

しかし『日本霊異記』によると、雄略はそれでも全然懲りなかったようだ。今度は雷の日、スガルに雷神をとらえてくるように命じた。スガルはその使命も無事果たした。そのスガルが死ぬと雄略は悲しんで墓を建て「雷神をとらえしスガルの墓」という墓標を立てた。雷神がこれを憎み墓碑を真っ二つにしようとしたが、その裂け目に挟まれて身動きが取れなくなってしまった。天皇は大変感心し雷神を逃してやったあと、墓碑を修復して新たに「生きても死んでも雷をとらえたスガルの墓」と記したという。

『万葉集』に残る求婚の歌

実は雄略は日本最初の国民歌集とも言うべき『万葉集（まんようしゅう）』にも、今度は主役として登場する。

『万葉集』と言えば、雄略の時代（五世紀後半）から二〇〇年以上のちの奈良時代に成立した歌集で、大伴家持（おおとものやかもち）が編集したともいわれるが定かではない。全二〇巻で収録されている和歌（長歌、短歌など）は約四五〇〇首に及ぶ。最後は家持の短歌で締めくくられているのだが、巻頭を飾る第一番の歌は雄略の長歌なのである。次のようなものだ。

籠（こ）もよ　み籠（こ）持ち　掘串（ふくし）もよ　み掘串（ぶくし）持ち　この岳（をか）に　菜摘（なつ）ます児（こ）　家告（の）らせ　名告（の）らさ
ね　そらみつ　大和（やまと）の国は　おしなべて　われこそ居（を）れ　しきなべて　われこそ座（ま）せ
われにこそは　告（の）らめ　家をも名をも

春の野だろう。カゴとスコップ（掘串）を持って野草を摘んでいる乙女に、雄略は「どこの何という娘か？　私はこの国を治める王者であるぞ」と尋ねているのだ。

実はこれは求婚の歌である。古代において、男性が女性に名をきくことは「オレのものになれ」ということを意味した。これは井沢新説ではない。万葉時代を研究する者にとっては常識なのだが、それが国民の常識になっていないところに問題がある。歴史教育の怠慢と言ってもいいだろう。

言霊信仰である。『万葉集』には「おつきあいしてだいぶたつけど決して人前では私の名前を云わないでね」などという類の歌が何首も収録されている。今の感覚で言えば女性が「あなただけよ」という約束で撮らせたヌード写真を、男性が友人に見せびらかすようなものだろう。いや、それ以上だ。言葉には霊力が込められている。名前とはその人物そのものなのである。

昔は人を呪い殺すことができると広く信じられていた。呪うためにはその個人を特定することが必要だ。直接髪の毛を手に入れたり、今なら写真を使うという手もあるが、それが不可能な時はどうするか、お分かりだろう。

個人の実名を使うのである。呪殺が可能な世界においては国王の名は軍事機密だ。知られたら敵に殺されてしまうからだ。特に女性の名前は厳重に秘匿された。

そんなことが常識な世界において、邪馬台国の使者が中国人に自分たちの女王の実名を言うわけがない。たとえば現代でも、田中花子という女性を妻でもないのに、「花子」と呼び捨てにしたら失礼だろう。また、総理大臣のことを「シンゾー」とは言わない。ましてや一千年以上前の女王の名前なのである。

たとえ女王の実名が「花子」であったとしても、それは言うべきではない。われわれは「女王」とお呼びしています、といえばそれで十分だからだ。つまり卑弥呼(ひみこ)とは「ハナコ」や「ユキコ」のような実名ではなく、「女王」のような称号だろう。「日御子」か「日巫女」か、それに類するものであることは間違いない。しかし日本人の多くはいまだに卑弥呼が個人名だと思っている。これも歴史教育の怠慢である。ヤマトタケルのところでも述べたが、言霊信仰を無視して日本史は語れない。そうした従来の日本史の欠陥を私は『日本史真髄』（小学館新書）にまとめた。本音をいえばこの本をすべての日本人に読んでもらいたいと思っている。

話をもどせば、雄略はやはり奈良時代の人間にも「実質的な天皇家の初代」として意識されていたということだろう。

継体天皇［第二六代］

出自・年齢ともに異色の存在

「異色の存在」という言葉があるが、歴代百数十人におよぶ天皇の中で、この表現がぴたりと当てはまるのは第二六代継体天皇をおいて他にあるまい。

本名は男大迹といい、そもそも大和の生まれでなく北陸の越前国（福井県北部）の出身だった。それだけでも異例だが、この人は第二五代武烈天皇の子でも孫でもなかった。武烈は男女一人の子も残さずこの世を去ってしまったのだ。皇統断絶の危機である。朝廷ではあわてて重臣大伴金村、物部麁鹿火らが後継者を探した。そこで、応神天皇五世の孫であるオオドに白羽の矢が立ち、天皇として迎え入れることになった。

そしてオオドは当時としては超高齢である五八歳にして河内国（大阪府南部）において即位し、武烈天皇の姉（妹説もある）手白香皇女を皇后とした。

それにしても五世の孫というのはいかにも「血が薄い」。ずっと後世、平将門という武将が「われは桓武天皇五世の孫」であると朝廷に反乱をおこし新皇と名乗ったのだが、五世の孫というのは事実であったにもかかわらず極悪人の扱いであった。その時は天皇にも皇太子がおり皇族も多数いたからだろうが、それにしても「曾孫の孫」よりもっと血縁の濃い候補者は本当になかったのだろうか。その理由については、あの雄略天皇の「粛清」が考えられる。

雄略はもともと後継者ではなかったのに実力で天皇になったため、ライバルとなりうる皇族を徹底的に排除した、要するに皆殺しにしたのではないか。そのため大和周辺には候補者がいなくなってしまい、辺境である北陸で辛うじて生き残っていたオオドを選ぶしかなかった、ということは一応考えられるのである。

21 雄略
22 清寧
春日大娘皇女
24 仁賢
25 武烈
手白香皇女
26 継体
目子媛
29 欽明
27 安閑
28 宣化

しかし、この河内国で即位というのも実に奇妙な話で、先代武烈の本拠地は大和国（奈良県）であったのに、なぜここで即位したのか。実は『日本書紀』には即位から二〇年目でようやく大和に入った、と書かれているのである。七八歳で、ということだ。古稀、喜寿（数え七七歳）という言葉は昔からあるので、「神話」とは決めつけられないが極めて超人的ではある。

それにしても、なぜ正式に即位した天皇が大和に入れなかったのか。当然それは反対勢力が大和で頑張っていたということだろう。それも二〇年の長きにわたって対抗できたということは、ひょっとしたら南北朝時代のように敵にも正統性、つまり天皇家を継ぐ資格があったのではないか。しかし、その敵の正体については何ら記録は残されていない。

そこで、次のように考える学者たちもいる。そもそもオオドは天皇家とは無縁の存在で、天皇家に後継者が絶えたという絶好の機会に反乱ののろしを上げ、最終的に天皇家を乗っ取った、と。つまり、ここで皇統は断絶しており、彼は天皇家の正統なる後継者ではなかったという主張だ。

ところで、継体という後世オオドに贈られた諡号(しごう)(漢風(かんぷう)諡号)の意味をご存じだろうか。それは「正統なる後継者」という意味なのである。

「正統なる後継者」たる理由

のちに継体天皇とよばれたオオドは本来天皇家と一切血縁関係のない「馬の骨」で、混乱に乗じて天皇家を乗っ取ったというのは正しい見方なのだろうか。

前にも述べたが、神武(じんむ)、雄略、継体などという天皇の呼び方は諡号といい、その天皇の没後にその業績や特徴をしのんで贈られたもので、特に神武から持統(じとう)まで四〇人ほどの天皇の諡号は奈良時代の淡海三船という学者が一括して選んだとされている。実は、私はこの神武から持統までを一人の学者が一括して選んだという見方については賛成だが、それが淡海三船であるという点については反対である。理由は簡単で、三船は天智天皇の子孫なのだが、「天智」というのは極めて悪い意味だからである。子孫がそんな名前を選ぶはずは絶対にない。

七世紀後半の壬申の乱あたりの話である。天智天皇は大海人皇子（のちの天武天皇）を無視して大友皇子を後継者に指名したが、不満を抱いた大海人は反乱をおこし大友皇子を殺して天武天皇となった、これがのちに天武自身が息子に命じてつくらせた『日本書紀』に書いてある「事実」である。もちろん私はそんなものは信用しない。いや、信用しないのが、世界のジャーナリストの常識だといってもいいだろう。

それとは別の系統の史料で「天智は病死ではなく暗殺された」ことを匂わすものもある（もっとも、「政府の公式発表」を頭から真実だと信じ込んでいる多くの歴史学者の先生方はそんな史料は無視しているのだが）。実は「天智」は中国最大の悪王とされた人物が最後まで身につけていた宝石の名前（極めて悪い意味）であり、その悪王を殺した武王の名に基づいて「天武」という諡号が作られた、と古代中国の文献に精通していた文豪・森鷗外は分析している。おわかりだろうか、つまり「天智は病死ではなく天武に直接殺された」と、この諡号は暗に証言しているのである。

つまりこれを作った学者は、政府の公式発表ではない歴史の真相を知っていて、それを後世に伝えようとした人間だろう。何しろ権力者が自分に都合のいい歴史を公式記録として発表しているのだから、それに正面から異を唱えることはできない。そんなことをすれば生命の危険があるし、印刷もインターネットもない世の中だ、反政府的著作を後世に残すことは不可能だ。しかし、別のやり方でうまくヒントを隠すことはできる。この神武から持統までの一連の「諡号」群の中に残せばいい。

読者はここまで読んできて、それが継体天皇の正体と何の関係があるのかと思われるだろう。実は中国には「継体持統」という言葉がある。一種の決まり文句で「遠交近攻」つまり「遠きと交わり近きを攻む」などと同種のものである。読みくだせば「体を継ぎ統を持す」つまり「国家を継受し血統を保持した」となる。この諡号の作者は継体、そしてのちに登場する持統の両天皇に共通の功績があったと認識しており、それは「国家を継受し血統を保持した」ということだと評価しているのである。

では具体的にはそれはどういうことだったのか。

女系において系統は守られた

持統天皇のことについては後に詳しく述べるが、ここでは「継体持統」について説明するため、簡単に持統天皇の功績に触れておく。

天武天皇は天皇家の正統な後継者でなかったふしがある。つまり、もし天武と皇族でない女性との間に生まれた男子が天皇を継ぐと、「万世一系（ばんせいいっけい）」が途切れてしまう可能性があった。しかし、天皇の皇后で皇位を継いだ持統天皇は、天智天皇の娘である。したがって、天武と持統の間に生まれた男子が皇位を継げば、男系は断絶するものの女系において「万世一系」は辛うじて保たれることになる。持統はそれを実行した。天武とほかの女性の間に生まれた男子はすべて排除し、自分の孫に皇位を継がせたのである。つまりこれは単なる「正妻の側室への嫉妬」より起こった行為ではなく、皇統を守るための正しい行いであった。そのように、この「持統」という諡号の選定者は判断したということだ。

一方、継体も「天皇の曾孫の孫」だったというのだから、天皇家の正統な後継者でなかったふしはある。しかし彼の皇后は先代の天皇の姉（あるいは妹）であり、しかも彼女と継体の間に生まれた子が次の第二九代欽明天皇となったのだから、仮に継体がまったくの「馬の骨」であったとしても女系において皇統は守られたことになる。これら諡号の選定者はそのように評価したからこそ「継体持統」という中国の決まり文句を二つに分割して「継体」「持統」というそれぞれの諡号にしたのではないかと考えられるのである。

何度も言うが、私は右翼でもないし超国家主義者でもない。そういう人間なら「皇統はすべて男系で維持されてきた」「神武紀元二六〇〇年は正しい」「天皇陵は発掘調査すべきではない」と主張するだろう。読者の皆さんは私がそんなことを主張していないことはよくご存じのはずである。また、ひたすらに天皇をおとしめるために学問を利用する左翼のエセ学者でもない。

その立場から言うと、継体が「応神天皇五世の孫」だったというのは本当ではないかと私は考えている。ほかの国では主君を殺した人間がそのまま新しい王者になることは珍しくない。日本以外の国ではそれが常識だ。しかし日本では、天皇は神の子孫でありそのDNAを継いだ人間でないと天皇になれない、というルールが厳然としてある。左翼学者はこれを否定したがるが、事実は事実なのだから認めるべきであろう。それが完全に確立したのは奈良時代以降だろうが、この時代でも「馬の骨」が天下をとろうとしてもすでに認められず、天皇家の血を引いていなければ天皇(正確には大王(おおきみ))になる資格はない、という信仰がすでに確立していたとみるべきだ。

もちろん「五世の孫」まで後継者の範囲が広がれば、ライバルもいたはずだしそれが継体の大和入りを妨害し続けたのであろう。しかし、最終的に継体が勝利したのは「天皇の姉であった皇后」がいたからであり、そのような皇后の婿になれるのはやはり「皇族」でなければ無理だと私は考える。

「任那日本府」をめぐる韓国の思惑

ところで、エセ学者という言葉を使ってふと思い出したが、特に団塊の世代の皆さんは「任那日本府(みまなにほんふ)」は存在しなかったと、いまだにだまされているのではないだろうか。「任那日本府」あるいは「日本府」とは、五世紀に朝鮮半島南部に存在した任那、加羅(から)

といった、高句麗（こうくり）、百済（くだら）、新羅（しらぎ）の三国とは違う国家が、事実上日本の支配下にありそれを管理していた機関のことである。もっとも、この時代日本という国号はまだ存在しないから、正確には「倭府（わふ）」と呼ぶべきかもしれないが、その存在は『日本書紀』などに明記してある。

つまり、これを認めることは、五世紀の日本というのは、ちょうど島国イギリスが海を越えた北アイルランドに領土を持っているように、海を越えた朝鮮半島南部に「領土」を持っていたことになる。実際このあたりには、この時代に造られたと思われる日本式の前方後円墳が確認されている。

これを絶対に歴史的事実と認めたくないのが韓国である。古代においては韓国の方が先進国で「すべてを日本に教えてやった」のだから、「発展途上国日本が半島に影響力を持っていたはずがない」という見解だ。

ジャーナリズムと歴史学には共通点がある。それは真実を追求することだ。結果的に明らかに不愉快な、あるいは不利益な真実が明らかになっても、それから目を背けてはならない。こんなことは先進国のジャーナリストや学者は誰でも心得ている基本中の基本である。しかし韓国ではその常識が通用しない。

たとえば、韓国人のいわゆる「従軍慰安婦」に対する見方は、一方的で偏見に満ちたものであるという内容の、『帝国の慰安婦』という本が韓国世宗（セジョン）大学の朴裕河（パクユハ）教授によって書かれた。数年前のことである。これは民主主義社会における意見の表明であり、学説の提示であったにもかかわらず、韓国当局は関係者から名誉毀損の訴えがあったことを受け民事および刑事事件として扱い、出版停止、内容の一部削除、損害賠償金や罰金の支払いなどを朴教授に求めた。要するに、国家が教えている歴史に異を唱えることは許さんという考え方が、韓国ではいまだに常識だということだ。

そういう韓国にとって、日本が朝鮮半島の一部を支配していたなどということは絶対に認められない。不愉快だし学校で教えている内容とも異なる。何かしら理屈をつけて、日本を朝鮮半島の国々より劣っていたと結論づけようとする。確かに文化的に劣っていたことは事実だろう。しかし、「野蛮」な国が文化国家より軍事的に強かった例はほかならぬ中国史でもよくあることで、決して異常な現象ではない。にもかかわらず、韓国系学者は当時の日本の軍事的優位までも何とかして否定しようとする。一瞬たりとも「日本が上」あるいは「対等」だったという事実を認めたくないらしい。しかし、この事実には明確な証拠がある。前にも紹介した高句麗の好太王（広開土王）碑で、これは朝鮮側の史料である。ここには当時、高句麗と倭が南朝鮮の覇権を争ったと明記してある。

これは韓国にとっては実に「不愉快な」史料である。そこで半世紀ほど前に、韓国系の研究者が当時知られていた好太王碑の碑文を、これは日本軍部が朝鮮支配を正当化するために改竄したものだ、という「学説」を発表した。その根拠は「そんなことがあるはずがない」という思い込みに基づくものだったが、何しろ日本には拓本つまり写ししか伝えられていなかった（石碑本体は中国領にあった）ので、それは「言いがかり」だと論破することはできなかった。拓本なら改竄可能だからである。

ところが、二一世紀に入って中国で独自に取られた拓本が見つかり、中国の学者によって改竄説は完全に否定された。共産主義体制下にもかかわらず中国にはまだまともな学者がいるようだ。ところが、このようなエセ学者にだまされた日本の教師の中には「日本府」は存在しなかったと教えていた連中もいるようだ。注意しなければいけない。

五世紀の朝鮮半島には高句麗、百済、新羅の他に任那あるいは加羅といった小国があり、それら小国は倭国と朝鮮三大国の係争の地であった、とまとめておくのが最も無難かと思われる。

最後の反乱「磐井の乱」

さて、継体天皇は即位後約二〇年かかってようやく大和の地に入った。つまりここで内戦は一応終了し、政権は安定したということである。さっそく百済から新羅に対抗するために、援軍を送ってくれという要請があった。それを受けた継体は軍勢を九州経由でさし向けようとしたが、その九州で反乱がおこった。

磐井（いわい）の乱といい、五二七年のことだ。磐井は筑紫国造（つくしのくにのみやつこ）つまり北九州方面の総督だったのだが、『日本書紀』によれば磐井は新羅に通じており百済への援軍が渡海するのを阻止するために兵をあげたという。こうした場合は、本来新羅軍も磐井軍と連動して攻撃に参加すべきなのだが、それはなかった。海を渡ることは極めて困難で、新羅軍にはそれほどの余裕がなかったのかもしれない。とにかく磐井は単独で朝廷軍と戦い敗れた。

福岡県八女（やめ）市にある北部九州最大の前方後円墳岩戸山（いわとやま）古墳（墳丘長一三五メートル）は磐井の墓だといわれており、陶土で作られた埴輪（はにわ）ではなく巨大な石人が副葬品として発掘されている。それだけ巨大な墓が造れるということは軍事力も経済力もあったということだが、磐井はそもそも継体の政権に反抗的で、それを知った継体が先手を打って討伐軍を送ったのだという見方もある。

やはり「応神五世の孫」に過ぎない継体に対して、服従するのを潔しとしない人間が大勢いたようだ。その最後の反乱が磐井の乱だったというわけで、先代武烈が後継者を残さずに死んだことはやはり当時の日本にとって相当の痛手だった。

『日本書紀』には継体六年、これは西暦では五一二年にあたり大和入りもかなわず政権が全く安定していなかった時期だが、その時期の出来事としてとんでもないことが書かれている。それは百済の使者がやってきて任那四県の割譲を願ったというのだ。そう願ったのは当然任那が日本の「領土」だったからだろうが、それにしても一部（四県とわざわざ断っている）にせよ、領土をタダでくれというのだからべらぼうな話である。

しかし、重臣大伴金村のアドバイスにより継体はこれを承認した。見返りは五経博士（ごきょうはかせ）の派遣という、国家間の取引としては「エビでタイを釣られた」と言ってもいいものだった。五経博士とは儒教の専門家で、彼らは日本の文化水準を上げることには貢献しただろうが、具体的な利益は何もない。

なぜ金村はそうすべきだとし継体はそれに従ったのか。政権が安定していなかったからだろう。このままでは海外領土を維持できない。そこへつけ込んだ百済が譲ってくれと言い出し、日本も新羅に取られるぐらいなら友好国である百済に与えて恩を売った方がいいと思ったのだろう。それにしても、断腸の思いであったには違いない。

やはり「武烈のツケ」は大きかった。というのは、継体が皇后との間にできた男子に皇位を継がせた後も、内戦状態は結局収まらなかったからである。これを継体・欽明朝の内乱と呼ぶ。

欽明天皇［第二九代］

天皇不在の歴史ミステリー

継体天皇とその皇后タシラカノヒメミコの間に生まれた男子が第二九代欽明天皇である。仮に継体天皇が「馬の骨」であったとしても、タシラカノヒメミコは天皇家の血を濃く受け継いでいた。したがって男系ではなく女系によってではあるが「万世一系」は継承されたことになる。

しかし慧眼な読者は、ここで「変だぞ」と思われたかもしれない。欽明の父継体は第二六代なのである。つまり継体と欽明の間に二人の天皇がいるのだ。第二七代安閑天皇と第二八代宣化天皇である。この二人ともに母を同じくする兄弟だが、その母は豪族の娘で皇族ではない。お分かりだろうか、もし継体が「馬の骨」であったとすると、これはとんでもない事態になっていた。

実は記録にも混乱がある。国家の公式記録である『日本書紀』では、継体の死を干支で辛亥の年だとしている。これは西暦五三一年のことだと考えられるのだが、次の安閑即位まで二年間も天皇の座は空位だったと書かれているのだ。しかしのちに欽明の時代に成立した記録には、欽明の即位も辛亥年だと書かれている。同じ干支は六〇年たたないと回ってこないから、これは継体の亡くなった年に直ちに欽明が即位したということだろう。しかしそうすると、安閑と宣化の二人の天皇はいなかったことになってしまう。これはまさにミステリーである。

　この謎を解く、有力な仮説を提供したのが歴史学者・喜田貞吉(きたさだきち)であった。要するに喜田は継体の年長の息子であることを理由に、皇位継承権を主張した安閑・宣化兄弟と正統な血統を理由に皇位継承権を主張した欽明とが争い、結局欽明が勝ったのではないか、と考えたのである。この事態を継体・欽明朝の内乱という。

　この仮説、私はそれでいいと思う。五八歳という当時としては超高齢で即位した継体には、当然複数の妻と男子がいた。一方、皇后との間に生まれた欽明は継体の子の中では最年少だったろう。「あんな若造に皇位を継がせてたまるか。おれたちも継体の子だ」と安閑・宣化兄弟とそれを支持する勢力は主張したのだろう。

　継体の即位には多くの反対があり、継体がそれを実力で排除し政権をにぎった後も、完全に消え去ったわけではない。そうした不満分子が安閑・宣化兄弟を担ぎ上げた。想像をたくましくすれば背後に新羅(しらぎ)の謀略工作があったかもしれない。友好国・百済(くだら)あるいは任那(みまな)と違って、新羅は常に日本のライバルであった。日本が弱体化すれば、百済をライバルとし実質的な日本領である任那、加羅(から)を狙っている新羅にとってはもっけの幸いである。

ここで不思議なことがもう一つある。継体がオオドであったように、『日本書紀』には即位以前の「実名」が記録されているのが常だが、欽明にはそれがない。皇子時代何と呼ばれていたかわからないのである。ただ漢風（中国風）諡号「欽明」は後世の学者が考え贈ったものだが、当時使われていたと思われる、国風（日本風）諡号が今に伝えられている。それは天国排開広庭天皇という。私はこの諡号に「内乱の勝者」のイメージを感じるのだが。

雄略天皇の負の遺産

それにしても改めて思うのは、武烈が後継者を持たないままこの世を去ったことが、いかに当時の日本の国力を損ねたかということである。それだからこそ「遠縁」の継体が後継者となり、それに不満を抱いた反対勢力との抗争は二〇年も続いた。せっかく領有していた雄略の遺産とも言うべき任那は、その四県を百済にタダ同然で「くれてやる」結果にもなった。ひょっとしたら、それは『日本書紀』の潤色で真相は百済に実力で奪取されたのかもしれない。いずれにせよ日本が内戦状態でなければ、そんな事態には決してならなかっただろうと誰しもが思う。そして人間は、そうした不幸な経過で失ったものに対しては未練が残る。

しかも継体から欽明に政権が移るときも継体・欽明朝の内乱があった。これでは海外領土の維持など不可能だ。そして欽明の治世である五六二年にはとうとう「新羅、任那を打ち滅」したと『日本書紀』にある。雄略の遺産をすべて失ってしまったのである。

この時期、日本がどのような形にせよ南朝鮮の一部に「領土」を持っていたのは確実である。前にも述べたとおり、まず日本が半島に進出し、南朝鮮の領有権を争っていたことは、ほかならぬ朝鮮側の史料である「広開土王碑」の碑文という動かぬ証拠がある。そして領有権については倭王武（雄略）が中国皇帝から「使持節　都督倭・新羅・任那・加羅・秦韓・慕韓六国諸軍事　安東大将軍　倭王」という称号を下賜されたということが、『宋書』「倭国伝」に明記されている。第三者でもあり東アジアの最高権威であった中国皇帝が、日本のこれらの地に対する一定の支配権を認めたということである。

蘇我氏の影響力と仏教伝来

欽明の時代は、内戦に次ぐ内戦の後にようやく成立した安定期であった。当然、統一のためには豪族の力を借りなければならない。欽明の家族関係はどうだったかというと、皇后は石姫といい、なんと宣化天皇の娘だった。内乱があったという説が正しければ、彼女は父のかたきの子を産んだということになる。しかし珍しいことではない、と言うべきだろう。のちの話だが持統天皇は皇后として天武天皇の子供を産んでいるが、その天武が持統の父天智天皇を殺したと、私は考えているからだ。

こういう婚姻は戦国時代にもあったことで、一種の保険のようなものである。宣化はほとんど天皇家の血を引いていなかった（計算上は六世の孫になる）というのが私の見方だが、それでも宣化の娘と欽明の間に生まれた男子はのちに第三〇代敏達天皇となるのだから、その血統は天皇家の中で生き残ったということに、一応はなる。しかし、欽明の後宮（大奥）の中で最も力を持っていたのは、蘇我堅塩媛ではなかっただろうか。欽明との間に生まれた子供の中から二人の天皇が生まれている。第三一代用明天皇と第三三代推古天皇だ。第三二代はどうなった、と思われるだろうが、それは崇峻天皇で母は堅塩媛の妹の蘇我小姉君なのである。そして崇峻は皇族ではなく臣下によって殺された史上初の天皇であり、推古は史上初の女帝だ。つまりこのあたりに大きな混乱があったのだ。

その背後に蘇我氏の強い影響力があったことは確実である。

堅塩媛、小姉君姉妹の父であった蘇我稲目の父は蘇我高麗といい、母親が高麗人であったと伝えられている。この父は若くして死んだのか業績は伝えられていないが、その父蘇我韓子は雄略天皇の重臣で彼も母親が「韓人」だったようだ。つまり、雄略の頃にピークを迎えた半島との「交流」の中で、日本人以外の女性から生まれた人間も多く朝廷に仕えていたということだ。蘇我氏自体は公式には武内宿禰の子孫とされているが、「韓子」「高麗」などという名前を見るだけで、半島との関係は極めて深かったことがわかる。

そこへ百済の聖王（聖明王）から海を越えて仏像と経典が送られ、「これは仏教とい

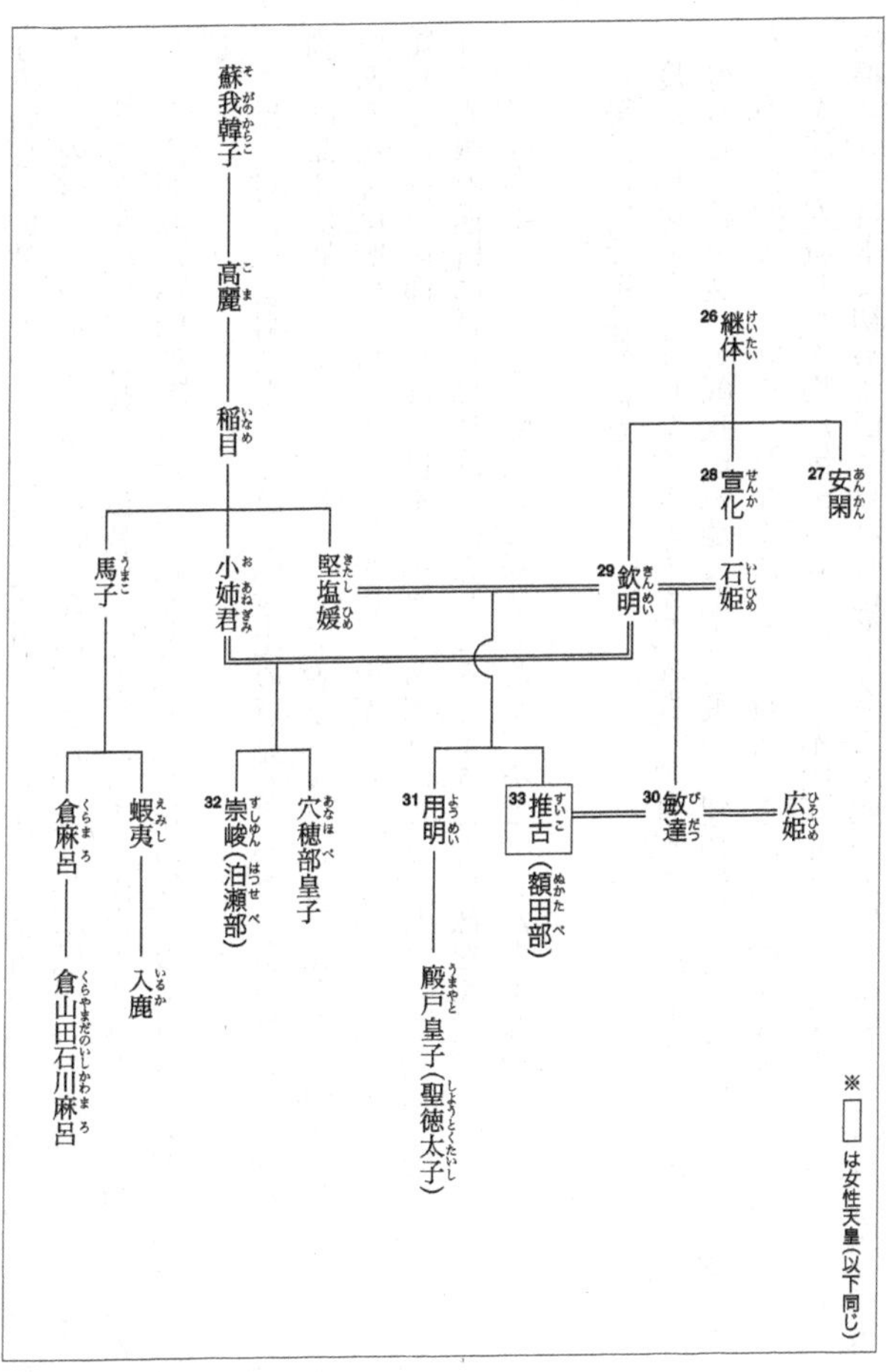

蘇我韓子
高麗
稲目
馬子
小姉君
堅塩媛
26 継体
28 宣化
27 安閑
29 欽明
石姫
倉麻呂
蝦夷
32 崇峻(泊瀬部)
穴穂部皇子
31 用明
33 推古(額田部)
30 敏達
広姫
倉山田石川麻呂
入鹿
廏戸皇子(聖徳太子)
※□は女性天皇(以下同じ)

う素晴らしい教えを象徴するものであり、ぜひ貴国でも信仰されることをお勧めする」という内容のメッセージも届いた。私的な伝播ではなく、国王から外交の一環として行われたことなので、これを「仏教公伝」と呼ぶ。実は内乱の影響かそれが何年に行われたことか記録が不明確なのだが、通説では五三八年の欽明の治世のうちだといわれている。

　これを聞いた欽明は喜んだが一応家臣の意見を求めた。蘇我稲目は「海の向こうの諸国では深く信仰されている。わが国も見習うべきだ」と答えたが、日本の神道の代弁者である物部尾輿は「日本古来の神を祀るのが天皇家の仕事で、むやみに外国のえたいの知れない神を信仰すれば、日本の神々がお怒りになるでしょう」といった。そこで欽明は賛成派の稲目に試しに私的に信仰してみるようにと仏像を預けた。

　稲目は喜んで寺を建てて仏教に帰依したが、そこでとんでもない災いが起こった。

「新羅を打ち任那を回復せよ」

　疫病（伝染病）が流行し多くの人が死んだ。物部尾輿はそれ見たことかと欽明の了承を得ると、兵を送って蘇我氏の建てた寺を襲い、建物は焼き払い仏像は難波の堀江つまり川の中に捨てたという。ちなみに、この時捨てられた仏像を発見し持ち帰って信濃国に寺を建て安置した人物が伝えられている。本田善光という。その名をとって寺の名前は善光寺、日本で初めて伝えられた仏像を今でも祀っているということだ。本尊は厳重な秘仏だが「写し」と称するものが各地にあり、それを見ると独特の形式の阿弥陀三尊像である。

仏像を祀った祟りが原因というのはともかく、この時に伝染病が流行したという話、実際に起こったことだと思う。というのは、孤立した島国である日本は外国と交流が盛んになると未知の伝染病に襲われるという「法則」があるからだ。別に迷信でも何でもない科学的な話である。また、いったん伝染病がはいってくると免疫がまったくないので大流行する。これも科学的事実である。

少し後の、奈良の大仏をつくった平城京の時代、日本に天然痘が入ってきて大流行した。当時、第四五代聖武天皇を操っていた藤原四兄弟が次々に感染死した。それを当時の人間は藤原四兄弟に無実の罪で死に追いやられた長屋王の祟りにちがいないと考えた、という井沢新説は後に詳しく解説しよう。また、幕末にコレラが大流行したのも、この「法則」で考えるべきだろう。だからこそ開国などすべきではない（ろくなことにならない）と反対した人間が大勢いたのである。

海の向こうとかかわりの深い蘇我氏は、疫病が流行したという事実があるのでこの時はいったん引いたが、仏教の普及をあきらめたわけではない。一方、神道の代弁者である物部氏はそれを許すつもりはない。しかし欽明の代では決着がつかなかった。つまり次の世代に持ち越しになったということである。

ただ、物部氏とならんで「神道派」の豪族であった大伴氏はこの時点で一度没落した。

その理由は、大伴金村（かなむら）が百済への任那の一部割譲を継体に進言した事実が問題にされたからだ。継体の時代には問題にならなかったが、欽明の時代になると結局日本が任那をすべて失ったのも金村の進言が良くなかった。いや、金村は百済からワイロをもらって国を裏切ったのだ、と非難されたのである。この非難は反対派のでっちあげの可能性もあるが真相は分からない。

代わりに神道派の氏族として力を伸ばしたのは中臣鎌子（なかとみのかまこ）をリーダーとした中臣氏であった。のちにこの中から藤原氏の祖である中臣鎌足（かまたり）（鎌子ともいう）が出るが、この鎌子とは別人である。

くりかえすが、任那を失ったことは日本にとって痛恨の出来事だった。「内乱さえ続かなければ」という思いは皆にあり、だからこそ強い未練が残る。そして重病になったとき、欽明は後継者を呼び「必ず新羅を討ち任那を回復せよ。日本と任那が昔のような関係に戻るなら、死んでも悔いはない」と言い、結局それが遺言になった。

敏達天皇［第三〇代］と用明天皇［第三一代］

武官・神道派「物部氏」と文官・仏教派「蘇我氏」

欽明が死の床に呼んで「必ず任那を回復せよ」と後を託した後継者は、即位して第三〇代敏達天皇となった。国内の混乱はひとまず収まったものの、国力はそう簡単には回復しない。しかし「父親の遺言」であるから、敏達は何とかして任那を回復しようとしたのだが、それは国内で一致団結し海外に兵をおくるということだから容易ではない。それをさらに困難にする新たな国内問題が発生していた。欽明の代から持ち越しの海の向こうの新宗教である仏教を、受け入れるかどうかの争いである。

物部氏をリーダーとする日本古来の神道を守ろうという立場の人々と、蘇我氏をリーダーとする仏教を積極的に受け入れようという立場の人々が対立していた。それぞれのリーダーは大連・物部守屋、大臣・蘇我馬子である。大連と大臣の区別は明確ではないが、大連の方は武官、大臣の方は文官と考えておけばいいかもしれない。後世に武士のことを「もののふ」と言ったが、それは物部氏が代々天皇家を守る武官の家柄だったことによる、という説がある。また大伴氏も大伴金村が欽明の代に失脚するまでは同じ大連をつとめていた。

戦時中、ラジオで戦死者の名前が発表されると必ずかけられた「海行かば」（信時潔作曲）は、「海行かば　水漬く屍　山行かば　草生す屍、大君の　辺にこそ死なめ　かへりみはせじ」という歌詞で「天皇のためならどこで屍をさらしても悔いはない」という天皇家への絶対忠誠を誓った武人の心意気を歌ったものだが、これは実は大伴家持の長歌からとられたものである。

「文官」の蘇我氏に比べて「武官」の物部氏の方が軍事的には優位にある。だから、蘇我氏の私寺が物部氏によって焼き払われたときも（それが天皇の同意に基づく行為であったにせよ）、ほとんど軍事的抵抗はできなかった。

しかしそれでも蘇我氏の勢力が衰えなかったのは、大陸あるいは半島文化導入の担い手であったからだろう。仏教を受け入れるとはどういうことか？　それに伴う文化をすべて輸入するということである。たとえばそれまで日本には神社のような白木造りで茅葺きで掘っ立て柱の建物しかなかった。地面に突きさしただけの掘っ立て柱では、地震にも弱いし雨水にさらされるから腐りやすくなる。しかし礎石という石枠をつくりそこに柱をはめ込めばこうした問題は解決する。また建物自体にも塗料を塗り、茅葺きでなく瓦葺きにすればさらに長持ちする。寺という建物はそういう工法で建てる。つまり仏教を受け入れるということは、そういう技術がセットになって伝えられるということだ。

ちなみに「世界最古の企業」として有名な金剛組(こんごうぐみ)は、この敏達の時代に新しい寺をつくるために百済(くだら)から招かれた大工が設立したという。五七八年のことである。

ちなみに日本は面白い国で、こうした海の向こうからもたらされた「丈夫で長持ち」する工法に、すべてを委(ゆだ)ねるだけでなく日本古来の工法を保存した。そこで世界最古の木造建築がある一方で、その近くに二〇年ごとに建て替えるというやり方で古代からの工法を今に伝える木造建築があり、両者が併存している。法隆寺(ほうりゅうじ)と伊勢(いせ)神宮である。

穢染問題を解決する仏僧

仏教を受け入れることのメリットは、何も建物の工法ばかりではない。仏像をつくるには彫刻の技術と道具が必要だし絵画も同じだ。また薬品に関する知識も仏教経由で入ってきた。人を救うことを目的とする仏教は、薬草などの研究にも熱心だったからである。またこの時代ぐらいから日本人は積極的に温泉に入るようになる。温泉自体は自然にあるものだから、それまでも地元の住民などには利用されていただろうが、積極的に温泉に入ることが健康に良いことを、日本人に教えてくれたのは仏教の僧侶(そうりょ)である。

温泉という「保養地」に人を集めれば布教もしやすい。寺院参詣のため信徒が宿泊する施設を宿坊というが、古い温泉旅館の中にはかつて宿坊だったところもあり、名称に「坊」がつくこともあるのはそれが理由だ。

そして、日本が中国や朝鮮と違うのは神道という独自の宗教があり、「穢れ（ケガレ）」を諸悪の根源として徹底的に嫌うところだろう。実はここで医療が問題になる。人間だれでも経験豊富な医師に診てもらいたい。しかし医師が経験豊富ということは、「死のケガレ」にも徹底的に「穢染」されているということだ。病気は治したいがケガレは近づけたくない。さあどうするか、これは難問である。

この難問は、のちの第四一代持統天皇が打ったのと同じ手で解決された。日本は天皇が亡くなると一代ごとに都を移転していた。天皇という偉大な存在の死によるケガレは、除去不能で都を捨てるしかなかったからだ。しかしそれでは国家としての発展は望めない。そこで持統は自分を火葬させることによって、つまり仏教の力でケガレを除去した。しかし実は、それと同じ考え方は仏教伝来のころから少しずつ日本に浸透していたのである。特に医療や葬儀（どちらも死のケガレに穢染される）の担当を仏僧が務めるという形で、だ。だから後の平安時代から鎌倉時代にかけても、死のケガレに穢染された武士たちが神聖な御所へ上がることは嫌われる一方で、僧侶は何の制約もなく昇殿していた。そこで日本では医療も僧体、つまり僧侶の形をとった人間がやるようになっていく。言ってみれば、彼らは神道ではなく仏教を信じる「ガイジン」扱いなのである。

そう考えれば、神道派の物部守屋らが仏教徒が増えることに反発したことも、そんな強い反発があったにもかかわらず仏教が広まっていったこともよく理解できるだろう。死のケガレによる穢染問題について、神道は何の解決方法も持っていない。天皇一代ごとの遷都、あるいは質の高い医療や葬儀をどうやって維持するかという問題に、仏教なら対応できる。

仏教を広めようとする側にとって、最大の障害は敏達であった。敏達は神道を重んじる人間で、欽明の時代に続いて日本に再び伝染病（天然痘）が流行したとき、日本の神々の怒りによるものだという物部守屋の進言を受け入れ、再び蘇我馬子が建立した私寺を焼き払わせた。ところが今度は、敏達自身が天然痘に感染し高熱で苦しみ死んだ。仏教派はこれを「寺を焼いたタタリだ」と吹聴したのである。

穴穂部皇子と物部守屋の陰謀

敏達の急死にともなって、弟が第三一代用明天皇として即位することになった。同じ欽明を父とする異母兄弟だが、両者の方向性はまったく違っており、神道派の敏達に対して用明はバリバリの仏教派だった、それもそのはず、母は蘇我稲目の娘で馬子の姉の堅塩媛である。仏教派のリーダーである蘇我氏が母の実家なのだから、用明は幼いころから仏教の英才教育を受けたようだ。なぜ、そんなことが言えるかというと、この用明の子が厩戸皇子、のちの聖徳太子だからである。厩戸皇子が子供のころから仏教に親しみ、経典の注釈書を書くほどの学識があったことは有名だから、当然用明もそれに類する教育をうけたに違いない。聖徳太子については後に詳しく述べよう。

それにしても天皇の死によって、なぜ情勢が一変するかというと、これも継体以後の国内の混乱が原因なのである。先に述べたように、継体には反対派が大勢いた。何とかそれをたたきつぶして即位したものの、天皇家の実力低下は否めない。それを補うためにはさまざまな豪族の支持を得なければならない。そこでそれ以後の天皇は、本来なら水と油の神道派からも仏教派からも妃をめとり、多くの男子をつくった。ちょうど、幕末に徳川幕府絶対支持の孝明天皇が急死し薩長支持の明治天皇が即位したときもこうした混乱があったが、やはり実母が誰か実家はどういう思想を持っているかということが、即位した天皇に大きく影響していくのである。

ちなみに孝明天皇の死因も天然痘による感染死だったが、日本にはこの頃、天然痘が大流行していたらしい。それもあって、神道派と仏教派の対立が抜き差しならぬものになった。双方ともに、天然痘流行の原因を相手の責任と決めつけたからである。物部守屋はあんな邪教を日本に入れるから疫病が蔓延したのだと主張したし、蘇我馬子は守屋らが寺院や仏像を焼き払ったから仏罰が下ったのだと主張した。前に述べたように、物部氏は強大な軍事力を持っており、一方蘇我氏は仏教を背景とする「文化力」を持っている。双方とも実力は侮りがたく、政治闘争だけで相手を倒すのは不可能である。血で血を洗う争い、すなわち戦争が必要だということだ。

先に動いたのは守屋だった。穴穂部皇子という用明の弟がいた。母は蘇我小姉君といい、堅塩媛の妹だから蘇我一族なのだが、用明が天皇に選ばれたことに大きな不満を抱いていた。早い話が「自分の方が天皇にふさわしい」と思っていたのである。その不満が本来水と油の関係であるはずの物部氏との共闘関係をつくった。そして『日本書紀』

によれば、穴穂部はなんと敏達の皇后である額田部皇女（別名、炊屋姫）を襲い犯そうとした、とある。

なぜそんなことをしたのか？　用明を憤激させ乱を起こさせるためだったかもしれない。しかし三輪逆という忠臣が宮殿を死守して皇后を守り通したために、穴穂部はいったん引き三輪を逆臣に仕立て上げ守屋に殺させた。しかし用明は動かず、穴穂部の陰謀はいったん失敗におわった。

蘇我馬子の勝利で決着

しかし次のチャンスはすぐにやって来た。なんと用明までが大流行していた天然痘に感染し死んでしまったのである。在位はわずか二年だった。ただし二年とはいっても皇太子ではなく、単なる敏達の弟として過ごした期間が長かったし、そもそも敏達に子供が生まれていれば、その子が皇位に就き「ピンチヒッター」用明の出番はなかった。だから用明が即位したとき、子の聖徳太子も少年に成長していた。しかし天皇を継ぐにはまだ若い。そこで物部守屋は穴穂部皇子と連絡を取り、皇子を次の天皇に擁立しようと持ち掛けた。そこには当然、穴穂部が天皇になったら神道派を支持するという約束があったにちがいない。

これに危機感を抱いたのがライバル蘇我馬子である。穴穂部・守屋政権が誕生すれば物部氏の優位が確定し、仏教は大弾圧されることになる。そこで馬子は穴穂部の弟に目を付けた。泊瀬部皇子(はつせべのみこ)である。穴穂部の年齢が詳しく分からないので、穴穂部とどれぐらい年齢差があったかわからないのだが、もう十分に大人であり穴穂部と母が同じ弟であったことは間違いないようだ。しかし皇位争いは非情である。戦争も辞さないほど対立している両派にそれぞれ分かれてしまったのだ。

抗争については蘇我馬子の方が一枚上手だった。亡き敏達の皇后額田部皇女は、幸いなことに自分の姉堅塩媛の娘で姪(めい)にあたる。彼女の支持を取り付けて馬子は穴穂部に暗殺隊を送り抹殺した。守屋は有力なカードを失った。さらに、今のうちにとどめを刺すのが上策だと考えた馬子は、用明の皇子たちも味方につけて軍勢を催し、物部氏の本拠地に攻め込んだ。

しかし物部氏は武門の家柄である。守屋自身優秀な大将だったし部下の兵士も訓練されている。大軍で攻めれば勝てると考えていた馬子の計算は外れた。それどころか押しまくられ総崩れになりそうになった。

この窮地を救ったのが、少年の身で従軍していた聖徳太子だった。太子はその場で仏教世界を守護する四天王の小像をつくり、「勝たせたまえ、勝利の暁には必ず四天王をまつる寺を建立します」と祈った。すると奇跡が起こった。味方の兵士が放った矢が敵の総大将守屋を射落とし、総大将を失った物部軍は総崩れになったのである。のちに太子は約束を守り壮大な寺院を建立した。それが今にのこる大阪の四天王寺(してんのうじ)である。

こうして物部氏は没落し、蘇我馬子の「天下」となった。もっとも何度も言っているように外国なら馬子のような立場の人間は、必ず王家をほろぼし自分が新しい王になる。しかし日本ではそれができないので、馬子はとりあえず擁立した泊瀬部を皇位につけた。第三二代崇峻天皇である。馬子はまったく実権を渡さなかったが、崇峻は気骨ある人で操り人形に甘んじるような性格ではなかったようだ。

ある冬の日、狩りの獲物としてイノシシが献上された。それを見た崇峻は「いつかこのイノシシのようにあの者の首を斬りたいものだ」と漏らした。名指しはしなかったが馬子をさしていることは明らかで、それが馬子の耳に入ったとき、なんと馬子は直ちに刺客を送って崇峻を暗殺させた。

推古天皇【第三三代】

陰謀が生んだ初の女性天皇

蘇我馬子が刺客を送り崇峻を暗殺した。これは『日本書紀』に明記してある事実である。しかし逆に『日本書紀』に書いてあるからこそ、一〇〇パーセント信じていいのかという疑問も出てくる。なぜならこの国家による「正史」は、最終的に蘇我氏を滅ぼし天皇家の絶対性が確立されてから成立したものだからだ。つまり「勝てば官軍」で、天皇家に都合のいいように真実をねじ曲げている可能性がないとはいえない。

しかしこのあたりの記述は、私は信頼していいと思っている。外国人なら「天皇を殺したのだから、皇族も皆殺しにして自分が天皇になればいいじゃないか」と必ず考えるだろうが、日本はそうはいかない。本書で度々説明しているように、「神のＤＮＡ」を持った天皇家にとってかわるというのは、日本では既に不可能で「大逆臣」蘇我馬子ですら、それができなかったという状況がきちんと記録されているからである。

ではどうするか。崇峻に代わる新しい「操り人形」を天皇として立てるしかない。馬子が選んだのは亡き敏達の皇后であった額田部皇女（別名、炊屋姫）であった。彼女は欽明の娘だから「神のDNA」を持っており、母は蘇我堅塩媛つまり蘇我一族で馬子から見れば実の姪にあたる。

　問題は女性であることだ。日本ではこの時まで女帝は存在しなかった。いや東アジア全体でもこの時点で女帝が存在した国はない。そうした痕跡があるとすれば唯一日本だけであった。ほかならぬ邪馬台国の女王卑弥呼である。これは中国の歴史書に記録されている。そして天皇家がアマテラスという女神を祖先にもつことは神話に明記されている。私は現実の存在であった卑弥呼がのちに神話化されてアマテラスになったのだと考えているが、天皇家は男系相続になっても、アマテラスは実は男性だった、などとは決して主張しなかった。男系を絶対とする儒教を信奉する中国や朝鮮とはまったく違う社会だったということだ。

　こうした女系（母系）を重んじる社会だからこそ、馬子の「陰謀」も成功した。馬子は周囲の反対を押し切って額田部皇女を皇位につかせたのである。第三三代推古天皇の誕生だ。既にのべたように、初代神武以来初めてのことだ。あの神功皇后ですらあくまで「皇后」であって天皇ではないのに、推古は女性の身で初めて天皇になったのである。

　ここで思い出していただきたい。これまで初代神武から便宜上「天皇」という称号で呼んできた。しかし天皇という称号ができたのは後世のことで、正式には「大王」あるいは「オオキミ」「スメラミコト」と呼ぶべきである。しかし、少し前までこの推古天皇あたりから「天皇」という称号が用いられるようになったといわれていた。

どうしてそれが言えるかを述べる前に、推古の皇太子について述べておこう。彼女は男子を産んでいる。だから本当ならその男子が皇太子となるべきなのだが、どうやら若くして亡くなったらしい。そこで彼女はやむを得ず、兄の子つまり甥を皇太子に指名した。それが厩戸皇子のちに聖徳太子とよばれる男子である。

誤算だった「操り人形」

蘇我馬子が厩戸皇子ではなく、額田部皇女つまり推古天皇を担ぎ上げたのは、実の姪（姉の子）でもある彼女の方が男子よりも扱いやすいと思ったからだろう。だからこそ、初代神武天皇以来、男子がなるものと決まっていた天皇に、無理やり彼女を即位させた。「操り人形」にするつもりだったのだ。

ところが推古は馬子の思惑に反して、天皇となったことに大いに誇りを持ち、蘇我一族の干渉を排除する姿勢を取った。なぜそんなことが言えるのか。ここは馬子の立場に立って考えてみよう。

馬子は何とかして天皇家に代わって蘇我氏の天下にしようと思っていたことは確かである。結局、最終的に蘇我氏は中大兄皇子（天智天皇）に滅ぼされるのだが、中大兄は明らかに蘇我氏の野望をおそれていた。しかし何度も述べているように、蘇我氏の野望の実現は他の国のように簡単にはいかない。意向に逆らう崇峻は殺したものの、中国のように一足飛びに皇族を皆殺しにするわけにはいかない。蘇我氏は「神のＤＮＡ」を持っていないからだ。

ではどうしたら天皇家の天下を乗っ取れるか？　それは天皇家をさまざまな手段で衰えさせていくことだろう。実はのちに藤原氏がやった手である。ただ藤原氏と違うのは、藤原氏はあくまで天皇家は立てて実権を奪うことに専念したが、蘇我氏は天皇家を滅ぼすところまで考えていたのではないか。一足飛びには無理だが、自分たちの意向に逆らう皇族は次々と粛清し家系としての天皇家を弱らせ、最終的に「根絶やし」にすることを考えていたのではないかと思う。先の長い話だが、最後の天皇に「今後、日本は蘇我氏に託す」と言わせれば、「神のご命令である」ということで乗っ取り計画は完了する。私は蘇我氏はそこまで考えていたのではないかと思っている。

では、そうした計画を実現しようと考えている馬子にとって、天皇家に「やってほしくないこと」は何だろうか。

まず、天皇という地位の権威が高まることだろう。ただでさえ「神の子孫」という権威があるのに、それに加えて何か新しい権威が加われば、臣下に過ぎない蘇我氏との格差はさらに開いてしまう。もうひとつは、天皇の政府である朝廷の機構が整い機能することだろう。それは「同族会社」から「株式会社」になるようなもので、蘇我氏以外の氏族が登用されることであり、結果的に蘇我氏独占の体制が崩れることになる。蘇我氏にとっては大バクチを打ってライバル物部（もののべ）氏を追い落としたのに、せっかくの苦心が無駄になってしまう。

ところが、この馬子あるいは蘇我氏にとって、最も「やってほしくないこと」を果断に実行したのが、他ならぬ推古なのである。だからこそ、推古は馬子の「操り人形」などではなく、むしろ天皇の歴史全体から見ても名君であるとすら言えるのである。

では、具体的に推古は何をやったのか。天皇の権威の強化について言えば、それは隋、つまり大陸にあった超大国「中国」へ、使者を派遣したことだが、それがただの遣隋使ではなかったことは、もうご存じのはずである。

世界唯一の文明国にタメ口国書

遣隋使とは「隋に派遣された使者」のことを言う。だから「遣隋使の派遣」などという言い方は「馬から落馬」と同じで重言なのだが、肝心なことはこれが東アジア史において極めて重大な意味を持っているということだ。その意味については何度か解説した。しかし重要なことなので、ここは復習の意味もかねて、もう一度解説しよう。それが実は推古の業績を明確にすることでもあるからだ。

隋はまさに推古の時代、「中国」を支配していた王朝のことである。江戸時代とは徳川家が「日本」を支配していた時代だというのとよく似ている。王朝はその後、唐、宋、元、明、清と代わったが、国名としては中国である。そして中国とは「中華の国」、つまり世界唯一の文明国であるということだ。

「世界最高」と表現する人がいるがこれは間違いで「世界唯一」である。世界最高という言い方をすると、最高ではないが中国以外の国にも文化があることになってしまう。「中国以外には文化などない」という傲慢な思想が中華思想である。念のためだが、中国から見ればもちろんローマ帝国にも文化などないのである。だからこそ中華帝国の最後の王朝の清はアヘン戦争でイギリスに惨敗したにもかかわらず、西洋文明を正面から認めようとせず結局滅んだ。中華思想が亡国の原因となったのである。

　中国以外には文化がないとすると、中国以外の地域はすべて野蛮であることになる。「野蛮国」ではない。これも誤解している人がいるが、中国以外には文化だけでなく国もないのである。あるのは野蛮人が住んでいる地域に過ぎない。では、そうした地域が「世界で唯一の国」の中国から「国」として認められるためにはどうしたらいいだろう。

　これも何度も解説したように、そうした野蛮な地域の一角をまとめた首長が、中国皇帝に使者を送り貢物をささげ、「私の支配している地域を中国の傘下である国と認め、私をその国の王にしてください」と願い出ればいい。皇帝は「よくぞ来た。殊勝な心掛けである。お前をその国の王と認めよう」と、褒美として貢物の何倍もの物品を下賜し国王の称号を認めてくれる。

　朝鮮半島の国家は新羅以来、高麗も朝鮮もすべて王国であり、首長は国王だった。琉球も近代まではそうだった。そして日本も古代においては、卑弥呼の時代も「雄略天皇」の時代も首長は国王だった。現代の日本人は彼のことを「雄略天皇」と呼ぶが、この時代「天皇」という称号などなく、彼は日本国内では「ワカタケル大王」であり、国際的には「倭国王の武（倭の武王）」であった。もちろんそれは中国皇帝の臣下ということだ。武は中国皇帝に上奏文をささげ、倭国王に任命してもらったのだから。

そもそも「皇帝」という神聖な地位を象徴する文字の一つである「皇」の字は野蛮国の首長が決して用いてはならないのである。東アジアでは中国皇帝が絶対的な君主で、皇帝と野蛮な地域の首長が対等ということはあり得ない。

しかし、この絶対的なルールを破ったのが、推古であった。具体的には彼女の皇太子である聖徳太子が、当時の中国皇帝に「日出ずる処の天子、日没する処の天子に書を致す」という完全な「タメ口」の国書を出したのだが、もちろんそれは日本の「元首」である推古の了解なしにできることではない。

蘇我氏の「天下取り」に待った

つまり推古は日本の「スメラミコト」を、「世界の支配者」である中国皇帝と対等な地位に引き上げたのである。前にも述べたとおり、一昔前は「天皇」という称号も推古から用いられるようになった、といわれていたが、最近はその少し後の天武天皇だという説が有力のようだ。しかし、仮に「天皇」という称号が作られたのが天武の時代だったとしても、そうした東アジアの常識にまったく反する称号づくりを可能にしたのは、推古の「対等宣言」があったからこそだ。

実は極めて危険な賭けでもあった。もし中国大陸と陸続きの朝鮮半島の国家、たとえば新羅の国王が同じことをすれば、中国は激怒し膺懲（こらしめること）の征伐軍を派遣し、そんな国王を殺し、国まで滅ぼすかも知れない。

しかし、日本と大陸の間には深い海がある。それもあって推古の「中国何するものぞ」という「ツッパリ外交」はとりあえず無事だった。では、なぜそんなことをしたのかといえば、「天皇」いや正確に言えば日本国内では神の子孫が代々世襲していたスメラミコトの地位を、国際的にも高めるためだったろう。前に述べた「蘇我馬子が嫌がること」、つまり蘇我氏の「天下取り」に大きく待ったをかける行為である。

もちろん、この「常識破りの遣隋使」とともに、推古の皇太子であり摂政（天皇代理）でもあった聖徳太子の政治として記録されている「十七条憲法」の発布、「冠位十二階」の制定も、当然この路線に沿ったものだ。「十七条憲法」によって内政が強化され、「冠位十二階」によって各豪族から有能な人材が公平に登用されるようになれば、蘇我氏の専横体制は大きく揺らぐからである。これらの政策を立案したのは聖徳太子だが、日本国のトップである推古の承認無くして実行はできない。つまり推古の政策なのである。

有名な話が伝えられている。既に述べたように、馬子は推古の母方の叔父だ。その馬子があるとき推古に地方の支配権を要求した。その時、推古は「叔父だからといって、公地を私人に譲ったら、私は後世から愚かな女と批判され、あなたも不忠の臣と非難されるだろう」と拒絶したというのだ。公私混同しない、まさに名君といっていいだろう。

現在、今後の「女帝誕生」の可能性について批判的な意見もあるが、日本では推古といい、この後「首都固定」という大偉業を成し遂げた持統といい、画期的な大改革を成し遂げたのは女帝であるケースが多い。女性はそれまでの常識に縛られず果敢な決断ができるからだろう。もっともこの推古の「日中対等外交」は少し後の時代に、中国（唐）と戦争（六六三年、白村江の戦い）に及ぶという事態も招いた。「倭王武（雄略天皇）」の時代には到底考えられないことである。

また推古の少しあと、新羅にも善徳という女王が誕生した。日本以上に男系絶対の朝鮮半島で女王が誕生したのは、「推古のマネ」としか言いようがない。何でもすべて朝鮮半島がオリジナルで日本はそれをマネしたにすぎない、というのは現代の韓国でも主張されていることだが、そんな主張は正しくないことがこの一件でもわかる。推古（即位五九三年）が先で善徳（即位六三二年）が後だからだ。

聖徳太子

極めて異例の諡号

第一五代応神天皇もその跡を継いだ第一六代仁徳天皇も、一〇〇歳以上生きたことになっている。『日本書紀』から年齢を計算するとそうなるのだ。

当時の人間がそんなに生きられるはずがないから、この辺は「神話」と見ておくのが妥当だろう。しかし、応神天皇陵と思われる誉田山古墳、そして仁徳天皇陵と伝えられる大山古墳からみても（大山古墳は仁徳陵ではないと言う人もいるのだが）、大和より海寄りの河内地方に巨大な政権が誕生したことはまず間違いない。

しかし、天皇陵は発掘調査できないこともあり、このあたりのことはよくわからず歴史というより神話で、どの天皇も何かしら謎めいている。特に問題なのは第二六代の継体天皇なのだが、何が問題かというとこの「継体」という諡号である。これは継体天皇の章でも述べたことだが、のちほどもう一度扱いたい。

とりあえずは聖徳太子だ。

言うまでもなく今私が書いているのは「天皇の日本史」であり言葉を換えて言えば、天皇列伝である。しかし、天皇以外に取り上げなければいけない人物が二人いる。一人は神功皇后でもう一人はこの聖徳太子なのである。

太子とは皇太子の略で、次期天皇に指名されていた人だが、この人は結局天皇になれなかった。だが、皇太子のまま亡くなった人にしては、極めて異例の「聖徳」という素晴らしい「諡号」をもらっている。こんな形で顕彰されたのは歴史上この人だけだ。さらに、この「聖徳」の二文字には天皇家の歴史を語る上で重大なヒントが隠されている。それを述べる前に、まず聖徳太子の生涯を振り返ろう。この人の生前の名前は厩戸皇子（うまやとのみこ、あるいは、うまやとのおうじ）といった。神話から歴史に入った、飛鳥時代の西暦五七四年に第三一代用明天皇の第二皇子として生まれた。

この時代は朝鮮半島の百済から五三八年に仏教が伝えられていたが、この外来宗教の信者はまだまだ少なかった。ところが皇子は少年の身ながら既に仏教の信者であった。母方の蘇我氏が半島から渡来し日本に帰化した一族であったので、海の向こうの文化を日本に伝えるパイプ役を務めていたのだ。その影響で若いころから「新宗教」の信者だったのだろう。それも半端な信者ではなく、後に仏典の解釈書も書いている。その理解度は学者レベルであったということだ。

もちろん仏教に反発する勢力もいた。物部氏である。日本古来の神道を信じる彼らは、外国の宗教を許せば日本はケガレて禍事（不幸な出来事）を招くと確信していた。アマテラスがイザナギのミソギによって生まれたことを思い出していただきたい。物部氏は蘇我氏を排除すべきだと考えた。危機感を抱いた蘇我氏は物部氏に戦いを挑んだ。日本史上初の宗教戦争である。

両軍は河内（大阪）方面で激突したが、最初は圧倒的に物部氏が優勢で蘇我氏は負けそうになった。しかし、少年の身ながらも従軍していた厩戸皇子は、仏界を守護する四天王にどうか勝たせたまえ、見事勝利した暁には四天王を祀る寺を必ず建立しますと祈った。すると奇跡が起こった。蘇我軍の一兵士が放った矢が見事敵の大将物部守屋を射殺し、物部軍は総崩れとなり蘇我軍が勝利したのである。

四天王寺に祀られた敵の霊

四天王の加護で物部氏に勝利した聖徳太子が、その後約束を守って建立したのが今も大阪にある四天王寺であることは先にも述べた。建物自体は戦災などで焼けて新しくなっているが、同じく太子が建てた、日本最古の木造建築である法隆寺よりも、創建は古いというのが四天王寺の自慢である。太子愛用と伝えられる七星剣（北斗七星が象眼してある両刃の剣）などの国宝も多数所蔵している。

ここで特筆すべきは、いつの頃からかよくわからないが四天王寺の境内に守屋祠がたてられ、仏教を滅ぼそうとして敗死した物部守屋の霊が祀られていることだ。キリスト教、イスラム教、儒教の世界では絶対にありえないことであり、これは仏教と言うより神道つまり日本人の独自の信仰に基づくものである。

実際は天皇家に徹底的に反抗し敗死したとみられるオオクニヌシも、巨大な神殿（出雲大社）に丁重に祀られていることを思い出していただきたい。深い恨みを抱いて死んだ敗者が怨霊となるのを恐れ丁重に祀る、これこそ神道の一大特徴であり、これがわかっていないと天皇の歴史どころか、日本の歴史はわからない。

さて既に述べたように、天皇家は神武天皇（あるいは応神天皇）から、邪馬台国とは違って男系優先にはなったが、女性の首長がまったくいなくなったわけではない。後継者の男性が若かったりすると臨時の「つなぎ」として女性が即位し、天皇つまり女帝になる習慣がこの時から始まった。さまざまな事情から、第三二代崇峻天皇の跡は用明天皇の妹の額田部皇女が即位して継いだ。第三三代推古天皇（女帝）である。日本初の女性天皇だ。

彼女は兄の子を皇太子（次期天皇）とした。これが厩戸皇子（聖徳太子）であることはいうまでもない。太子は推古女帝の摂政（天皇代理）としてバリバリ仕事を始めた。

冠位十二階制度の制定（六〇三年）は、出身氏族ではなく本人の能力を基準に人材を登用し、朝廷を効率的な組織にする目的があった。そして重要なのは翌年に「憲法十七条」いわゆる「十七条憲法」が制定されたことだ。

この内容について高校教科書には、豪族たちに国家の官僚としての自覚を求めるとともに、仏教を新しい政治理念として重んじるものであった（『詳説日本史』山川出版社刊）などとあるし、人によってはこれを儒教的道徳を説いたものだという人もいるが、残念ながらまったくの見当ちがいである。

聖徳太子が強調しているのは天皇に服従することより「和」を保つことであり、協調性を発揮し極力争いが起きないようにし、不幸にも争いが起こったら必ず「話し合い」で解決することである。私の言うことが信じられないなら、もう一度「十七条憲法」の第一条および第十七条を熟読することをお勧めする。そこにはそう書いてある。もちろん「何事も話し合いで解決する（解決できる）」というのは日本人独自の考え方でありキリスト教にも儒教にもない。

では、なぜそこまで話し合いにこだわるかというと、争いが起こって相手がオオクニヌシや物部守屋のように憤死すると、怨霊になってタタリをなすかもしれないからだ。

十七条憲法の「話し合い絶対主義」

聖徳太子の定めた十七条憲法は、日本史のじつに貴重な史料というか、文化遺産であると言っていいほどのものだ。日本人の根本的信仰を、これほど的確にわかりやすく述べたものはない。ところが歴史学者の先生方が、それをまるでわかっていないから、その価値はいまだに低く見られている。

聖徳太子はなぜ「和」を強調したのか？　それは怨霊信仰こそ日本の神道の根幹だからだ。日本はそもそも神の子孫が治める、神々に祝福された国である。だったら台風や地震のような自然災害、あるいは疫病や戦争といった不幸は起こるはずがない。しかし実際には起こる、どうしてか？

それを古代人たちは怨霊の仕業と考えた。要するに天皇の霊的能力に対抗できるほどの強大なパワーを、敗者の怨念というエネルギーが作り出すと考えたのだ。ならばこのパワーをプラスに転じること、つまり怨霊鎮魂は最も重要な国家的祭事となる。

しかし怨霊が出現したということは、人間にたとえれば重い病気になってしまったということであり、確かに治療が最優先だが、一番良いことはそもそも病気にならないこと、つまり予防が大切である。

では怨霊を発生させないための予防措置とは何か、それは争いを極力避けて「負け組」が出ないようにすることであろう。だからこそ聖徳太子は「和」が一番大切だと言ったので、第一条の普通の教科書には省略されている部分には「争いを避けるために話し合え、話し合いで決めたことは必ず正しいしうまくいく」と書いてある。この部分を省略してしまうことが現在の歴史学界のセンスのなさを象徴しているのだが、そのうち、この第一条に示されている考え方は、評論家山本七平氏が言った「話し合い絶対主義」へ「発展」した。話し合いで決めた決定事項はあらゆる権威に優先するという思想である。

たとえばずっと時代は下るが、昭和前期「二・二六事件」を起こした陸軍の青年将校たちは、昭和天皇がその行為を反乱だと決めつけた後も「義挙（正義の行為）」だという信念を捨てなかった。それは事件の生き残りの回想録などにも明記されている、つまり「天皇はなぜ我らの義挙に賛同しなかったのか」と天皇を批判する内容である。おかしいではないか、天皇絶対なら、昭和天皇が反乱と決めつけた時点で、義挙という信念を捨てなければいけない。そうならなかったのは、天皇に服従することよりも、自分たちが話し合いで決めた合意が正しい、という固い「信仰」があったからだ。

それこそ十七条憲法が一千年以上前に述べていることで、この憲法にも確かに天皇に服従せよという項目はあるが、それは第三条に過ぎない。第一条はあくまで「話し合い絶対主義」、つまり話し合いで決めたことは全てに優先するという考え方なのである。それを次期天皇の聖徳太子が、わかりやすく解説してくれているのだ。言うまでもなく聖徳太子が「そうせよ」と命令したから、話し合い絶対主義になったのではない、日本人はそうなのだと聖徳太子が気づいたということだ。

最近、聖徳太子非実在説を唱える人もいるが、これほどの智者が架空の人物であるはずがない。

「バカなこと」が逆に常識

昭和四七年（一九七二）、それまでの聖徳太子についての通説を完全にひっくり返す、革命的な論考が発表された。哲学者の梅原猛（うめはらたけし）氏の『隠された十字架』である。この内容を一言で言えば「聖徳太子は怨霊であり、法隆寺（ほうりゅうじ）はその鎮魂のために建てられた」というものであった。そもそも「聖徳」という天皇にすら与えられていない極めて素晴らしい諡号も、太子が大怨霊と化さないようにという意図の下に贈られた美称だというのだ。日本歴史学界は猛反発した。会長クラスの長老が「素人がバカなことを言う」と言わんばかりの反論を発表し、徹底的に梅原説をたたいた。そんなバカなことがあるわけがない、ということだ。

そう確かに「バカなこと」である。平安時代の子供向けの教科書「口遊」には「天皇の住む御所より出雲大社の方が大きかった」と書かれていた。「負け組の大将（失礼！）」を祀る神殿の方が、勝ち組の大将でしかも神々の子孫である天皇よりも巨大であるなどというのは、確かに外国ではありえない話である。

それどころではない。日本では明治になって、正統な天皇家を遠い昔の南北朝時代に滅んだ南朝だと決めた。現在の天皇家は北朝の系統であるにもかかわらずだ。しかも今の皇居前広場には守り神のように忠臣楠木正成の銅像が建っているが、正成といえば南朝の後醍醐天皇の忠臣で、北朝を滅ぼすために戦った武将だ。これはイギリス史で言えばトラファルガー広場にネルソン提督ではなく、フランスのナポレオンの像があるようなものである。外国では絶対にありえない。中国だろうと欧米だろうとイスラム社会だろうとそれは変わらない。しかし日本はその「バカなこと」が逆に常識である国なのだ。

日本のプロの歴史学者の最大の欠点は、時代ごとの専門家はいるが歴史を通しての専門家はいないということだ。しかし、歴史とは「つながり」なのである、それを無視し

天皇	代	現世への不満	死の状況
孝徳	36	皇太子（中大兄皇子）に妻を奪われ旧都に置き去り	家臣に放置され孤独死
称徳	48	弓削道鏡を天皇にしようとするが急死して果たせず	病死だが暗殺説も
文徳	55	最愛の第一皇子（惟喬親王）を皇太子にできず死亡	発病後4日で急死
崇徳	75	政権奪回のため保元の乱を起こすが敗北し讃岐へ配流	「天皇家よ没落せよ」と呪い憤死
安徳	81	平家の血を引く幼帝。源氏に追われ8歳で一族もろとも滅亡	二位尼に抱かれ海中へ投身自殺
順徳	84	武家政権打倒のため父と挙兵も敗れ佐渡へ配流	都への帰還を切望しながら流罪地で憤死

諡号に「徳」の字がついた天皇一覧

てなんの歴史か。

ちなみに別表は聖徳太子以降、諡号に「徳」の字がついた天皇の一覧表である。ごらんのとおりすべて不幸な死に方をしている。「徳」の字を諡号に贈るというのは、怨霊化しないための防止策であると考えるのが妥当だろう。

ここで問題なのは第一六代の仁徳天皇は不幸な死に方はしていない、ということだ。この逸話は先にも紹介したが、ある日高殿から庶民の町を見た天皇は民家から立ち昇る炊事の煙があまりにも少ないのを嘆き、税の徴収を三年間停止した。そして三年後また高殿に登ってみると、天皇の衣服はボロボロになっていたが炊事の煙はずっと増えていた。天皇は、「民のかまどはにぎはいにけり」と喜んだと言うのである。

この辺では徳の字は明らかに天皇の徳をたたえるために使われている。それがいつ、怨霊鎮魂の手段に変わったのか？　仁徳と別表の天皇の間にいたのが、聖徳太子である。変わったとしたらここからだろう。つまり梅原説は正しいということだ。では、太子はなぜ怨霊となったのか？

天智天皇［第三八代］と天武天皇［第四〇代］

聖徳太子の鎮魂につとめた理由

聖徳太子は絶対に怨霊ではないと主張する人々もいる。聖徳太子といえば皇太子で日本仏教の聖者でもあるから、「怨霊」呼ばわりするとは不謹慎も甚だしいなどという意見である。

しかし、これから先に書くことだが、たとえば第七五代の崇徳天皇が大怨霊になったことは天皇家も確認している事実であって、神の子孫である天皇家の人間だから怨霊にならないとは絶対に言えないと反論しておこう。

また、こういう理性的な反論もある。崇徳天皇が怨霊として認められたのは祟り（タタリ）をなしたからで祟ってこそ怨霊である。しかし聖徳太子は何のタタリもなしていないではないか、という主張である。これは尊重すべき意見で、これを取り入れるなら「聖徳太子はその生涯から見て大怨霊化する可能性が非常に高かったので、皇太子には極めて異例の『聖徳』という素晴らしい諡号を贈るなどして関係者は徹底的な鎮魂につとめたのだ」ということになる。

では当時の人々はなぜ聖徳太子いや廏戸皇子が大怨霊になると思ったのだろうか？最大の理由は「天皇になれなかった」ということだろう。廏戸皇子が極めて優秀な人物であったことは間違いない。摂政（天皇代理）として当時の中国（隋）に小野妹子を国使として送り「日出ずる処の天子、日没する処の天子に書を致す」などという「タメ口をきいた」ことも、日本は中国と対等な国家であることを示した、と後世高く評価された。

中国（世界の中心の国）を支配する皇帝は、周辺国家の首長を国王に任命し、国王は皇帝の家臣に過ぎないという考えでいた。中国と対等な国家などこの世に存在しないということだ。それに対し廏戸皇子は「あんたが天子なら、こちらも天子だ」とヤマトの気概を示した。このことが「日本（日の本、日出ずる処）」そして「天皇（皇帝と対等な君主）」という国号と元首の称号にこのあと発展していく。そのきっかけを作ったのだ。東アジアの国家がことごとく中国にひれ伏す中での快挙である。

だが、廏戸皇子は天皇（この時代にはまだ大王と言った）にはなれなかった。推古女帝より早く亡くなってしまったのだ。そればかりではない、廏戸皇子の子で後継者でもあった山背大兄王の一族は皆殺しにされてしまった。中国では、ある人物が怨霊になる最大の条件は「子孫が絶える」ことである。こうした事情から廏戸皇子は怨霊化を怖れられ「聖徳太子」として祀り上げられたのではないか、と考えられるわけだ。

では、なぜ山背大兄王一族は皆殺しにされなければいけなかったのか？
殺したのは、聖徳太子の母方の実家、蘇我氏の長の蘇我入鹿であった。そして、その蘇我入鹿を宮中で謀殺したのが中大兄皇子、後の第三八代天智天皇であった。この血で血を洗う抗争の背景にはどんな事情があったのか？

〝キングメーカー〟蘇我馬子の誤算

確認しておこう。これまでずっと「天皇」という言葉を使ってきたが、これは天武天皇の時代あたりで確立された言い方である。たとえば神武天皇というのは「神武」という諡号と「天皇」という称号の組み合わせだが、この言い方そのものが成立したのは最終的には平安時代であって、この時代にはまだ大王と呼ばれていた。

また天皇家は神の子孫として「天皇家に生まれた者しか天皇にはなれない」という絶対的なルールを確立するのだが、これも確立したのは天武以降だった。もっとわかりやすく言えば、それ以前は天皇家に代わって新しく日本の統治者になったかもしれない一族がいた。

それが蘇我氏なのである。蘇我氏は大伴氏など古代からの名族を次々に没落させ、最後に残った物部氏も当主の守屋を殺すことで圧倒し、聖徳太子から天智天皇の時代にかけて「天皇家（正確には大王家）」に唯一対抗し得る存在としてのし上がってきた。

最近では、蘇我氏は渡来系ではなく日本土着の民族であったとする研究者が多いのだが、いち早く外来宗教である仏教を取り入れるなど、神道を基本とする天皇家とこの意味でもライバル関係にあったことは事実なのである。父方が天皇家で母が蘇我系の聖徳太子はこのはざまにいた人物で、どちらを立てるかということで相当悩んだようだ。

推古天皇が「つなぎ」の女帝として即位せざるを得なかったのも、その背景に蘇我氏の専横があった。聖徳太子の父でもある用明天皇が亡くなったとき、当時蘇我氏の当主であった蘇我馬子は、ライバルの物部守屋が擁立しようとした穴穂部皇子を、先手を取って攻め滅ぼした。

その後、馬子は自分の意のままになる泊瀬部皇子を天皇に押し上げた。これが第三二代崇峻天皇だが、この天皇はそういう立場に嫌気がさし馬子を殺してやりたいと思うようになった。そこで馬子はまたまた先手を取って天皇を暗殺してしまった。

皇位継承者同士の争いではなく、「臣下」に過ぎない人間が、天皇を暗殺したというのは前代未聞のことで、もちろん日本史上初のことである。そして最も注目すべきは、馬子は天皇を暗殺したのに一切罪を問われることなく、そのまま政界に君臨し続けたことである。

こうして、天皇家の有力な皇子たちが次々と葬られたので、馬子は用明天皇の妹で第三〇代敏達天皇の皇后でもあった、「未亡人」の額田部皇女を天皇（推古天皇）に押し上げた。まさに「キングメーカー」だが、馬子にとって誤算だったのは、彼女は母が蘇我氏の出であるにもかかわらず天皇家の一員という意識が強く、甥の廏戸皇子（聖徳太

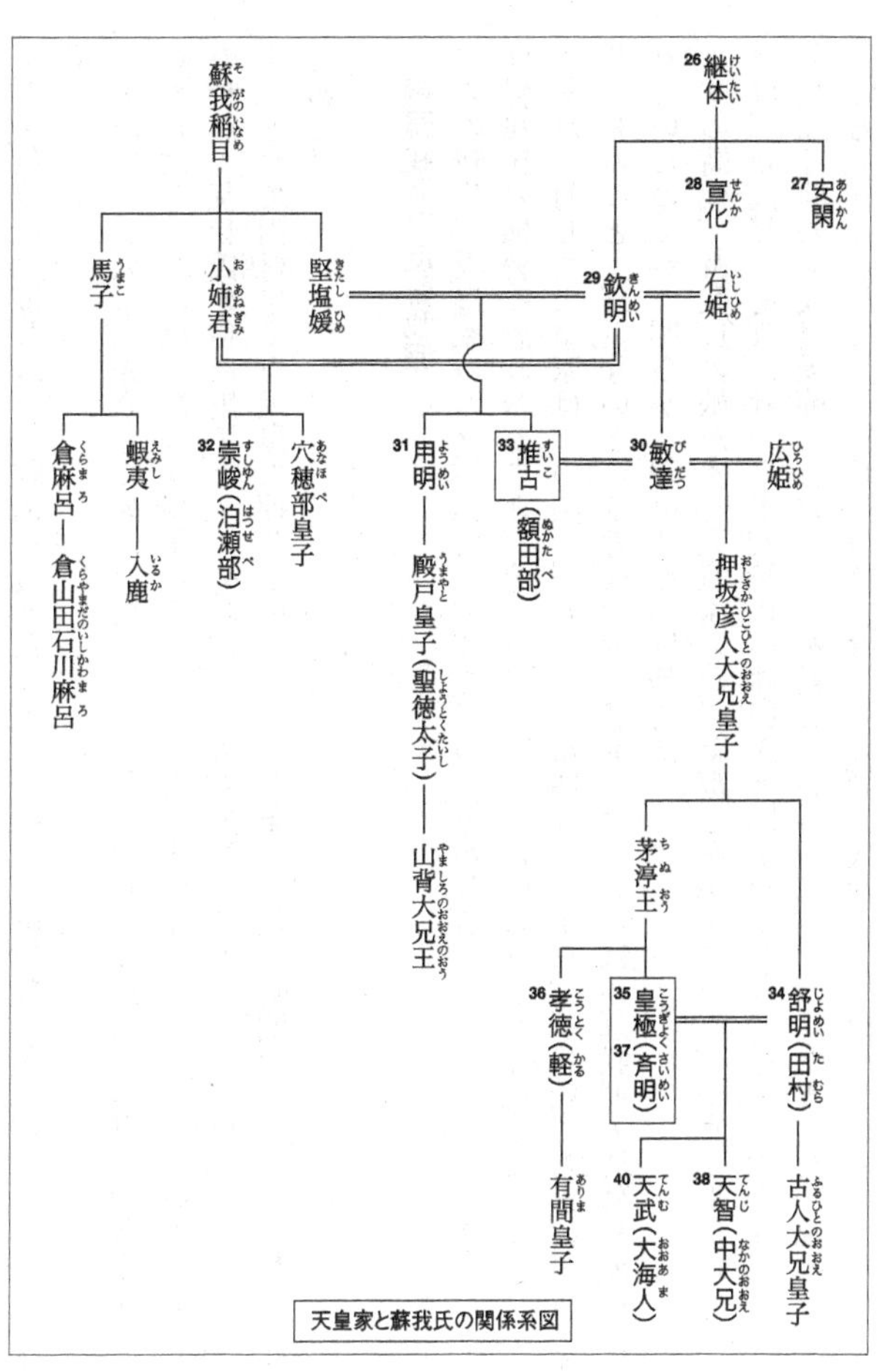

天皇家と蘇我氏の関係系図

子）を摂政に抜擢し公正な政治を行ったことだ。そこで蘇我氏も頭を押さえつけられる形となった。

その太子が天皇に先立って死んだ後、馬子の孫の蘇我入鹿が太子の息子山背大兄王一家を滅亡させたのは、優秀な皇子が天皇になることを阻止しようとしたからだろう。その時点で蘇我氏の長は馬子の子の蘇我蝦夷（入鹿の父）であった。彼は「キングメーカー」として田村皇子を天皇に押し上げた。これが第三四代の舒明天皇、天智天皇の父親である。

親蘇我派と反蘇我派

この時代、天皇家の人々の態度は大きく二つに分かれるといっていいだろう。ひとつは蘇我氏の権勢に恐れおののき、その意に沿うように動こうとする態度である。

それに対して天皇家はこの国の「元首」の家柄なのだから、蘇我氏ごときに国政を壟断させることを許さないという態度を取る者もいた。いわば親蘇我派と反蘇我派に分かれていたのだが、明らかに親蘇我派が優勢であった。

この時代、蘇我氏の娘が多く天皇家に嫁ぎ跡継ぎを生んでいる。つまり天皇の母の実家は蘇我氏だ。それだけなら平安時代の藤原氏と同じだが、藤原氏との大きな違いは、蘇我氏は何人も天皇候補の有力な皇子を殺しているのに、その罪をまったく問われなかったということだろう。蘇我氏の権力は後世の藤原氏などとは比べ物にならないほど巨大なものだったのである。

舒明天皇は蘇我氏とうまくやっていこうという立場だった。この天皇の治世で特筆すべきことは、初めて遣唐使を派遣したことだろう。聖徳太子の時代は隋にあった中国大陸の覇権が、唐に移ったことは重要である。唐は隋以上に超強力な軍事大国であり、それ以前の中国王朝が成し遂げられなかった、朝鮮半島国家の属国化を今後成し遂げるからである。その唐と初めて接触したことは外交的な功績といってもいいだろう。

逆に内政面は何もなかった、あるいは何もできなかったというべきかもしれない。皮肉な言い方をすれば、これは舒明天皇の「功績」かもしれない。内乱も暗殺も起こらなかった穏やかな治世であったということだ。

しかし、天皇家と蘇我氏の対立が解消されたわけではないから、嵐の前の静けさであったというべきだろう。天皇が天寿をまっとうして亡くなると、まず皇位継承争いが起こった。天皇には皇后の宝皇女との間に中大兄皇子（後の天智天皇）と大海人皇子（後の天武天皇）が生まれていたが、「中大兄」を現代風に言えば「中兄ちゃん」であって、じつは二人には兄がいた。古人大兄皇子と言ったが、この人の母は皇族ではなかったが蘇我氏の娘であった。

この時代、まだ「相続法」は確立していない、むしろ天皇の指名が優先された。しかし、舒明天皇は何も言わずに亡くなった。そこで、後継者争いを避けるためか推古女帝誕生の時と同じく「つなぎ」で皇后が即位することになった。これが第三五代の皇極天皇である。

一方、蘇我氏の方は馬子が亡くなり蝦夷が跡を継ぎ、その息子の入鹿の時代になっていた。蝦夷は引退して入鹿にすべてを任せていたようだが、入鹿は蘇我氏の権勢が三代続いたこともあって心がおごったのか、天皇家を無視してわが物顔にふるまうようになった。蘇我氏にとって最も避けなければいけない事態は、推古天皇・聖徳太子コンビのような優秀な皇族によって公正な政治がおこなわれることだ。

だから入鹿は、政争を避け大和（やまと）や難波（なにわ）から少し離れた斑鳩（いかるが）（奈良県生駒（いこま）郡）に暮らしていた、聖徳太子の息子山背大兄王一族を皆殺しにした。天皇にさせないためである。天皇家にとっては最大のピンチである。

入鹿斬殺のエピソード

ところで天皇陵といえばどれぐらいの規模の埋葬施設があるのか、知りたいと思ったことはないだろうか？　実はそのヒントになる遺跡がある。大和国飛鳥（あすか）を訪ねた人なら、誰でも行くと言っても過言ではない、石舞台（いしぶたい）古墳である。

なぜ「石舞台」なのか？　本来ならこの巨大な石室を覆っているはずの土がすべて取り除かれているからで、この石室を完全に土で覆えば天皇陵並みの大きさになるはずである。つまり、この古墳は「暴かれた状態」なのである。

蘇我蝦夷は息子の入鹿とともに生前に巨大な墓を作らせ、それを「陵（みささぎ）」と呼ばせ、息子の入鹿は自分の邸宅を「宮門」と呼ばせた、といわれている。つまりこの石舞台はおそらく天皇陵に対抗して作られた蘇我氏の墓であり、だからこそ後に暴かれてしまったのだ。

こうした蘇我氏の専横に、心ある皇族は危機感を抱いた。このままでは天皇家が蘇我氏に圧倒されてしまう。それを防ぐには中心人物である蘇我入鹿を倒すしかない。そう決意したのが皇極天皇の息子の中大兄皇子であった。また豪族たちの中にも蘇我氏の横暴を許しておくべきではないと考える人間がいた。中臣鎌足（なかとみのかまたり）、後の藤原鎌足である。

有名なエピソードがある。蘇我氏を倒すために盟主として仰ぐ皇族を探していた鎌足は、思慮深く勇敢でもある中大兄に接近したいと思っていたが、身分が違うのでなかなか機会がない。ところがある日、蹴鞠（けまり）（サッカーのような競技）に興じていた中大兄の革靴が、すっぽ抜けて飛んでしまい鎌足の前に落ちた。鎌足はそれをすかさず拾い上げて中大兄に差し出し、二人は親しくなったと言うのである。

問題は用心深い入鹿をどのように殺すかだ。そこで二人は、蘇我氏の分家だが本家に反感を持っている蘇我倉山田石川麻呂（そがのくらやまだのいしかわまろ）を仲間に引き入れた。そして朝鮮半島からの使者が宮廷を訪れるとき、大臣である入鹿は必ず顔を出さなければいけないことを利用し、その儀式のリハーサルをやるからと入鹿を宮中に呼び寄せた。

正式な参内（さんだい）ではないので入鹿は一人でやってきた。それでも剣は帯びていたので、中大兄は俳優（わざおぎ）（宮廷のピエロのような存在）に言い含め、おどけたしぐさで油断させ、まんまと入鹿の剣を預からせた。その時点で入鹿は丸腰となった。

計画では石川麻呂が上奏文を読み上げ、それを聞いている入鹿の油断をついて中大兄の配下二人が入鹿を斬殺するというものだったが、いざとなると二人とも怖がって足が前に出ない。一方、いつまでたっても暗殺者が斬りかからないので、石川麻呂は焦り声も体も震えだした。

このままでは絶好の機会を逃してしまう。そこで中大兄皇子が自ら剣を抜いて入鹿に斬りつけた。これに力を得た部下たちも気を取り直して、ようやく入鹿に斬りつけた。瀕死の重傷を負ってその場に倒れた入鹿は、最後の力を振り絞って玉座にいる皇極天皇に助けを求めたが、中大兄は「入鹿は天皇家を滅ぼして皇位を奪おうとしています」と言ったので、皇極天皇は何も言わず退室してしまった。

そして入鹿が殺されたことを知った父の蝦夷も屋敷に火を放ち自殺した。蘇我本家はこうして滅亡した。

聖徳太子のタタリ

目の前で蘇我入鹿が殺されるのを見た皇極女帝は、相当な精神的ショックを受けたのだろう。天皇家が始まって以来の前代未聞の行動に出た。譲位する、すなわち生きているうちに天皇の位を退き後継者に譲るという決断をしたのである。先頃も平成の天皇(現在の上皇)が譲位するという決断をされたが、古代においては天皇は終身つとめるものであった。

奈良時代あたりから生前に位を譲った天皇を、上皇あるいは院と呼ぶ習慣が定着したが、この時代はそんな呼び名もない。そして、次期天皇に指名されたのは中大兄皇子であった。しかし中大兄はそれを固辞し、母皇極天皇の弟で自分にとっては叔父にあたる軽皇子に位を譲った。これが第三六代孝徳天皇である。こう書くと、いかにも中大兄が謙虚なようだが、実はそうではなかった。

ちゃっかりと皇太子の座を確保した中大兄は、自分が政府の中心であるという自負を持っていた。その証拠に孝徳天皇が政治刷新のため都を難波宮（大阪）に移すと、反対していた中大兄は、なんと天皇を差し置いて都を倭京（奈良）に戻すことを決めた。そして抵抗する孝徳天皇を尻目に、多くの皇族や家臣たちばかりでなく、孝徳天皇の皇后である間人皇女（中大兄の実妹）までも、引き連れて倭京に戻ってしまった。面目まるつぶれの孝徳天皇は失意の中孤独死した。

このため、やむをえず引退していた宝皇女（皇極天皇）が再び斉明天皇として即位した。同じ人が天皇として二度即位することを、重祚というが、これも前代未聞のことで彼女は譲位と重祚という「二つの前代未聞」をやっているわけだから、その意味で特筆すべき天皇なのだが、それは表向きで実際は中大兄が「黒幕」だったのは明らかである。彼女はたぶん温和な性格で気の強い息子の言いなりになっていたのだろう。

ところでお気づきだろうか。じつは聖徳太子は怨霊であったかという問題の答えが、ここで出ているのを。

一般に聖徳太子はタタリをなさなかったとされ、ゆえに怨霊ではなかったことになっている。しかし、あれほど権勢をほしいままにした蘇我本家があっけなく滅ぼされたとき、当時の人々はこれまでに何人もの皇子や天皇すら殺している蘇我本家がのうのうと生き続けてきたのに、聖徳太子の息子に手を出した途端に一族全滅した、と思ったはずである。おわかりだろう、タタリは「あった」のである。

また蘇我氏に暗殺されるという最も不幸な死に方をした崇峻天皇が、なぜ崇「徳」でなく崇峻なのかもおわかりだろう。天皇の死後も蘇我氏は権勢を失わなかった。つまり「タタリはなかった」。だから恐れられなかった。だが、廐戸皇子は蘇我本家を滅亡させるという大いなるタタリをなしたので、天皇家は聖徳という素晴らしい諡号を贈って鎮魂し、以後これが恒例となった。その直後に即位し憤死した天皇が孝「徳」なのもそのためである。

中大兄は英雄と言っていいだろう。勇気も決断力もある、そして野心も。

その野心は、なんと軍事超大国である唐と張り合って朝鮮半島に領土を獲得しようという、とてつもないものであった。

中大兄皇子の対中強硬姿勢

中大兄皇子（後の天智天皇）の朝鮮半島への野心は、具体的には軍事大国唐の台頭によってもたらされた。

当時朝鮮半島には高句麗、百済、新羅の三国があった。今から考えると意外かもしれないが、この中で最も弱い国が新羅であり、逆に高句麗は唐の侵略をはね返すほどの力があった。淵蓋蘇文という英雄がいたのだ。当然百済も新羅に対して優位を保ち、新羅は滅亡寸前まで追い込まれた。

しかしここで新羅に一人の英雄が出た。王族の金春秋（後の太宗武烈王）という男である。彼は軍略も外交も巧みであった。朝鮮半島を支配したいという唐の野望に沿う形で、その傘下に入ることによって新羅を立て直そうとしたのである。この政策は大成功だった。新羅は唐の応援を得てライバル百済を滅ぼし、唐が高句麗を滅ぼしたため朝鮮半島を統一することができたのだ。

だが、そのための代償も大きかった。朝鮮語は中国語とは全く違う日本語やモンゴル語の仲間なので、それまで彼らの姓名は金〇〇のような中国風ではなかった。淵蓋蘇文も『日本書紀』では「伊梨柯須弥」と呼ばれており、言語学的に見てこちらのほうが本来の言い方だろうが、新羅統一以降の朝鮮半島の住民はすべて中国風の名前を名乗らなければいけなかった。

もちろん、新羅以降の半島の王朝は高麗も朝鮮もすべて「国王」がトップであり中国皇帝の臣下であった。そして、中華文明を唯一絶対のものとしたため、朝鮮王朝の名君世宗大王が「訓民正音」を制定したときも、知識階級はそれを「ハングル（偉大な文字)」とは呼ばず、「諺文」つまり正式な文字ではないと蔑視したため、あまり普及しなかった。

ちなみに日本も当初は漢字に対する日本独自の文字を「仮名(仮の文字)」と呼び軽んじていたが、後に仮名文字を使った文学がおおいに発展し独自の文化を築いた。『源氏物語』がその典型で、中国文化からの独立を果たせた背景には、日本の元首が国王(中国皇帝の臣下)でなく、天皇(皇帝と対等の独立した君主)であったことが大きい。

それゆえ、この時点で天皇同然の地位にあった中大兄皇子も「中国なにするものぞ」という対抗心を抱いていたことは間違いない。そうでなければ唐との戦争には踏み切らないだろう。

きっかけとなったのは、一旦滅ぼされた百済国の残党が、日本に人質として滞在していた百済国の王子豊璋(扶余豊璋)を国王としていただき、唐・新羅と戦いたいと申し入れてきたことだ。当然日本には援軍が要請された。

そこで中大兄は豊璋に日本朝廷の家臣としての地位を与え百済に送り返した。そして自らは大軍を率いて朝鮮半島に向かった。この戦いには大海人皇子(後の天武天皇)も従軍していたが、もし百済が日本の応援の下に再建されたら、日本の属国が朝鮮半島にできることになる。だがリスクがある危険な賭けでもある。しかも、遠征の途中に名目上の総司令官である母斉明女帝が急死した。

それでも中大兄は海を渡ったが、日本・百済連合軍は結局、朝鮮半島で唐・新羅連合軍に惨敗した。白村江の戦い（六六三年）である。

敗戦による恐怖で日本初の戸籍を作る

朝鮮半島白村江で唐・新羅連合軍に悪夢の敗戦を喫した中大兄皇子は恐怖におびえていた。唐・新羅連合軍が日本に攻め寄せて来ないかという恐怖である。この恐怖がその後の中大兄の政策を決めた。

まず日本各地に防衛拠点として多数の城を築き、防人（国境警備隊）を配備し烽を設置した。烽は狼煙台で、狼煙をリレーすることによって敵の襲来を知らせる「Jアラート」である。本土への上陸地点と予想される北九州の筑紫には水城を作った。城といっても、地面を掘って水堀とし掘り出した土を積み上げて防壁としたもので、最低限の防衛線にはなる。

この時は唐・新羅連合軍が攻めては来ず水城は使われなかったが、一三世紀に元軍が攻めて来たときは鎌倉武士がこれを使って対抗した。また、岡山県に鬼ノ城という朝鮮式山城の遺構が今も残っているが、これもどうやら中大兄が築かせた防衛拠点らしい。朝鮮式山城とは天然の山を塀で囲ったもので、こうした朝鮮式山城の築城には、敗戦によって亡命した百済人が貢献したことは疑いない。

そして中大兄は最後に遷都した。こちらから攻めていくときは海に面した難波あたりを拠点にしていたのだが、敵が攻めてきたら逆に危険であると琵琶湖のほとり近江国

（滋賀県）大津に都を移した。都が滋賀県に移されたのはこの時が初めてで最後だった。それだけの防備体制を敷いたうえで中大兄はようやく即位した。これが第三八代天智天皇である。

天智天皇の実績として日本で初めての戸籍を作ったといわれているが、それはおそらく唐・新羅連合軍の侵攻に備えて徴兵と徴税の資料とするためだったろう。この時代の税は米だけでなく労役も含む。防人に徴兵されたら最低三年故郷を離れて僻地に赴任しなければならず、しかもその間の費用は自弁である。故郷に残っても城づくりなどの労役に駆り出される上に「防衛費負担」のための重税を課せられる。

この時代はマスコミもないし庶民は字も書けないから、その不満は記録に残っていないが、当時の庶民の気持ちを代弁すれば「お上は勝手に外国（百済）に肩入れして戦争をおっぱじめ、勝つならまだしも負けてしまい、今度は仕返しを恐れて重税を課すわ、兵隊にはとるわ、いいことはひとつもない。ああ、早く世の中変わってくれ」だったろう。

さて、ここからは「教科書通り」に書く。もちろん、わざわざそう断るのには理由があるが、それは後のお楽しみにしておこう。

天智天皇の天皇としての治世はわずか三年に過ぎなかった。天智は病死し息子の大友皇子が跡を継いだが、皇子はすぐに即位しようとはしなかった。一方、天智の弟である大海人皇子は天智病死の翌年に、天智政治への不満を持つ人々を集めて挙兵し、大友皇子との間で大戦争が起こった。これが壬申の乱（六七二年）で古代最大の内乱といわれる。大海人は兵の精強な東国勢力を味方につけ、後に「関ケ原」と呼ばれる場所で両軍が激突し、大海人皇子が勝利し大友皇子は自殺した。そして大海人は即位し天皇となった。天武天皇である。

『日本書紀』に書かれていない事実

「井沢さんは歴史学者の先生をバカにしているのですか？」と聞かれることがたまにある。そう思われているなら不徳の致すところだ。私自身、自分なりの歴史を記述するにあたって、既存の学者の論説を参考にしているところが少なくない。だから決してバカにしているわけではないのだが、ひょっとしたらそう思われても仕方ないかな、という書き方をしたこともないわけではない。そして、それは主に古代史に関係することなのである。

私は大学は法学部出身で昔は記者をやっていたこともある人間だが、そういうジャーナリストとしての目で見ると、昔私が日本史を書きだした頃の、日本の古代史学界の権威と呼ばれる人たちの中には、まったく世間の常識がわかっていない人たちがいることに気がついたのである。

先に「教科書通り」という言葉を使った。それは、この時代の歴史について『日本書紀』の内容によって記述したという意味なのである。しかしあなたは『日本書紀』という歴史書がどのようにして成立したかご存じだろうか？

じつは「壬申の乱」という大戦争に勝った大海人皇子こと天武天皇が、その後に自分の息子の舎人親王に命じて編纂させた歴史書なのである。人間世界の常識として、こうした文書は自己正当化に使われる。ところが私が歴史を書きだした頃の日本歴史学界の大御所といわれる人たちの多くが、『日本書紀』は国家事業として編纂した歴史書だから、内容も一番正確だなどという立場を貫いていたのである。

「大本営発表」という言葉をご存じないのかと、もう皆さん故人になってしまったから、思い切って言ってしまうが、正直私はこの人たちの頭の中身を疑ったものである。こうしたことにご興味がある方は『逆説の日本史』〈2〉古代怨霊編（小学館文庫）に詳述しておいたのでご覧いただきたい。

こうした大御所たちに比べて、昔の学者の方がずっと頭が柔軟だった。お気付きになっただろうか、私は初出の天皇には必ず頭に第○代とつける。しかし先の天武天皇にはそれをつけなかった。それは天智天皇が第三八代で『日本書紀』によればその座を引き継いだのが天武天皇だから彼は第三九代になるはずだが、実際は第四〇代だからだ。では第三九代は誰か、それは弘文天皇である。しかし「弘文」というのは明治になってから贈られた諡号であって、これは天武天皇と壬申の乱で戦った大友皇子のことなのである。つまり『日本書紀』では彼は即位せず皇子のままだったと書かれている。しかし、天智天皇が亡くなってから壬申の乱が起こるまで数ヵ月ある。その間、大友皇子は

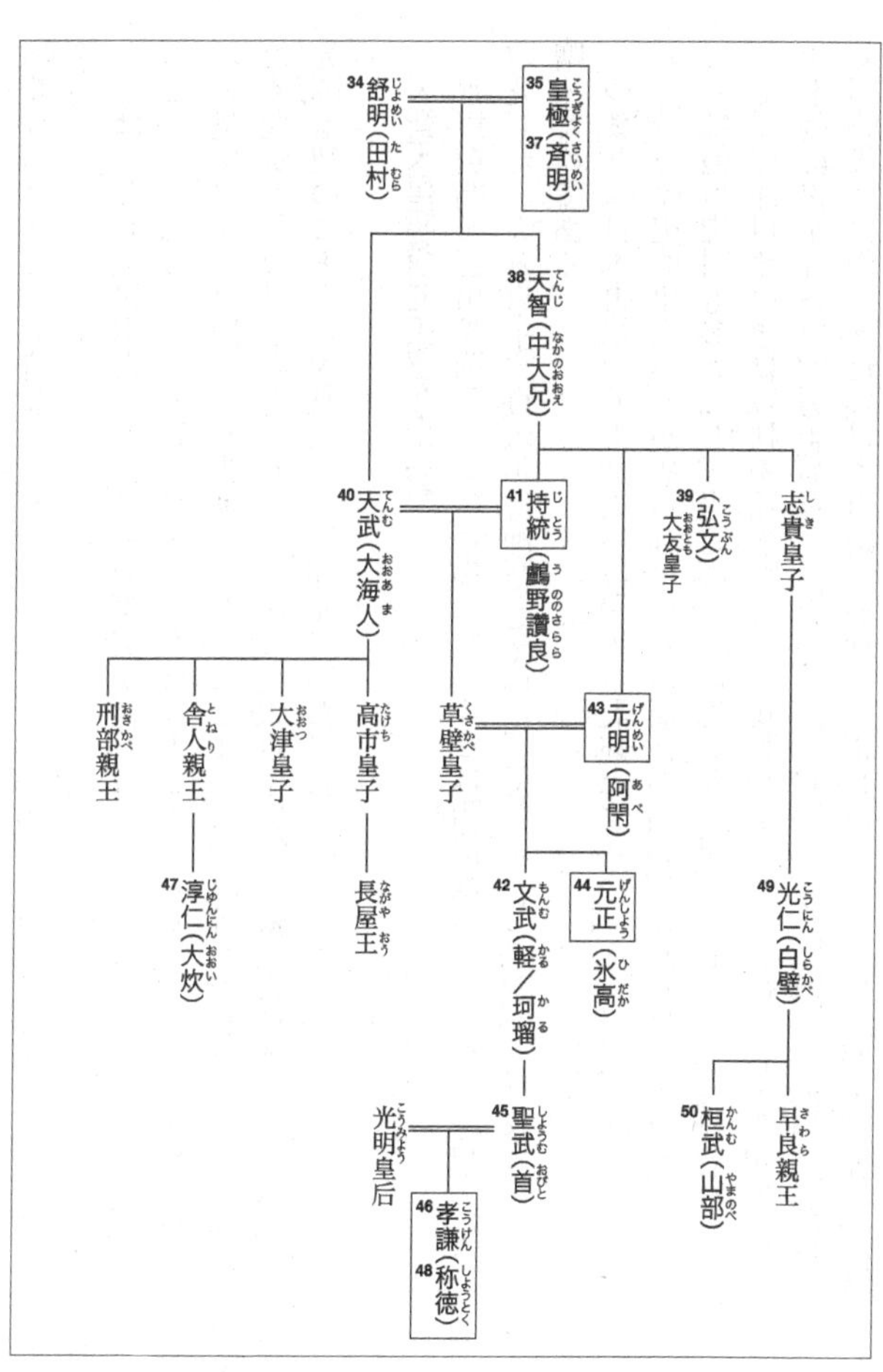

34 舒明（田村）
35 皇極
37（斉明）
38 天智（中大兄）
40 天武（大海人）
41 持統（鸕野讃良）
39（弘文）
大友皇子
志貴皇子
刑部親王
舎人親王
大津皇子
高市皇子
草壁皇子
43 元明（阿閇）
47 淳仁（大炊）
長屋王
42 文武（軽／珂瑠）
44 元正（氷高）
49 光仁（白壁）
光明皇后
45 聖武（首）
50 桓武（山部）
早良親王
46 孝謙
48（称徳）

政権を固めるために即位し天皇となったはずである。そう考えるのが人間世界の常識である。

では、なぜ『日本書紀』にはその事実が書かれていないのか？　もし大友が天皇であったことを認めると、大海人皇子の行為は「王座決定戦」に対する挑戦ではなく、現役の天皇に対する反逆つまり大逆罪になってしまう。天武陣営では絶対にこの事実を認めたくなかったのだと考えられる。だから『大日本史』の編集責任者、水戸黄門こと徳川光圀も彼のことを「大友天皇」と呼んでいた。

天智天皇暗殺を示唆する史料

水戸黄門（徳川光圀）が変だと思ったところは明治政府ですら変だと思った。だから敗死した「大友皇子」は本当は即位していたに違いないと認め、「弘文」という諡号を贈ったのである。

つまり『日本書紀』の天武天皇に関する記述はまさに「大本営発表」であって、多くの部分で歴史的事実がゆがめられている可能性が高い。だから歴史の真実を追求するためには他の史料も参考にし、当時の人々の思いを「忖度」していかなければならない。

そこで注目すべきは『扶桑略記』という史料である。これは『日本書紀』から四〇〇年も後に書かれた民間の史料だったので、「民間ではなく国家」が編纂し「後世ではなく同時代」に作られた『日本書紀』が絶対に正しいとする、日本歴史学界の大御所たちは全然問題にしていなかった。しかし私は「ほとぼりがさめてこそ真実が言える」という人間世界の常識に基づいて物事を考え、この書物に注目した。

すると、そこには驚くべき事実が書かれていた。なんと天智天皇は「人生の最後に馬で山科方面に遠乗りに出かけそのまま帰らなかった。遺体も見つからなかったのでやむを得ず、その沓（靴）が落ちていたところを墓とした」というのである。つまり、この書物は天智天皇の暗殺を示唆しているのである。

私は、天智は暗殺されたのだと確信している。もちろん状況証拠しかないが、まずひとつ言っておこう。『日本書紀』には当時の歴代天皇（当然、弘文は除く）の墓の所在地がすべて記してあるが、なんと天智の墓についてだけその所在が記されていない。そして、現在は後世に指定されたとみられる天智陵があるが、それは飛鳥でも難波でも大津でもなく、当時は都とまったく関係なかった山科にあるのだ。これはまったくの事実である。

天智が死ぬ少し前に、白村江で日本に勝利した唐からの使者、郭務悰が来日していた。二〇〇〇の軍勢と日本人捕虜を引き連れてである。不思議なことにその来日目的は『日本書紀』に書かれていない。ということは隠す必要があったのだろう。

ここで注目すべきは唐軍が北九州に上陸したのに戦争にはなっていないことだ。つまり郭の目的は講和だったに違いない。捕虜返還というのは、戦っていた国が平和交渉に入るときに現代でもおこなわれることである。

当時の中国の伝統的な領土拡張戦略に遠交近攻というものがあった。朝鮮半島を支配下に置いたやり方がまさにそれで、朝鮮半島の三国のうち新羅と同盟し百済と高句麗をたたくというやり方である。「遠い国と同盟して近い国を攻める」のに、次のステップとして考えられるのは、こんどは日本と同盟し共に新羅を攻めることである。だから郭の来日目的は「白村江の時は悪かったが今度は我らと同盟を組んで新羅を倒さないか」ということだったと思われる。

しかし、この申し入れはまさに「毒まんじゅう」で、新羅が滅んでしまえば朝鮮半島は完全に中国の領土となり、次の標的は日本ということになる。むしろ日本の為政者として取るべき道は新羅との友好そして同盟である。ところが天智はどうやら、唐との同盟に乗り気だったようなのだ。日本の危機である。

天武系は親新羅派、天智系は親百済派

新羅と「復縁」すれば、新羅は結果的に中国に対する防壁にもなり、日本の安全は確保される。しかし、天智天皇にはそんな気はさらさらなく、逆に唐と手を組んで新羅を滅ぼすつもりであったようだ。それゆえ当時の日本には、この際天智を暗殺してでも亡国につながる日唐同盟を阻止し、これからは新羅との友好を目指すべきではないかという考え方があったのではないか。

この時点で天智が死んだことによって日唐同盟は成立しなかった。実際、唐からの使

者郭務悰は天智の死を知らされてやむなく帰国しているのである。

こうした反天智派の筆頭が大海人皇子だったのだろう。失政続きの天智体制に対し大海人を盟主とした反対勢力が挙兵し、親新羅派の政権を打ち立てたというのが壬申の乱であり、勝者である大海人皇子が即位して天武天皇が自己正当化のために作らせた歴史書が大本営発表である『日本書紀』ということだ。

その天武天皇に関して奇怪なる事実がある。それは何歳で死んだかわからないことだ。お手元に歴史事典や天皇一覧があればごらんになるといい。どんな事典にもそのことは書かれていない。初代神武（じんむ）天皇をはじめとした神話時代の天皇は、超人的な寿命を保ったが、それでも何歳まで生きたかはすべて『日本書紀』に載っている。しかも『日本書紀』は天武の息子舎人親王が大勢の学者を動員して父天武のことを「褒める」ために作った歴史書なのである。書き落としということは絶対考えられない。

ではなぜ書いていないのか、それは「書けなかった」ということだろう。そこで改めて『日本書紀』を見ると、「天武は、天智の同母弟である」と書かれている。つまりここから嘘なのではないか。弟ではなかったのではないか、と考えられるのである。ひょっとしたら兄だったかもしれない。

昔は兄だからといって家を継げるとはかぎらなかった。天武の母は斉明（さいめい）女帝つまり天皇だが、女帝は即位前に別の男性との間に男子がいたらしい。天智は両親とも天皇だからまさに「サラブレッド」だが、天武は母の「連れ子」だった可能性がある。その父の名は明確ではないが、ひょっとしたら新羅系の人間ではなかったのか。

この先しばらく天武の子孫が皇統を継いでいくが、それが逆転して皇室が天智系に戻ったとき、その第四九代光仁天皇が皇妃としたのは百済系の女性（高野新笠）で、しかもこの女性の産んだ皇子を次の天皇（第五〇代桓武天皇）にしている。明らかに天皇家の中に天武系は親新羅派、天智系は親百済派という対立があったのだ。

ここでもう一度、明治の文豪森鷗外が晩年に書いた「帝諡考」を紐解いてみよう。天皇の諡号がどのような漢籍（中国の書物）に由来しているか逐一調べたその内容によると「天智」とは中国史上もっとも暴虐とされた殷の紂王が常に身につけていた宝石（天智玉）に由来するという。しかも「天武」については周の武王の故事に基づくとも言っている。

じつは中国史においては武王が紂王を討って天下を取っているのである。つまりこれらの諡号は「天武が（大友以前に）天智を討った」と示唆していることになるわけだ。

持統天皇［第四一代］

火葬という日本史上の英断

第四一代持統天皇は実名を鸕野讚良皇女といい、天武天皇の皇后であり、そもそもは天智天皇の娘でもあった。

壬申の乱に勝った天武天皇は飛鳥浄御原に都を置き新政を断行した。大臣を置かずに自ら政治をとり、八色の姓（真人・朝臣等）を定め、皇族出身の真人を最上位に置き豪族たちが蘇我氏のように権力を持てないようにした。また当時の先進国中国の法律体系である律令（刑法と行政法）を初めて導入し、飛鳥浄御原律令も作らせた。

そもそも天皇という言葉は、もとは中国語で「皇帝」が「中華の地の支配者」を指すのに対し、天皇は「神格化された北極星」を意味したとされる。それが日本では「神の子孫である日本の支配者」の意味として使われるようになっていくわけだが、それが定着したのはこの天武天皇あたりからのようだ。天智天皇が天皇家に唯一対抗していた蘇我氏を倒した後、天武天皇は壬申の乱で反対派を一掃することができたので、絶対的な権力を確立できたのである。しかし、天皇は志なかばで病死した。前にも述べたように、何歳で死んだかは永遠の謎である。

問題は後継者である。皇太子は年が若いが天皇と鸕野讃良皇后との間に生まれた一人息子の草壁皇子であった。ところがこの皇子は生来病弱で、天皇の位に就くこともできず死んでしまった。そこで皇后が即位し持統天皇となったのである。天武の皇子で成人しているのは数人いた。しかし、すべて持統以外の女性が産んだ子だ。彼女は、それら年長の皇子を差し置いて草壁皇子の子、つまり自分の直系の孫にあたる軽皇子（後の第四二代文武天皇）を天皇にしたかったのだ。それには彼ら年長の皇子の即位を妨害し、幼い孫を守れる立場にならねばならない。

ここで第一に強調しておきたいのは、持統天皇と言うのは日本の歴代天皇の中でも相当に優秀な、英傑といってもいいくらいの人物だということだ。ところがこのことが全く認識されていない。「百人一首」の「天の香具山」を詠じたみやびな姿と持統天皇の実像とはまったく違う。

ただ問題は持統がいかに偉大かを説明するためには、相当な予備知識の説明が必要だということだ。お気づきかもしれないがこれは日本の歴史教育の欠陥といってもいい。そもそも多くの人がその予備知識を身につけているならば、当然持統の偉大さに気がついているはずだからである。

では、持統の一番偉大なところはどこだろうか。それは歴代の天皇として初めて火葬されたということで、これは間違いなく持統の決断、それも大英断なのである。

頭の固い日本の歴史学者はここのところにもケチをつけてくる。「持統が決めた」なんて文献史料があるなら出してみろと言うのである。確かに史料はない。しかし、これまで先祖代々土葬されていた天皇を火葬にすることは、最も重要な伝統である葬礼を変えるということだ。もし息子がそれを勝手にやったとしたら、それが天皇の決断でも必ず非難される。実行するには「私が死んだら必ず火葬にしなさい」と指示を与えておかなければ絶対にできない。それが世界の常識である。

「首都移転時代」に終止符

繰り返すが、持統天皇の遺体が茶毘にふされた（火葬された）、ということは日本史上ベストテン（？）に入るぐらいの重大事件なのである。ところが今の日本歴史学界にはそんな認識はまるでない。

その証拠にお手元に歴史事典とか百科事典の類があれば、持統天皇の項目をご覧になるとよい。中には遺体が茶毘にふされた事実すら書いていないものがある。

日本歴史学界の歴史および宗教に対するセンスの無さを象徴している事実である。

もう一度言うが、葬礼（葬儀の形式）が、それも土葬から火葬に変わったというのは、大変なことなのだ。キリスト教世界ではかつて火葬は存在しなかった。イスラム教世界では今もそうだ。遺体はすべて土葬にするものであり、焼却することは「葬儀」ではなく、「死体損壊」であった。だからローマ教会から異端の罪に問われた人間の遺体は掘り返され焼かれた。つまり遺体を焼くことは処罰であった。

一方で輪廻転生を認めるヒンドゥー教や仏教は、肉体を魂の仮の宿として考える。そこで初めて火葬という発想が出てくるのだが、日本の神道でも遺体を焼くことは損壊行為であって葬儀ではなかった。だからこそ歴代の天皇は丁重に土葬されてきたのだ。これは神代以来の伝統なのである。

それだけ続いていた伝統に従わず、持統天皇が自らの意思で遺体を火葬にさせた（これは持統自身の決断以外にありえない）、その背景には日本史を根本から変えるような意識改革なり政治改革があったはずなのである。

そこで改めて歴史を見ると重大なことに気がつく。学校で習った（つまり歴史学界の通説である）神話ではない天皇家の歴史が始まって以降の時代区分は、飛鳥時代、奈良時代、平安時代、鎌倉時代、室町時代、安土桃山時代そして江戸時代となっている。この時代区分はそれぞれの時代を実際に仕切っていた政権の所在地で分類している。

実際、奈良、平安、鎌倉、室町、安土桃山、江戸にはあまり問題はないのだが、それ以前を飛鳥時代と呼ぶのは極めて問題がある。飛鳥時代には大和の飛鳥だけに政権があったのではない、難波にも大津にもあった。

「飛鳥時代」と呼ばれている時代は、じつは「首都移転時代」なのである。古代の天皇は基本的に都を一代限りとしていた。つまり前の天皇が亡くなると、次の天皇は古い都を全部捨てて全く新しい場所に移転していたのである。

重大なのは、私の知る限り、これは世界のどこにも見られない日本史だけの特徴であるということだ。いやしくも日本史の専門学者ならば、経済的に見ればこれ以上無駄なことはない首都移転をなぜやっていたのかと、その理由の解明に努めなければいけないはずだ。ところがそんな試みは全くなされていない。その証拠に、多くの読者にとってこの事実は初耳だろう。しかし、これは私が発見した新事実でも何でもなく、昔から『日本書紀』に記されていることであって、少なくとも日本史の専門学者にとっては常識なのである。

では首都移転時代に終止符を打ち、初めて日本の首都を固定するという大偉業をなした天皇は一体だれか？　もうおわかりだろう。それが持統天皇なのである。

火葬で死穢を払い遷都の必要をなくす

持統天皇の建都した藤原京（当時は新益京といった）によって日本の首都が初めて固定した。

この歴史的事実は私の新発見ではない。百科事典にも載っている話で日本の常識だ。ところがこの常識と、藤原京を作った持統天皇が天皇として初めて火葬されたという歴史的事実を結びつけて考えないのが日本の歴史学界なのである。繰り返すが、このセンスの無さははっきり言って異常で、世界の非常識と言ってもいい。

本書を読んでいる日本の歴史学者の皆さん、もし私の見方に納得がいかないなら、他の分野の学者に聞いてごらんなさい。考古学でもいいし文化人類学でもいい、あるいは同じ歴史学でも世界史でもいいが、そういう分野の研究者に一人ぐらいは親しい人がいるでしょう。

そういう人に「シロウトの井沢元彦がこんなことをほざいているが、君はどう思う？」と質問してごらんなさい。その人がまともな学者なら「井沢の言ってることの方が正しい」と答えるはずだ。

では、問題の核心である、藤原京以前に原則として日本の首都が天皇一代限りで常に移転していた理由、そして藤原京を建都することによってその悪習に終止符を打った持統天皇と、その持統天皇が歴代天皇の中で初めて火葬されたこととの因果関係についてご説明しよう。

これが少し長くなってしまうのだが、仕方がない。日本の歴史教育にすっぽり抜けている部分だからだ。もっとも、その長い説明は一部省略できる。なぜなら、冒頭の神武天皇のところで、その予備知識を説明しているからだ。

思い出していただきたい、天皇の祖先神であるアマテラスはいかにして生まれたか？アマテラスとは、父イザナギが妻イザナミを取り返そうと死後の世界である黄泉国に行き、その世界があまりに死穢（死のケガレ）に満ちていることに絶望して逃げ帰り、全身をミソギし死穢を完全に除去したときに生まれた存在なのである。

つまり、この神話はたとえ「元神様」であろうと死んでしまえば、死穢というあらゆる不幸の根元と化す。だからそれを徹底的に避けなければいけないと、言っているのだ。

もうおわかりだろう。なぜ「飛鳥時代」の天皇たちが天皇一代ごとに遷都したかといえば、たとえ天皇といえども、死ねばそこは死穢に汚染いや「穢染」されてしまい、使えなくなってしまうからだ。いや「天皇といえども」ではない「天皇だから」である。普通の人間はたとえてみれば「一本のバラ」なのだが、神の子孫である天皇は「百万本のバラ」なのである。生きているときはいいが、死んでしまうとその「穢染度」は何百万倍にもなる。

だから都は放棄し、天皇の遺体は石棺つまり「岩のカプセル」に納め、古墳という「シェルター」に埋納し、周囲はケガレを遮断する堀つまり「通水路」で囲っていたのだろう。世界にはさまざまな王墓があるが、堀などはないのが普通である。

しかし、そんなことをやっていたら日本国家はいつまでたっても発展しない。そこで持統は「穢染処理」を神道方式の「地下埋納」から仏教方式の「焼却」に切り替えた。「これで死穢は除去されるから、私が死んでも遷都してはなりませんよ」と遺言したというわけだ。

藤原京ともう一つの隠れた功績

藤原京は日本で初めての中国式の都でもある。持統はここでも旧来の伝統を変えたのだ。ものすごい大改革である。つまり持統は日本国自体を大きく変えたのだが、ここのところもまったく評価されていない。初めて権力を保持したまま譲位し、史上初の太上天皇（上皇）として政界に君臨したのも持統で、私は「持統大帝」と呼んでもいいぐらいだと思っているのだが、持統にはもう一つ隠れた功績があるらしい。

これを説明するには今話題の「女性天皇」と「女系天皇」の違いを理解していただく必要がある。日本の天皇は初代神武天皇以来すべて男系である。つまり神武天皇の血を引く男子の系統でなければ天皇になれない。もっとも持統もそうだが、皇極（斉明）、推古など、この時点から見ても過去に何人も女帝（女性天皇）はいた。しかし、それはすべて父親が天皇であるから天皇になれたので、系統的には男系であることになる。

これとは逆に、たとえば女性天皇と一般の男性が結婚し、生まれた子供が母親が天皇であることを理由に次の天皇となった場合、その子が男子であろうと女子であろうと女系天皇と呼ぶ。しかし現実には日本の歴史上に女性天皇はいるが女系天皇はいない、ということになっている。

だが、ここで持統からさかのぼること一五代の第二六代継体天皇を思い出してほしい。第二五代武烈天皇は男子の跡継ぎを残すことなく亡くなった。あわてた朝廷では八方手を尽くし、なんと越前国（福井県東部）にいた応神天皇五世の孫の男大迹尊を呼び寄せ天皇とした。これが継体なのだが、五世の孫というのはいかにも「血が薄い」と感じるのは私だけではあるまい。たとえば平安時代に関東で反乱を起こし「新皇」などと称した平将門も桓武天皇五世の孫であった。実際、継体の即位に不満を抱いた者が当時少なからずいたようで、結局継体は即位後大和に入るまで二〇年もかかったし、古代最大の反乱といわれた筑紫国造磐井の反乱も、この時代に起こっている。

しかし、継体は前にも述べたように第二四代仁賢天皇の娘で武烈天皇の姉でもある手白香皇女を皇后とした。そして二七代二八代は違ったが第二九代の欽明天皇は継体と手白香皇女の間に生まれた男子なので、仮に継体が「馬の骨」だったとしても欽明天皇は実質上の女系天皇として「万世一系を死守した」ことになる。

現在の女性宮家設立の議論はこの女系天皇を認めるかどうかも大きな論点なのだが、ここであらためて持統天皇の夫でもある天武天皇の出自を考えてみよう。前にも述べたように『日本書紀』は彼の行動を正当化するために書かれた書物であるから、天武の出自についてはかなり潤色されている可能性がある。

ここで、仮に、あくまで仮の話だが、天武も「馬の骨」だったとしよう。もしそうだったら、天武の即位によって万世一系は絶たれてしまったのか？

いや、心配はいらない。持統が産んだ子か直系の孫が天皇になれば、その天皇は持統に由来する女系天皇として「万世一系を死守した」ことになる。つまり第四二代文武天皇だ。

森鷗外が発見した「継体持統」の意味

文武天皇が実は女系天皇ではないかという推測、日本史の専門学者の先生方からは、また作家は勝手にデタラメな推測をするといわれるかもしれないので、ここで申し上げておこう。根拠はきちんとある。それは持統という諡号だ。そもそも持統という諡号自体、系「統」を保「持」したという意味が込められていると私は思うのだが、ここで注目すべきは、継体天皇の章でも触れた、森鷗外の「帝諡考」である。それによると「持統」には対になる言葉がある。それが「継体」なのだ。継体とは「正統な後継者」という意味だが、「継体持統」というのは切磋琢磨のような一種の決まり文句で、「正統な系統を維持する」という意味になる。それを森鷗外は発見したのだ。

当然、この諡号を考えた人間は継体の業績と持統の業績に何らかの共通点があると考えたに違いない。では共通の実績とは何かといえば、「切れかかった男系を女系天皇でうまくつないだ」ということだろう。それ以外、継体と持統に共通する業績はない。継体と手白香皇女の息子である欽明天皇は母が天皇ではなく皇女だから、完全な女系天皇といえないかもしれないが、ほとんど女系天皇といってもいい存在である。だったら文武天皇と同じだと、諡号選定者がみなしていたと考えるのが合理的ではないか。

ちなみに、天智系は後に男系でも復活した。天武系は奈良時代の最後の第四八代称徳女帝で断絶した。そこで、それまで冷や飯を食わされていた、天智系の皇族が即位して第四九代光仁天皇となった。その息子の第五〇代桓武天皇は奈良の平城京から平安京に遷都した。

その平安京つまり京都に明治前までずっと天皇家の菩提寺であった泉涌寺という寺がある。その寺の霊明殿には歴代天皇の位牌が置かれているのだが、寺発行の解説書には「平安京の第一代桓武天皇、その御父光仁天皇、その直系の御祖父天智天皇、この三天皇が霊明殿に奉祀の特に古いお方で、歴代天皇が奉祀されている」と書かれている。つまり天皇家の菩提寺である泉涌寺は「天武から始まって称徳で終わった天武系の天皇」をきちんと祀っていない。なぜそうなのかは書くまでもないだろう。

継体天皇の章でも述べたが、日本歴史学界では、この天皇諡号（初代神武から第四四代元正天皇まで、当然弘文は除く）の選定者を奈良時代の学者淡海三船だとしている。理由は簡単で、そのことが『釈日本紀』という史料に明記されているからだ。しかし、私は絶対にありえないと思っている。淡海三船は天智天皇の子孫だ。だから「天智＝極悪非道の悪王」という諡号を選ぶわけがないではないか。淡海三船が全部の諡号を一人で決めたというのは、この点からもありえないと私は思う。

史料に載っていればどんなに理屈に合わないことでも「通説」とし、史料が無ければどんなに合理的な推論も仮説に過ぎないと排除する、それが日本歴史学界の方法論だ。それで歴史の真実がつかめるかどうか、この判断は読者に委ねたい。

元明天皇［第四三代］と元正天皇［第四四代］

これから第四三代元明天皇と第四四代元正天皇という二代続いた女帝のことを語ろうと思う。実は天皇家には八人の女帝がいるが、女帝が二代続いたのは奈良時代に入るこの時だけである。

だが、その話に入る前に、推古天皇（第三三代）から元正までの間にどんな歴史があったのか語っておく必要があるかもしれない。このあたりはすでに詳しく述べたが、いきなり二人の女帝の話をすると何が何だか分からなくなるかもしれない。実は推古から持統天皇（第四一代、元明にとっては姉）の時代は日本史にとっても天皇の歴史にとっても、まさに波瀾万丈で激動の時代だったからである。

「中国と日本は対等」という画期的発言

発端は推古天皇だ。彼女は「中国と日本は対等だ」と言い出した。東アジアの歴史において画期的なことである。ほかの国々は近代に至るまで中国には「土下座」していた。誇張で言っているのではない。清の時代に皇帝は周辺国家の国王に対し、三跪九叩頭という土下座以上の屈辱的な拝礼を要求した。興味ある方は、三跪九叩頭とはどんな動作をするものか、インターネットなどでごらんになるといい。実は明治になっても、清は明治天皇の使者である外務卿の副島種臣やイギリス大使にもこれを要求していた。もちろん彼らは拒否したが。

　だから推古のやったことは日本国の歴史から見て画期的なことであり、独立国の気概を示したと高く評価してよいことなのだが、どんなことでもすべて良い結果を生むわけではない。

　前にも述べた通り、日本は朝鮮半島の百済に対して並々ならぬ思い入れを持っており、しかも内政の混乱からそれを新羅に取られたことに深い恨みを抱いていた。新羅は当時の中国つまり唐と同盟を組んで、百済を滅ぼしたのである。そこで日本は百済を復興するために半島に兵を送り、新羅と組んでいた唐と戦争することにした。唐は超大国である。現代にたとえれば今の日本がアメリカと戦争するようなもので、合理的判断をするならやるべきではない。しかし、それでも中大兄皇子（天智天皇）が戦争に踏み切ったのは、「新羅憎し」と「中国なにするものぞ」という心情があったからで、その心情の半分は推古が育てた「中国とは対等だ」という意識がなければあり得なかった。

　しかし日本はこの一大決戦「白村江の戦い（六六三年）」に惨敗した。どんな国でもそうだが、国運をかけた大戦争に敗北すれば、主流派が力を失い国内でも政変が起こる。一方、唐は新羅と手を組んで高句麗、百済を滅ぼしたように、今度は日本と手を組んで新羅を滅ぼそうと考えたようだ。そして天智に使者を送った。

ここからは私の想像だが、前にも述べたように「新羅憎し」に凝り固まった天智はその話を受けようとした。しかしながら、もし日唐同盟が実現し新羅が滅び朝鮮半島まで「中国」になってしまえば、次は日本の番である。いくら新羅が憎いからといって天智の決断は日本の亡国を招くものだ、と考えた人々がいた。もちろん日本国内の親新羅派である。そして天智の死後、親百済派の「天智政治」を倒したのが壬申（じんしん）の乱（六七二年）だったのだ。

百済の正統を守った二人の女帝

壬申の乱は、日本を守るためにはやむを得ない戦いだったと私は考えている。

しかし天皇家にとってみれば、それまでの保守本流であった親百済派が、反主流派の親新羅派の「天武（てんむ）王朝」にとってかわられた、ということだ。それは伝統から見て正しくない、と考えた人々が大勢いたと思われる。

その筆頭は、天武天皇の皇后でもあり、後に即位して女帝となった持統天皇だったと思われる。意外に思えるかもしれないが、彼女は親百済派の総帥だった天智の娘なのだ。もちろん政略結婚であり、彼女が天武（当時は大海人（おおあま）皇子）に嫁いだ時点では、まさかこんなことになるとは夢にも思っていなかっただろう。しかし、壬申の乱で夫の天武が勝者となり天皇となったため、それまで冷遇されていた親新羅派が主流となった。おそらく天武天皇には「新羅の血」が流れていたと私は推察している。そして、この天武と他の女性との間に生まれた子供が皇位を継げば、天皇家は「新羅系」になってしまう。そのことは絶対に阻止すべきだと考えたのが、明らかに「百済系」である持統天皇だった。

では具体的にはどうするのか。天武と持統以外の女性との間に生まれた皇子には、絶対に天皇の位を継がせないことだ。当時皇后であった持統は強い意志を持ってこれを成し遂げた。自分の産んだ草壁皇子以外の皇位継承候補者は「消されて」しまったのである。ところが、ここで持統にとって人生最大の誤算が起こった。最愛の一人息子である草壁皇子が二八歳の若さで、天皇になる直前に病死してしまったのである。そこで持統は自ら天皇となった。絶対に「新羅系」を排除し、草壁の遺児で持統にとっては直系の孫にあたる軽皇子を、天皇にするためである。持統は軽皇子が一五歳になった時、早々と位を譲った。第四二代文武天皇である。

天皇が生前に譲位するという例はこれまでもあったが、それを太上天皇（上皇）と呼ぶようになったのはここからで、持統は上皇第一号ということになる。持統という諡号には「血統を保持する」という意味があることは既に述べた。血統とはこの場合「天智の血を引く百済系」ということだろう。文武の即位で自分の生涯の目標は達成できたと持統は思ったことだろう。

ところがそうはいかなかった。持統の死後わずか四年半後、文武は二五歳の若さでこの世を去ってしまうのである。ここで持統の遺志を継いだのが、持統の異母妹であり草壁皇子の妃であった阿閇皇女（あべのひめみこ）だった。その息子文武と妃との間には、首皇子（おびとのみこ）（後の聖武（しょうむ）天皇）という男子が生まれていた。だがまだ幼い。そこで祖母の阿閇が即位して天皇となった、これが元明天皇だ。そして元明は八年間の在位の後に生前譲位して上皇となり、自分の娘であり首皇子の伯母（おば）でもある氷高皇女（ひだかのひめみこ）に位を譲った。元正天皇だ。

特筆すべきは、それまでの女帝には即位以前に夫がいたが、彼女は生涯配偶者をもたなかったことである。すべては首皇子を天皇にするための布石といっていい。「持統」のために二人の女帝は存在したのである。

藤原氏という「男手」に頼る

この二人の女帝の時代は、今にたとえれば「母子家庭」である。草壁皇子もその息子の文武天皇も若くしてこの世を去ってしまった。残された首皇子もあまり体は丈夫でなかったようだ。女性が頑張らなければいけない時代だったのである。

しかし、やはり「男手」は欲しい。だが、皇族にはライバルの「天武系」が多く気を許すわけにはいかない。となると家臣の中で頼りになる人間を探さなければいけなくなる。それが藤原氏であった。

藤原氏はそもそも持統の父天智が頼りにした一族だった。まだ天智が中大兄皇子と呼ばれていた時代、「天下」を奪おうとしていた蘇我入鹿（そがのいるか）を倒した際、ともに戦ったのが中臣鎌足であった。その功労の報奨として、天智は鎌足に「藤原」の姓を与えた。これを「新姓下賜」という。

鎌足はそれまで中臣氏に所属していたが、藤原姓を得ることによって中臣一族から独立し、新しい一族の長として自由に動けるようになったということだ。

二人の女帝は「男手」として藤原氏を頼りにした。藤原氏の方でも鎌足の次男の不比等が優秀な男であったため、天皇家と藤原氏の結びつきは鎌足の時代より強くなった。持統天皇の項で述べたように、持統は藤原京を建設することによって日本の「天皇一代ごとの首都移転」という「悪習」に終止符を打とうとした。仏教を取り入れ都も中国式を取り入れることによって、日本国家の発展の基礎を築いたのである。しかし藤原京は「天皇一代ごとの首都移転」にブレーキはかけたものの、恒久的な首都とはならなかった。本当に日本が「首都固定」の時代に入ったのは、奈良の都つまり平城京に遷都が行われた七一〇年からである。

そして日本人のほとんどが意識していないが、この平城遷都を実行した天皇こそ元明である。もちろん首都建設そして移転は一朝一夕にできることではない。だから病弱だった文武の時代から準備はされていたが、持統の異母妹である元明が、「日本の首都は固定されなければならない」という持統の信念を最終的に実現したのである。

話は前後するが、日本には国家の枠組みである法律体系、それに基づく官僚組織もなかった。それを中国から輸入して大宝律令として完成させたのは文武の時代だが、実質的にそれを成し遂げたのは持統上皇から元明天皇につながる「女帝ライン」だろう。また白村江の戦いの後、三〇年以上途絶えていた遣唐使を復活させたのも彼女たちだ。つまりいわゆる律令国家は女帝ラインによって始まったのである。そしてそれを陰で支えたのが極めて優秀な政治家にして実務官僚の藤原不比等であった。その補佐のもとに、元明の時代には『古事記』が編纂され、元正の時代には大宝律令をより精密にした養老律令が作られた。

律令国家は公地公民制つまり日本の土地も人民もすべて「天皇のもの」である。神の子孫である天皇の立場が法律体系によって保障されたことにもなる。これを「天皇制」と呼ぶなら、ここで完成したことになる。しかし何でもそうだが、組織でも国家でも完成したとたんに崩壊が始まる。そしてそれを画策したのは、「新しい蘇我氏」すなわち藤原氏であった。

改変された「天孫降臨」神話

平成三一年（二〇一九）一月、梅原猛氏が亡くなられた。自らは哲学者と名乗っておられたが、その「守備範囲」は極めて広かった。歴史学や文学の分野でも深い洞察力とたぐいまれな探究心によって多くの業績を残された。

ところで、梅原氏はこの元明の治世に完成された『古事記』、元正の時代に完成された『日本書紀』についても実に鋭い指摘をされていた。既に述べたように、日本には古

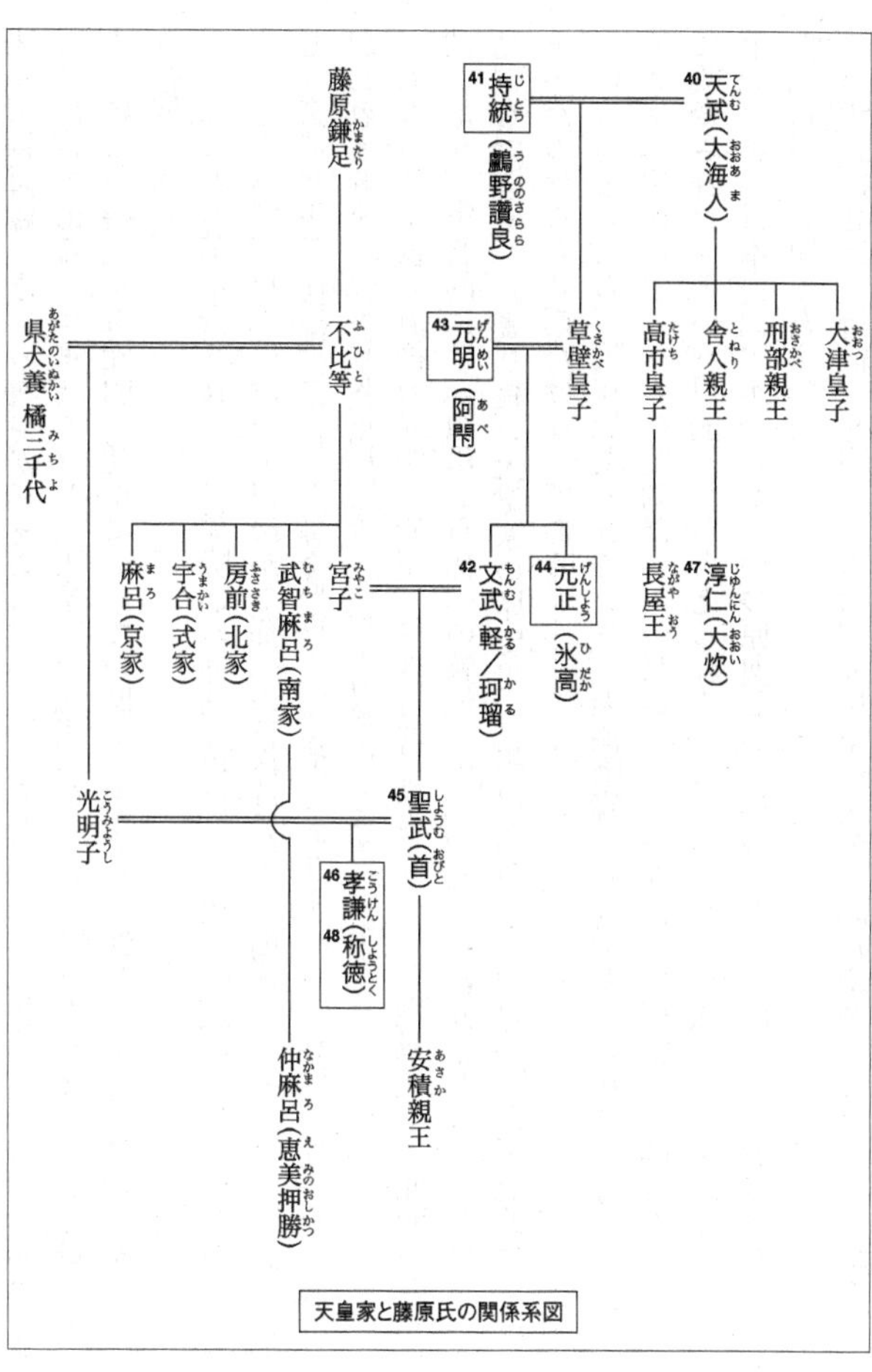

天皇家と藤原氏の関係系図

来「天孫降臨」という神話が伝えられている。これは女神であるアマテラス（つまり祖母）が孫であるニニギノミコト（天皇家の先祖）に「日本」をあたえるという話だが、それはこの持統から元明、元正にかけての歴史的事実を反映したものではないか、という指摘である。

ご本人の言葉を借りれば「天孫降臨の神話は祖母から孫への譲位を神話化したものです。ところで、日本において祖母から孫への譲位はただ一度あるのみです。それは六九七（文武元年）、持統帝から孫の文武帝への譲位であります。これは、けっして偶然と思われません」（『NHK市民大学　記紀・万葉のこころ』）である。

ちなみに文武の直後の元明、元正、聖武（首皇子）といった継承順も、元明の孫が聖武であり、実質的には「祖母から孫への譲位」で「つなぎ」に元正が入っただけという見方もできる。つまり長い天皇家の歴史で、「祖母から孫への譲位」が実質的に二度もあったのはこの時期だけなのである。

ひょっとしたら、現在伝えられている「天孫降臨」の神話も、最初は「母から子」あるいは「父から子」への相続話だったのだが、この時期に「持統朝」に都合のいいように改変された、という可能性すら考えられる。われわれが「天孫降臨」を知るのは『古事記』か『日本書紀』か、この二つの原典しかないのだから、両方とも改変されていたら「真実」を知る方法はない。

いずれにせよ、持統、元明、元正は、天皇家が完全に「新羅系」になるのを阻止し、せめて女系だけは「百済系」を残そうとしたのだろう。この懸命な努力はのちに「天武朝」が聖武の娘称徳によって断絶し、それまで冷や飯を食わされていた「百済系」の光仁天皇が実現し「天智朝」が復活するという「大逆転」につながるのだが、この時代にはそんなことは全く予想できない。

むしろ持統の血を受け継いだ男子は極めて病弱で、草壁皇子は天皇になれず病死し、天皇に即位させた草壁の子の文武はわずか二五歳で病死してしまう。女帝たちは必死だったのである。

しかし有能でもあった。遣唐使の再開や律令の整備を行い、「天皇制」の確立につとめた。もし神話の改変もあったとすれば、情報操作も巧みだったことになる。その優秀な助手が藤原氏であった。

しかし、藤原氏にはかつての蘇我氏と同じように、天皇家に代わって日本を牛耳ろうという下心があった。なぜそれがわかるのか？　実は藤原氏による「天皇制」の土台を切り崩す試みが、元正の時代からすでに始まっていたからである。

天皇権力を骨抜きにする藤原氏の用意周到な準備

元明、元正の時代に天皇絶対の体制は一応完成した。

日本はアマテラスという神の「ＤＮＡ」を持つ天皇が支配する国であるという概念が確立したということだ。それはまさに、この時代に完成した『古事記』『日本書紀』そして律令制度がそれを裏付ける形になったのである。かつてはこの時代、公地公民制も完成されたと考えられていた。公地公民制とはすべての日本の土地、人民が天皇のものである、ということだ。ところが日本の歴史はこの後、天皇の政治権力、つまり土地、人民を新たな政治勢力が奪っていくという形になる。その最後を飾ったのが武士であり、武士の政権である幕府のトップである将軍が天皇に政権を返還したのが大政奉還であり、将軍も含めた大名が土地人民を天皇に返却したのが版籍奉還だった。

では本来、天皇の所有地である公地を最初に奪ったのは誰で、それはいつの時代か。

もうお分かりだろう、奪ったのは藤原氏で、この時代なのである。

元正の時代、官僚機構を牛耳っていた藤原氏は「三世一身の法」という法律を作った。これはすべて公地であるはずの日本で、高級貴族が私有地を持つことができるように作られたいわば「抜け道」的な法律であった。日本の歴史を通じて言えることだが、「土地」とは基本的に田畑それも水田のことである。なぜならそこから年貢つまり「米という税金」が取れるからで、律令体制ではこれを「租」と呼んだ。

言うまでもなく国家財政の基本で、だから今でも最も基本的な税金のことを「租税」と呼ぶ。日本の土地はすべて公地だから、それを農民に貸しあたえて租を徴収するというのが、国家財政の基本である。そのためには水田が必要だが、「三世一身の法」というのは、水を供給するために絶対必要な灌漑施設を造り新しい耕地を開拓した者には、その新たに作った水田について三代（本人、子、孫）にわたって私有を認めるものである。

天皇がすべての水田の所有者であってこそ、その権力と権威は絶対のものになる。ということは、少しでも私有地を認めるという政策は、その絶対的な権力を揺るがすものになる。しかも、この法律は施行後わずかに二〇年で墾田永世私財法（こんでんえいせいしざいほう）に変えられた。新規耕地の開拓者は永久にその水田を私有地にできるというものである。

その理由がふざけている、三代経過すると収公されるため、所有者が手入れを怠り荒れ地になってしまうから、これを防ぐためだというのである。いくら寿命の短い昔だからといっても、二〇年で三代が終わり四代目に入るなどということはありえない。つまりそれは口実で、永久に私有するという目的を果たすために、「三世一身の法」の頃から周到な準備がされていたということだろう。その準備をしていたのは当時政界を牛耳っていた藤原氏以外に考えられない。

墾田永世私財法が成立したのは第四五代聖武天皇（元明の孫、首皇子）の時代だが、藤原不比等は聖武の「夫人」に娘の光明子（こうみょうし）を送り込み、臣下の出身としては初めての皇后に押し上げている。これが光明皇后で、聖武は彼女の言うことなら何でも聞いたようだ。

つまり藤原氏はこの時点でまた一歩、「天下」に近づいていたのである。

聖武天皇［第四五代］

女帝たちの陰に藤原氏あり

実質的には持統天皇から始まった「男系天武女系天智の天皇家」、これを仮に「天武王朝（あるいは持統一家）」と言っておくが、非常に男の影が薄い王朝である。

一代の女傑と言ってもいい持統が始めたこともあるだろうが、何よりも持統が、天武が他の女性との間に作った屈強で優秀な皇子たちを排除して、自分と天武の間に生まれた病弱な草壁皇子を無理やり天皇に押し上げようとしたことが最大の原因だろう。

結局、草壁は天皇になれずに母持統（この時点ではまだ天武天皇の皇后）に先立って死んでしまい、持統は草壁の子、つまり自分にとっては孫の軽皇子を天皇にするために、自ら天皇となって頑張らねばいけなくなった。そして、軽皇子が一五歳になるとさっさと位を譲った。これが文武天皇で持統は史上初の上皇となって後見したのだが、その持統の死の五年後、父草壁の病弱な体質を受け継いでいた文武は、男の子を一人残し二五歳の若さでこの世を去ってしまうのである。

　そこで持統の「天智系の血を皇統に残す」という遺志を引き継いだのが、草壁皇子の未亡人であり文武の実母でもある阿閇皇女であった。相続としてはむちゃくちゃなのだが、彼女は息子の跡を継いで第四三代元明天皇となった。言うまでもなく文武の遺児で孫にあたる首皇子が成人するまでの「つなぎ」である。

　しかし、元明は日本史上に残る仕事をしている。それは藤原京から平城京への遷都である。

　前に述べたように、藤原京は日本の首都を固定した画期的な都であった。しかし最初の試みであったこともあり、どうも都としての発展性にかけていたようなのである。具体的に言えば敷地が狭いということである。そこで、他にも理由はあっただろうが、より発展的可能性のある奈良盆地に元明は都を移したのである。そして、首皇子が一人前になるまで二〇年以上かかったので、元明はいったん自分の娘で文武の姉（首皇子にとっては伯母）の氷高皇女に位を譲った。これが第四四代元正天皇である。

　こうした女帝たちの活動を陰で支えたのが藤原氏である。藤原氏はそもそも、中大兄皇子時代から天智天皇を支えた忠臣の中臣鎌足が、死に際して天智から藤原の新姓を賜り、中臣氏から独立したのが始まりだ。その鎌足の息子不比等も父に勝るとも劣らない政治的手腕のある男だった。この後、藤原氏は天皇家を支え、ついには圧倒していく形で歴史を変えていくのだが、その「政界進出」の始まりは、「男手」がなかった持統一家が、彼らに期待したところから始まっている。

そんな中、ようやく首皇子が即位する。第四五代聖武天皇である。

天皇継承の絶対的かつ日本独自のルール

聖武天皇の実績を述べるにあたって、日本史のもっとも重要で基本的な事実を再確認しておこう。それは、天皇は神の子孫であるがゆえに、他の家系に生まれたものは絶対に天皇になれないという、冷厳な事実である。

本来は何度も強調する必要のないことなのだが、これは事実である。事実と言うのは左翼や右翼といった思想的立場に左右されるものではない、誰にとっても同じ「事実」なのだが、日本のいわゆる左翼的学者の中にはこの基本が分かっていない人が実に多い。この人たちは何とかして天皇がそうした存在であることを否定しようとする。日本には思想の自由は認められているが、客観的事実を自分の好みで否定するのは学問ではない。「私はそれを絶対に認めない」と言い張るならば子供と同じである。しかし、これは冗談ではなく本当の話だが、そういう人々が学界の権威として、これまでの日本史を教えてきた。それでは日本史の真実などつかめはしない。

もっとも古代においては、天皇家自体をつぶし自ら新しい天皇になる可能性を秘めた氏族もあった。それは天皇家がまだ日本を統一していない段階では相当数いたようだが、記録に明確に残っている「最後の挑戦者」は蘇我氏だけである。しかし中大兄皇子（天智天皇）によって蘇我氏が滅ぼされた後は、壬申の乱をへていま述べたような絶対的なルールが確立し、天皇家以外の氏族に生まれた者が天皇になることは絶対に不可能になった。

では天皇家以外の氏族が日本を支配することも不可能になったのか？

それは違う。天皇になれなくても、天皇家に取って代われなくても、天皇に等しい権力を持つことによって、日本を支配することができないだろうか？

この困難な課題に挑戦し、史上初めてそれを達成したのが藤原氏なのである。しかし彼らの野望は実に数百年の長きをへて、ようやく達成された。おそらくこんなことは初耳だという人がほとんどだろう。だから今までの日本史はダメなのである。

それにしても「持統一家」の天皇家は男の影が薄い女傑ばかりの天皇家で、一方藤原氏には藤原鎌足、その息子不比等をはじめとして能力のある男たちがうようよいる。本来なら、藤原氏が天皇家を滅ぼして天下を奪うはずだ。現にちょうど同じころ、海の向こうのヨーロッパではそういうことが起こっていた。

本題ではないので詳しくは述べないが、興味ある方はカール・マルテルという男のことを調べてみるといい。彼は王家の宮宰（きゅうさい）つまり藤原氏のような地位にあったのだが、その息子は王家を乗っ取った。その子つまり彼の孫がヨーロッパ史に名を残すカール大帝である。力の衰えた王家は家臣に乗っ取られる、それが世界の常識なのだ。

しかし、日本ではたとえ「女子供」中心の天皇家でも滅ぼすことはできない。それが日本の常識である。そこで天皇家の権力を奪おうとしていた藤原氏がまず考えたのは、皇室に嫁いだ自分たちの娘を皇后とし、その娘が産んだ息子が将来必ず天皇になる道を作ろうということであった。回り道だが仕方がない。ただし問題は、当時皇后はすべて皇族がなるものだという絶対的なルールがあったことである。

藤原四兄弟と長屋王の変

当時の日本には、天皇没後の後継者が定まらない場合、「つなぎ」として皇后が即位して天皇になるという慣習があった。ほかならぬ持統がそうだ。それゆえに、天皇は一夫多妻だから皇后以外にも夫人がいるのだが、皇后だけは皇族の出身でなければならなかった。

藤原氏はこの絶対的ルールに挑戦した。その理由は、次期天皇には皇后の産んだ男子が優先されるからである。当時の藤原氏は鎌足の孫、不比等の息子である、武智麻呂、房前、宇合、麻呂の四兄弟が一大勢力として朝廷を牛耳っていた。その四兄弟の妹に藤原光明子がいた。まさに光り輝くような美貌の持ち主だったと伝えられる。すでに彼女は即位する前の聖武天皇つまり首皇子の夫人だったが、藤原四兄弟はこれを皇后に押し上げようとした。

絶対反対の立場を取ったのが長屋王であった。「王」と呼ばれるのは原則として天皇の孫（親王の息子）なのだが、発掘された当時の木簡（木札）には長屋親王と書かれており、実際には「親王格」として扱われていたことがわかる。つまり藤原一族に対する皇族代表という立場である。

実は長屋王の父は天武天皇の息子である高市皇子だった。母の身分は低かったが、父天武をほうふつとさせる優秀な男子で、皇太子に最もふさわしいといわれたが、天皇にはなれなかった。持統天皇がそれを妨害したからである。その死も「大本営発表」では「自然死」だが、私は藤原氏が陰で動いて暗殺したのではないかと疑っている。とにかく前にも述べたように、その死によって、持統は「系統を保った」ことは事実である。

その高市皇子の長男が長屋王なのだ。彼は父親の死に疑問を抱いていたのではないか。少なくともこれ以上藤原一族の専横は許さん、という強い思いはあったはずである。ところが、朝廷は長屋王に突然「謀反のたくらみ有り」と決めつけ、その罪によって自殺を命じた。長屋王はやむなく自分の手で家族を殺し、自分も縊死を遂げた。こうして長屋王一族は滅亡した。これを「長屋王の変」と呼ぶ。天平元年（七二九）のことだった。

大変珍しいことだが、長屋王は無実の罪であったということはのちに「大本営発表」も認めた。正確に言えば、後々に出された国家の記録の中に「長屋王は無実だった」ということが、回りくどい表現ではあるが記載されている。犯人捜しはするまでもあるまい。藤原四兄弟だ。自分たちの妹である光明子を夫人から皇后に押し上げるため、絶対反対の立場を取っていた長屋王を一族ごと葬り去ったのであろう。

主犯は藤原四兄弟だが、「共犯」は光明子とその夫聖武天皇だ。なぜなら、いくら藤原氏が権勢を誇ったところで、皇族に自殺を命じることは絶対にできない。命令書に天皇がサインしない限り不可能なのである。ここからは想像だが、「そこまでする必要があるのか」としぶる聖武の尻をたたいて、光明子が無理やりサインさせたのであろう。その
こうして光明子は光明皇后となった。万々歳だがそうは問屋がおろさなかった。そののち疫病が流行し、主犯の藤原四兄弟は一年のうちにすべて死亡した。残された「共犯」たちが何を考えたか、もうおわかりだろう。

東大寺大仏建立の本当の目的

「長屋王のタタリじゃ」、光明皇后も聖武天皇もそう思ったに違いない。現代でも無実の人間が陰謀で罪に陥れられ憤死した後、その犯人たちが同じ年のうちに次々と伝染病にかかって全員死んだとすれば、民衆は何と言うか？「被害者のタタリ」あるいは「天罰」であろう。現代ですらそうなのだ。ましてや、昔は伝染病は細菌やウイルスが起こすものだという知識もない。

前にも述べたように、日本は神の子孫である天皇が君臨する国だ。だから本来ならその霊力に守られて疫病など流行するはずがない。ところがそれが流行したということは、天皇の霊力を圧倒する「悪のフォース」を持つ怨霊が出現したと考えるのが、当時の普通の考え方なのである。

次は「自分の番だ」と光明皇后も聖武天皇も思っただろう。では、それを免れるためにはどうしたらいいだろうか？　日本古来の怨霊鎮魂法ではもう通用しない。ならば持

統天皇が「ケガレ除去」を委ねた仏教、強大な「善のパワー」を持つ仏に守ってもらうしかない。

もうおわかりだろう、それが奈良東大寺の大仏なのだ。聖武天皇があのような大仏を建立した、直接の動機はこれである。

もちろん読者諸兄姉の多くは、こんな話は初耳だろう。なぜなら教科書にはそんなことはまったく書かれていないからだ。歴史学界の先生方は言うだろう。「井沢はそんなことを言うが、聖武天皇の出した大仏建立の詔（建築趣意書）にはそんなことは一言も書かれていない」と。それが彼らの理屈である。

そんなことを書くわけがない。「長屋王さん、すみませんでした」と書いてしまえば、それは自分たちの非を認めたことになる。妹である光明皇后にとっては兄たちの犯罪を告発することにもなってしまう。だから書かないし、書けない。しかし国家鎮護という思想は強調されている。国家を鎮護（守る）することが、大仏建立の最大の目的であることは、聖武もさまざまなところで示しているのである。ではこの時代における国家鎮護とは具体的には一体何を意味するのか？

それは天皇家の安泰ということだろう。現代の常識とは違うのだ。日本は天皇の霊威に守られている国であり、その天皇家に健康な男子が生まれ、つつがなく続いてこそ、この国の繁栄につながるわけである。

逆に天皇や皇后が怨霊にとり殺されてしまうような事態が起こったら、この国は滅亡の危機にひんする。そんな事態はどんな手段を用いても阻止しなければいけない。それが光明と聖武にとっては仏教を最大限に信仰すること、具体的にはその証(あかし)として大仏を建立することだったのだ。

大仏は実は超ハイテクの産物なのだが、なぜそうなのかお分かりだろうか? あれは鋳物だからである。

大石を削ったり断崖(だんがい)をくりぬいたりして大仏を作ることはさほど難しくない。しかし銅をドロドロに溶かし鋳型に流し込んで成形し、金メッキまで施した巨大な仏像を作ることは、膨大な費用がかかり技術的にも困難な超特大プロジェクトなのである。この時代、先進国中国ですらそのようなものは作っていない。それを作るというのである。

実現しなかった「天皇家の安泰」

当時の日本の国力で大仏を建立するということは、現代の日本において有人宇宙ロケットを打ち上げるぐらいの財政負担だろう。いや、それ以上かもしれない。有人宇宙ロケットなら現代の中国にもあるが、金属製鋳物の巨大仏像の製作は、この時代東アジアの先進国で超大国でもあった唐ですらやっていないのだから。

大仏の建立に至る細かい経過は省く。とにかく大変だったことは言うまでもない。聖武が大仏建立を志したのは、長屋王の怨霊への恐怖が最大の動機であったことは間違いないと私は思うが、そのほかに当時疫病や不作続きで国家が疲弊しており、これを改善したいという気持ちもあったようだ。また超ハイテクの産物を造ることによって、日本は中国を越えたとアピールする意図もあったろう。しかし、そういう時にやるべきことは「民力休養」である。仁徳天皇が租税を免除したように、できるだけ民の負担を少なくするのが真の政治だ。

そういう意味では、聖武の政治は真逆であった。聖武は大仏建立以前に全国に国分寺および国分尼寺を建設するという「一大仏教信仰プロジェクト」も実行している。これも膨大な資金と労力がかかったはずで、それは当然民衆の負担となった。もちろん、こうした悪政の陰には聖武以上に長屋王のタタリを恐れていた光明皇后がいただろう。彼女は気の弱い聖武の尻をたたいて何事も実行させたに違いないが、ちまたには聖武の政治への怨嗟の声が満ち満ちていたはずである。

しかし大仏の建立によっても、聖武の最大の願いである「天皇家の安泰」は実現しなかった。じつは聖武・光明夫妻には一度男子が生まれたことがある。しかしその子は体が弱く死んでしまった。ほかに女子は一人生まれたのだが、夫妻はその後男の子を一人も授からなかった。皇統断絶の危機である。

では大仏は天皇家を祝福しなかったのか？　もし大仏の心を、不肖私が代弁するとすれば、「天皇家には男子が生まれているではないか。わしはちゃんと守護している」であったろう。というのは藤原氏以外の女性と聖武の間には、安積親王（この時代から皇子は親王、皇女は内親王と呼ぶ）という健康な男子が生まれていたのである。しかし、その男子は一七歳にして不可解な死を遂げた。

どんなことでも史料がないと「そんな事実はない」と否定したがる、慎重極まりない歴史学界の先生方ですら、これは「藤原氏による暗殺」ではないかと疑っている。

天皇家の側から見ればきちんと跡継ぎの男子は生まれたのに、藤原氏がそれを妨害したわけだ。女傑光明皇后が自分の意思を押し通したということでもある。その証拠に「安積親王怪死事件」について朝廷は何の究明もしなかった。

結局、聖武は自分と光明の間に生まれた娘の阿倍(あべ)内親王に位を譲らざるを得なかった。皇位を継ぐ適当な男子がいない場合、皇后が即位して「つなぎ」になるのが慣例だったが、光明は藤原氏の出身(臣下)なのでそれもできない。そこで彼女は少女の頃から皇太子となり、成長してそのまま天皇の位を受け継いだ。第四六代孝謙(こうけん)天皇だが、一度退位して再び即位(重祚(ちょうそ))したので、通常は第四八代称徳(しょうとく)天皇という。難波(なにわ)の都で憤死した孝徳(こうとく)天皇に続く「諡号(しごう)に徳の字がつく天皇」である。

称徳天皇［第四八代］

天皇家の首を絞める「墾田永世私財法」

　称徳女帝は孤独だった。女性天皇はそれ以前に何人もいるが、多くは夫がいて子供もいた人々である。彼女は娘時代に母の実家の藤原氏の意向で、異母弟の安積親王が健在である頃から、親王を差し置いて日本史上最初で最後の女性皇太子となった。この時点で彼女の結婚の道はほとんど閉ざされた。釣り合う相手など一人もいないからである。現代なら女性差別と言われてしまうが、当時藤原氏以外の人間は、なぜ立派な跡継ぎの男子がいるのに女子を皇太子にするのか？　と不満を抱いたはずである。だがその不満の声も安積親王が謎の死を遂げたときに消えたのだろう。反対派にとってそれは無言の威圧、つまり藤原氏の意向に逆らう者は生かしておかぬ、というメッセージに聞こえたに違いないからだ。

　もちろん威圧をかける側の頂点に光明皇后がいたことは間違いない。藤原氏がいかに横暴にふるまおうとしても、藤原氏出身の皇后にそれを止める気があれば、波風は立たないからだ。明らかに当時の朝廷において、聖武(しょうむ)天皇は何事も光明皇后の言いなりだった。

だからこそ、聖武の時代に墾田永世私財法が発布された。土地を開拓し水田にした者はその土地を永久に私有できるという、天皇家にとってはまさに自分の首を絞めるに等しい法律である。そもそも日本国のすべての土地は天皇のものであるというのが、この国の掟(おきて)であった。これは天皇家に生まれた者でなければ天皇になれないというルールと同じく、天皇家の絶対性を経済的に保証するルールだ。生命線と言ってもいい。

ところが、藤原氏はまず元正(げんしょう)女帝の時代に「耕地を増やすため」という名目で三世一身(さんぜいっしん)の法を成立させた。元来すべての土地は天皇の物だが荒地を開墾して水田にするという功績があった者に限り、三代（父、子、孫）に限って私有を許すというものである。

これでまず、天皇家の土地独占に風穴を開けた藤原氏は、聖武の代になると「三代にわたって私有を許すということであったが、その三代を過ぎると耕地は再び荒れ果ててしまう。よってこうした事態を防ぐために永久に私有を認める」という名目で、永世私財法を出させたのである。

この名目は大ウソだ。なぜなら三世一身の法から二〇年しかたっていないのである。いくら寿命の短い昔でも、たった二〇年で三代が終わり、四代目に入るなどということは絶対にあり得ない。そんなあり得ない名目で聖武は天皇家の首を絞める法律を発布したのである。藤原氏つまり光明に尻(しり)に敷かれていた証拠であろう。

光明は、皇后はこれ以降藤原氏の出身に限り、その藤原出身の皇后が生んだ子が次の天皇になる、というルールをしゃにむに確立しようとしていた。お気付きのように、このルールは次の平安時代の中ごろになってようやく成立する。しかしその「子」とは男子を指すので、称徳のように女子がその役割を果たすのにはかなり無理があった。しかし光明はそれを押し通したのである。

藤原氏よりも天皇家

光明皇后といえば一昔前は「聖女伝説」があった。書くのもバカバカしいからそれは書かない。実際の彼女は藤原氏の権力拡大のためには手段を選ばない「猛女」であったからだ。

　しかし、そうした聖女伝説がなぜ誕生したかについては分析する価値がある。要するに彼女のおかげで東大寺という巨大な寺院が建立されたからだ。「大本営発表」ではそれは聖武の発案になっているが、大仏建立の動機となった長屋王の怨霊のタタリを最も恐れたのは誰か？　それは日本人の怨霊信仰に即して考えれば、そもそも「長屋王殺し」の原因を作った光明であるはずだ。逆に言えば、東大寺から見て光明は寺創建の恩人なのである。

　東大寺は日本を代表する大寺院であるからこそ、その創建の恩人は当然人格識見ともに優れた慈悲深い人物でなければならない。つまり実物がそうでないならば、そういう

「伝説」を作らねばならないということだ。こうしたことも歴史を見るコツの一つである。

さて「天皇にはなれないが天皇家の権力はすべて奪う」というのが、藤原氏の一大プロジェクトであった。だから、光明は聖武が譲位し称徳女帝が実現した（この時点では彼女にとって一回目の即位だから正確には孝謙天皇と呼ぶべきだが）後も皇太后となって朝廷に君臨していた。臣下出身の光明は「つなぎ」として天皇に即位することはできない。そこで新たに紫微中台という自分が君臨するための「第二の朝廷」を設け、一族の藤原仲麻呂を長官に抜擢した。仲麻呂は藤原四兄弟の長男武智麻呂の息子で、光明にとっては甥にあたる。この「藤原機関」をもって光明は朝廷を完全に牛耳ろうとしていた。

では、こうした状況を光明の実の娘である称徳女帝はどのように見ていたのか？　彼女は母の言いなりになるロボットではなかった。どうやら母の実家である藤原氏よりも天皇家の一員であるという自覚が強かったようだ。かつて推古女帝が母の実家である蘇我氏の意向を突っぱねたことを述べたが、称徳もこうしたプライドを持っていたようなのだ。

ところで、子供が作れない称徳の後継者について父聖武は遺言で天武の孫の道祖王を指名していたのだが、その父が亡くなると称徳は道祖王の人格に問題ありとして大炊王（おなじく天武の孫）を皇太子とした。

さてここからが問題だ。これら一連の行為は称徳が自分の意志でやったというのが日本歴史学界の定説である。言うまでもなくその理由は「大本営発表」を素直に信じるからである。そうした歴史には「称徳が命令をくだし道祖王を廃太子した」と書かれている。

しかし、近代以前において「父の遺言」というのは限りなく重いものであるという認識が学界にはない。宗教を無視した歴史を「科学的」だと信じているから仕方がないのかもしれないが、父親の遺言を無視するということは通常ありえないのである。だが、この時点で聖武は死んだが光明は生きている。彼女なら、父でなく尻に敷いていた夫の遺言などいくらでも無視するだろう。彼女にとって大切なのは、それが藤原氏の利益になるかどうか、ただそれだけなのだから。

内政も外交も仲麻呂の思うがまま

称徳は、母光明の指示に従ってやむなく父聖武の遺言に背き、大炊王を皇太子に指名したのである。何度も言うが、大本営発表を鵜呑み（うのみ）にするのではなく、当時の状況を合理的に判断すればそういう結論になる。

では、なぜ大炊王なのか？　それは彼が光明の腹心である藤原仲麻呂の保護下にあったからである。つまり最も忠実な藤原氏のロボットになる人物だからである。そして光明は称徳に命じて大炊王に位を譲らせた。称徳は、いや正確に言おう、この時点では「孝謙」女帝だった彼女は退位して上皇となり、大炊王は即位して第四七代淳仁（じゅんにん）天皇となった。そして淳仁はなんと仲麻呂を「太師」に任命した。名称は中国風にされている（つまり政治的カムフラージュ）が、太政大臣に任命したのである。大臣はあくまで「臣」だから一応は臣下がなるものだが、そのトップである太政大臣はこれまで皇族以外が任命された例はなかった。そもそも太政大臣は左大臣右大臣を指揮下において、天皇に代わって政治の総指揮を執る立場であるからだ。つまり「ロボット」淳仁は、政治の大半を藤原氏に委任してしまったのである。

それればかりではない。内政だけでなく外交も仲麻呂の思いのままであった。

じつはこの頃、海の向こうではとんでもない事件が起こっていた。安禄山の乱である。大炊王が皇太子に指名された年の前年七五五年に、安禄山が反乱を起こした。唐の玄宗皇帝が楊貴妃という絶世の美女を熱愛したことによって、国政を混乱させ反乱を招いたのである。この反乱は極めて大規模なもので、一時は首都長安は反乱軍の手に落ち、唐王朝が滅びるのではないかという様相すら呈していた。

ここで朝廷はとんでもないことを考えた。海の向こうの混乱に乗じて新羅を征服してしまおうというのである。これは推測でも何でもなく、当時の国家記録にその準備がなされたことが明記されている。本気だったのだ。もちろん朝廷の名目上の代表者である淳仁に、そんなことを実行する覇気はない。この時朝廷を牛耳っていた仲麻呂はこの頃は恵美押勝と名乗っていたが、仲麻呂の意向に背いてそんなことを実行できる人間も一人もいない。つまり新羅征服計画は仲麻呂の意志であったということだ。

歴史に鋭い眼力を持つ作家、海音寺潮五郎はひょっとしたら「新羅を討つ」という神功皇后に匹敵する手柄を立てることによって、本気で天皇に取って代わろうとしていたのではないかという推測をしている。あり得ることだと思う。当時「女子供」ばかりだった朝廷は藤原氏の思いのままであり、淳仁も仲麻呂には絶対逆らわないイエスマンである。野心満々たる「押勝」が天皇になろうと考えてもおかしくない。

しかし仮に新羅征服が一度はうまくいったとしても、唐あるいはそれに代わる「中国」との対立を招くことは必至で、天皇家自体も存続の危機を迎えていたということだ。ここで称徳、いや孝謙上皇は立ち上がった。反対派を糾合し電光石火、淳仁から権力を奪い仲麻呂を追放したのである。

道鏡と宇佐八幡宮神託事件

失脚した仲麻呂は乱をおこしたが、孝謙上皇に事前に察知され敗走し殺され、淳仁も廃帝とされ淡路島に流され死んだ。一方、孝謙上皇は再び即位して、正式にはここから第四八代称徳天皇となった。

称徳は国家の危機を救い、天皇家の安泰を図ったのだから、天皇家中興の名君とたたえられてもいい存在だ。しかし実際は、特に近代以前は「天皇家の恥さらし」のような否定的な評価ばかりだったことをご存じだろうか。それはひとえに弓削道鏡という僧侶との「関係」が原因なのである。

実力で政権を奪回した称徳のブレーン的な存在が道鏡だった。もともとは体調不良に悩まされていた称徳の医学的治療をしていた。道鏡が宮中の称徳の部屋に入り「個室マッサージ」したことなどもあったらしい。これも日本史の大きな特徴だが、古代においては医者は百済人などの外国人か、あるいは仏教の僧侶だった。こうした職業は「死のケガレ」に触れるからである。経験を積んだ名医ほど「死のケガレ」に触れている。しかし「ケガレは悪」と退けてしまえば名医の治療が受けられない。そこで「持統改革」以前の医療は外国人の仕事であり、改革以後は主に僧侶の仕事になった。僧侶は一種の「ガイジン」扱いだから、葬儀担当者（当然「死のケガレ」に頻繁に触れる）であるのに宮中に入れるし、天皇の側近く仕えることもできる。このあたりから日本では「出産」「七五三」など「生」に関することは神社、「葬式」「建墓」など「死」に関することは寺院という「棲み分け」が始まり進んでゆくのである。

称徳と道鏡の関係は極めて緊密であった。称徳は道鏡の政治面の才能にも注目し、太政大臣禅師ついで法王という日本初の地位に任命した。そして、とうとう称徳は天皇家とは何の血縁もない道鏡に天皇の位を譲ると言い出したのである。まさに驚天動地、日本国始まって以来のことだ。称徳はその理由を宇佐神宮（宇佐八幡）の神のお告げがあったからだと説明した。天皇の祖先神であるアマテラスが祀られている伊勢神宮ではなく、あの表向きの主祭神は応神天皇・神功皇后だが、実際には「ヒメ大神」が中央に祀られている神社である（第一五代応神天皇・神功皇后の章参照）。困惑した朝廷では、それが本当に神の意思かどうか確かめるために、和気清麻呂という男を宇佐に派遣した。そこで清麻呂が受けた神託（神のお告げ）は「この国は天皇家の子孫だけが統治できる」という天皇家の最大のルールを確認するものであった。称徳の意図は粉砕されてしまった。

なぜ、称徳は道鏡にそれほど入れ込んだのか、それは二人が「男女の関係」にあったからだ、というのが後世の史家の判断である。天皇家の歴史上最大のスキャンダルと言ってもいいが、私はこれを信じない。称徳は実家に絶望していた。母光明のことも仲麻呂のこともある。かといって当時の天皇家にも後を任せられるような人材はいない。ならば中国の孔子が理想の世とした昔のように、血縁が無くても優れた人物に権力の座を禅譲するのが正しいと考えたのではないか。

しかし、結局彼女は独身のままこの世を去り「天武王朝」は断絶した。

光仁天皇［第四九代］と桓武天皇［第五〇代］

歴代最高齢の即位

称徳天皇は結局後継者を定めることなく道鏡に政治を任せたままこの世を去った。後継者がいないのでは仕方がない。そこでこれまで一〇〇年以上も冷や飯を食わされていた天智系の皇族の中から、天智天皇の孫である白壁王にお鉢が回ってきた。第四九代光仁天皇である。即位した時は六二歳、これは歴代最高齢の即位記録である。いまと違って数え年で七〇歳を迎えると、古稀（古来まれなり）と盛大なお祝いをした時代の六二歳だ。今だったら八〇歳ぐらいの感覚であろう。

もちろん天智系の皇族は彼一人ではない。それなのに高齢の白壁王に皇位が回ってきたのは、実に用心深く頭が良かったからだ。私は時々、白壁王に似ている歴史上の人物として徳川家康を思い浮かべる。

白壁王時代に彼は井上内親王を妻とした。彼女は聖武天皇の娘で、称徳女帝の姉でもあったが、母親が藤原系ではないので冷遇されていた。藤原氏に殺されたとみられる安積（あさか）親王は彼女の同母弟である。しかもいったん伊勢（いせ）神宮に斎王（さいおう）（女性神官長）として出されたため婚期が遅れていた。前後の事情から推察すると、彼女を妻にしようとする男性はほとんどいなかったのではないか。藤原氏に対抗する意思ありと思われることは危険だからだ。

しかし、白壁王にとっては藤原氏に危険視されるリスクよりも、天武（てんむ）系の身内になれるというメリットの方が大きい。そこで彼女を妻に選んだのだろう。二人の間には二人の子が生まれたが、妻は三七歳で女の子を、四五歳で男の子を産んだと記録にある。もちろん皇室史上最高の高齢出産だが、あまりに超人的なので近親者から養子をもらったのではないかという説もある。いずれにせよ二人が晩婚だったということは確実のようだ。冷や飯を食わされていた天智系の白壁王のところには嫁の来手はなかったのだろう。

しかし、一応はこれで「聖武天皇の娘婿」ということになり、大臣の下の大納言までは何とか出世した。ところがそのあたりでまた危機が訪れた。称徳女帝の即位以降は次の皇位をめぐって政変が続き、皇族たちにも何人か連座するものが出たのである。そこで白壁

45 聖武（しょうむ）（首（おびと））
安積（あさか）親王
井上内（いのえ）親王
49 光仁（こうにん）（白壁（しらかべ））
他戸（おさべ）親王
高野新笠（たかののにいがさ）
50 桓武（かんむ）（山部（やまのべ））
早良（さわら）親王（崇道（すどう））

王は酒を飲みふけりしばしば政務をすっぽかした。つまりアルコール依存症に見せかけようとしたのだ。この作戦は大成功で彼の身は安全になったのだが、それだけでは満足せず称徳の死の数年前から藤原氏と取引していたらしい。藤原氏といっても一枚岩ではない。主流派もあれば反主流派もいて、家系によってグループを形成している。白壁王と手を組んだのは藤原百川（ももかわ）という男だった。

つまり称徳の死後は百川が工作して白壁王を天皇に押し上げる代わりに、天皇は道鏡一派を追放し百川を引き立てるという約束である。もちろんそんな記録はないが、そう考えないと、これ以降の展開が説明できない。百川は称徳の死後直ちに、白壁王が後継者に指名されていたという詔勅（天皇の命令）を発表した。称徳がそんなものを出すはずはないのだが、その詔勅によって権力を掌握した白壁王は道鏡一派をまず追放したのである。

しかし天皇の心の中には実は恐ろしい陰謀が秘められていた。天武系に対する報復である。

百済系と新羅系の対立

白壁王が即位し光仁天皇になったため、「糟糠（そうこう）の妻」井上内親王は皇后に昇格し、二人の間に生まれた他戸（おさべ）親王が皇太子となった。めでたしめでたしのはずだったが、とんでもない事件が起こった。

即位二年後の七七二年、井上皇后は光仁を呪詛したとして、皇后の地位を奪われた。当然他戸も廃太子となった。それでも都にはとどまっていたのだが、さらにその翌年に光仁の姉が死ぬと、それも二人の呪詛によるものだとされ、二人は皇族の地位まで奪われ都を追放され監禁された。

その後二人は同じ日に突然死んだ、という明確な記録が残っている。年齢も違う親子が同じ日に自然死するわけがない、二人は殺されたのだと断言してもいいだろう。そしてそれは明らかに光仁の差し金である。

この時代、皇族を殺す力を持っていたのは天皇家以外では藤原氏だけだ。しかしその藤原氏には二人を殺す動機がまったくない。

では光仁にはあるのか？　他戸を廃太子した光仁が代わりに皇太子としたのは、山部親王であった。山部を皇太子とすることには大きな反対もあった。彼の生母は高野新笠といい、先祖は百済人だったからである。しかし光仁は反対を押し切って山部を後継者に指名したのである。

思い出していただきたい、こののち山部親王は即位して第五〇代桓武天皇となり奈良の都平城京を捨てて、平安京に遷都する。その平安京にあって数百年の長きにわたって皇室の菩提寺であった泉涌寺では、天智、光仁、桓武そしてそれ以降の天皇という祀り方をしており、その間に存在した天武系の天皇は一切入っていないことは、既に述べた通りなのである。

こういう事実から見ても、おそらく天皇家の中で百済系と新羅系の対立があったと考えられるのである。

ところで『神皇正統記』という書物をご存じだろうか？　ずっと後の室町時代初期に公家の北畠親房が書いた本なのだが、そこには「日本は三韓と同種也。と云事あれば、かの書をば桓武の御代に焼き捨てられしなり」という一節があるという。意味はお分かりだろう。しかも親房は天皇絶対主義者である。いい加減なことは書くはずがない。

つまり明らかに桓武の時代に何らかの「粛清」が実行されたことを、この記述は示している。そして、それはこの廃后および廃太子事件と深く関わりを持っているのではないかと考えられるわけだ。光仁は天皇家の「血」の中から新羅系を徹底的に排除したかったのではないか、それが井上皇后、他戸親王を追放しただけでなく死に追いやった理由ではなかったかと、推測できるのである。

光仁は六〇歳を超してから即位したので「天武系の排除」についてやれたことはそれぐらいであった。しかし若い桓武なら、いろいろなことがやれる。

たとえば、大仏という一大プロジェクトの成果を惜しげもなく捨てて、都を移転してしまうことである。当然それは奈良とは違う新しい仏教を求めることにもなるのだが、それは桓武にとっては父光仁と同じく、身内を切るという悲劇につながることになった。

悲劇の種になった早良皇太子指名

光仁天皇もそうだったが息子の山部親王も、まさか自分が皇位を継ぐことになるとは夢にも思っていなかっただろう。しかし光仁が新羅系の他戸皇太子を廃太子したことにより百済系の山部親王にお鉢が回ってきた。そして、父光仁は生きているうちに皇位を山部親王に譲った。「天智王朝」の復活を確実なものにしたかったのだろう。

桓武天皇となった山部親王の皇太子となったのは、息子の安殿親王ではなく弟の早良親王であった。これも光仁の意向であった。まだ安殿が幼かったからである。せっかく復活した「天智王朝」はまだ安定していない。歴代最年長で即位した光仁天皇の息子桓武天皇も四十の坂を過ぎていた。桓武に万一のことがあった場合、幼い息子が皇位につけば、「天武王朝」が復活しないともかぎらない。そこで光仁は桓武と同じ百済系の高野新笠を母とする、弟の早良親王を皇太子に指名させたのである。

こうした場合、のちのち弟と実子の間に争いが起こることが少なくなく、ずっと後の応仁の乱も、将軍の後継者に指名された弟と、将軍の実子が争った戦いであった。しかし、この点で桓武は安心していたかもしれない。なぜなら早良は子供の頃から出家し東大寺の僧侶となっていたからだ。それを光仁が還俗させて親王としたのである。つまり、ずっと僧籍にあった早良には妻子がいない。仮にこれから妻子を持ったとしても桓武の息子の成長のほうが早い。だからすんなりと政権移譲が行われると思っていたのだろう。

ところが、ここに大きな悲劇の種が存在していた。そもそも早良はなぜ若い頃から東大寺の僧となったのか？　それは百済系で立場が弱かった光仁（当時は白壁王）が、自分の足場を固めるために「大仏の寺」東大寺を味方につけようと思ってしたことだろう。つまり「保険」である。しかし思いがけなくも皇位を得て、おそらくは先祖からの宿願である「新羅系の天武王朝」の徹底的排除を第一目標とした光仁・桓武親子に、奈良仏教の代理人となった身内の早良が大きく立ちはだかることとなったのである。

光仁の意思を継いで桓武が考えていたことは、「天武王朝の都」平城京を捨て新しい都に遷都することであった。それは東大寺や興福寺などの奈良仏教を切り捨てるということである。

このことに対して早良皇太子は猛反対したらしいのである。らしい、と言うのは明確な記録が残されていないからだが、桓武はとりあえず平城京を捨て新しい都、長岡京(京都府長岡京市)を築こうとしたのだが、その造営長官で桓武の腹心でもある藤原種継が暗殺されるという事件が起こった。そして早良はこれに関与した疑いで廃太子となり、淡路に流罪と決まり護送される途中に無実を訴え自ら食を断ち死んだ。

もちろん桓武に、成長してきたわが子安殿に確実に皇位を継がせたいという思いがあったのかもしれないが、東大寺育ちである早良が遷都を含む桓武の方針に猛反対したのはおそらく間違いなく、種継暗殺に関わっていた可能性も大いにある。

もし光仁が皇位を継がなければ、早良は東大寺の大幹部の僧侶として平穏な一生を送っただろう。しかし、無実を訴え憤死した早良はとうとう怨霊と化したのである。

怨霊化した三天皇には「祟」の文字

世の中には怨霊など信じない人もいるだろう。そういう人たちのためには「早良親王は怨霊と化した」ではなく「当時の人々は早良親王が怨霊と化したと信じた」と書いた方が事実として受け入れやすいかもしれない。

ただし絶対に忘れてはいけないことは、当時の人々は怨霊の実在を信じていたということである。科学的にはあり得ないことでも、当時の人々はそう信じていた。だから当然その強い影響を受けるし、それは歴史にも及ぶ。「迷信は非科学的」だからといって、その影響を排除して歴史を考えるのはまったく科学的ではない。どうもこのあたりの機微がわからない人が、歴史学者にも多すぎるのだが、ここのところは歴史を理解するのに最も重要なポイントなので、ぜひとも頭の中にたたき込んでいただきたい。

怨霊になる条件は単に非業の死を遂げることだけではない。そのあと現世の人間が不幸に見舞われなければいけない。つまり「タタリ」があったと認定されてこそ、「〇〇は怨霊になったのだ」と多くの人が信じることになる。これが怨霊信仰だ。

その点、早良親王は怨霊になる条件を満たしていた。桓武天皇の皇太子安殿親王が病気になったり、実母の高野新笠が亡くなったり疫病が流行したりしたものだから、タタリじゃと怖れられた。早良だけでなく光仁が死に追いやった井上廃后・他戸廃太子も併せて怨霊化したと怖れられ、たまりかねた桓武は早良に「崇道天皇」の称号を追贈し井上・他戸の身分を回復させた。

ところで「飛鳥時代」、蘇我氏の手によって殺されたと明確に記録されている天皇の「諡号」を覚えておられるだろうか？　そう「崇峻天皇」である。この天皇はタタリをなしたという記録がないので怨霊扱いはされていないが、平安時代末期の天皇で、後に日本最大の怨霊とされる天皇は「崇徳天皇」である（この天皇についてはいずれ詳しく述べる）。

この非業の死を遂げた「三天皇」にはすべて「崇」の字がついている。これは偶然なのだろうか？　「崇」は「崇拝」の「崇」であって特に悪い意味はないが、昔は活字がなく、字を書く場合はほとんどが草書体であった。タタリは漢字で書くと「祟」なのだが、これと「崇」は草書体では（活字体でも）ほとんど見分けがつかない。「タタリをなした天皇である、丁重にお祀りせよ」という後世への警告が込められていたのではないかというのが、私の推理である。

桓武といえば見逃せないのが、都を平安京に固定させるとともに、そこに奈良仏教を誘致するのではなく、新しい仏教を求めたということだ。

ここで皆さんに考えていただきたい。たとえば新しい冷蔵庫に買い替えるのはどんな時か？　それは今までの冷蔵庫が古くて役に立たなくなったか、あるいはもっと性能の良い冷蔵庫が発売されたと聞いたときであろう。仏教だからといってその辺の事情に変わりがあるわけがない。桓武が新しい仏教を求めたのは、そのように考えたからである。奈良の大仏に象徴される奈良仏教は、結局「天武王朝」を守れなかったではないか、という思いもあったに違いないのだ。

怨霊の恐怖に支配される政治行動

縁起でもない話だが、仮に現在の首都東京でえたいの知れない伝染病が発生したとしよう。当然国家は緊急対策を取るはずで、たとえば病原菌の特定、これ以上の感染を防ぐための隔離あるいは防疫対策などである。言うまでもなく、これらはすべて科学的な根拠に基づくものだ。そのことについて「これは○○のタタリだ、まず怨霊を鎮魂するのが大切だ」などと言ったら一笑に付されるだろう。

現代ならそれでいい。しかし平安時代は違うのだ。平安時代はすべての人が怨霊の存在を信じていた時代なのである。したがって怨霊の鎮魂あるいは排除といった対策を取るのは、当時の政府の責任であるし、それをしなければ民衆も政府を支持しない。

不肖私が法学部出身の「素人」であるにもかかわらず『逆説の日本史』を書き始めるという「大それた」計画の実行に踏み切ったのは、二十数年前はこんな簡単なことを理解していない学者さんが多かったからだ。

とにかく桓武の一生は怨霊に対する恐怖に支配されている。それによって彼の政治行動は大きく影響を受けているにもかかわらず、当時の日本史の学者さんたちは一様に、桓武の行動は怨霊への恐怖によるものではなく、あくまで政治的なもので怨霊は口実に過ぎないなどと主張する人がほとんどだった。まるで、怨霊信仰の存在を認めると自分が「迷信を信じている愚か者」と誤解されるとでも思ったかのように、とにかくこの人たちにとっての「科学的」ということは「自分たちは怨霊など信じない、だから過去の為政者も怨霊に惑わされるふりをしていただけだ」ということだった。

そんな「非科学的」な人々が本当にいたということは、二〇年以上前に書いた私の『逆説の日本史』〈4〉（小学館文庫）を読んでいただければわかることだが、私が口を酸っぱくしてそれを言い続けたために、最近は学者の皆さんにも頭から怨霊信仰を否定する人は減った。

しかし、ここでもう一度強調しておこう。桓武の一生は崇道天皇（早良親王）ら怨霊に対する恐怖に支配されていた、と。それは、たとえば中世ヨーロッパ社会の人々が、キリスト教に対する信仰によって動いていたのと同じことだ。政治的な計算が絶無だったとは言わないが、十字軍の遠征などは国家財政から見ればとんでもない浪費であり、それでもやるのは根本にキリスト教に対する深い信仰があったからだ。

一方、平安京を築くにあたって桓武が最も重視したことは怨霊に対する防御である。そのために、若手の最も優秀な僧侶である最澄を短期留学生として遣唐使のメンバーに入れ、中国で新しい仏教の天台宗を学ばせた。その遣唐使船には、後に真言宗の開祖となる空海も乗っていた。結局、空海の帰国は桓武の死後だったが、中国で密教という国家鎮護つまり怨霊調伏に役立ちそうな新しい仏教を学んできた空海を朝廷は優遇した。しかも平安京は風水で言う四神相応の地に建都された。これも首都の「霊的防御」のためである。

ケガレの軍事を部下に任せる大改革

風水とは、当時の先進国中国で生まれた自然のコントロール法で、大地から発生するエネルギーをいかにうまく流通させるかがポイントになる。その方法が四神相応の地に都を移すことである。四神相応の地とは、東西南北の守り神の青龍、白虎、朱雀、玄武を象徴する、川が東に、道が西にあり、南に湖（あるいは海）、北に山がある土地をさす。京都の南に湖などないと思うかもしれないが、実は近代までここには巨椋池という湖のような大きな池があったのだ。

一方これも中国で生まれた陰陽道では、常に鬼門（東北の方角）から災いが入ってくるとされた。都から見て鬼門の方向の山上に最澄が建立した寺を、朝廷が国家鎮護の寺として手厚く保護したのも桓武の遺志を継いでのことだろう。後の比叡山延暦寺である。

平安遷都と並ぶ桓武の二大事業は、「蝦夷征伐」であろう。この「蝦夷（当時はエゾではなくエミシと読んだ）」も「征伐」もいわゆる差別語で「野蛮人を退治する」という意味である。

当時の東北地方は彼らエミシの土地で、朝廷は多賀城（宮城県）などの拠点をいくつか確保しているに過ぎなかった。ところが桓武はその全域を大和朝廷の領土にしようと考え、大規模な軍団を派遣して当地を征服しようとした。その大軍団の司令官を征夷大将軍と呼んだ。征夷つまり「野蛮人を征服する」軍団の長という意味だ。一般に征夷大将軍といえば武士のリーダーであると思っている人が多いが、それは鎌倉時代の源頼朝からで、この時代にはまだ武士が存在しておらず、征夷大将軍に任命されたのは朝廷の軍事官僚であった。

特筆すべきは、桓武は東北征服を目標としながら、武器を取らず軍団の指揮を執ろうともしなかったことだ。神武天皇や天智あるいは天武以来の自ら武器を取って戦う習慣を一切やめ、部下に委任して戦争させるという形を、桓武は初めて選んだのだ。これも「持統の改革」に勝るとも劣らないほどの大改革であり、これ以後の天皇は基本的に自ら武器を手にしなくなった。この極めて重大な改革が歴史の教科書には載っていない。その理由はおわかりだろう。「宗教抜きの歴史」という噴飯もののコンセプトで今の歴史教科書がつくられているからだ。

本書の読者は桓武がなぜそういう態度に出たか、よくわかるはずである。そもそも天皇の祖先神であるアマテラスは、『古事記』によれば死のケガレを完全に除去したところから生まれた。それが理想の状態であるのに、天智や天武のように「身内」と戦わなければならなかった天皇は、その状態を実現できなかった。だが、桓武に至ってようやくそれが可能になったのである。

これも世界史と比べればわかることだが、日本の天皇ほど軍事とのかかわりを嫌った君主は世界的にも珍しい。その始まりが桓武であった。また宗教的見地で考えれば、従来の教科書には領土や物産の獲得のためとしか書いてない「蝦夷征伐」も、最大の目的は「鬼門（東北）」の脅威を除くことであったということがわかるだろう。風水も陰陽道も現代では宗教だが、当時の人間にとっては最新の「科学」だった。「迷信ではない」からこそ、より深く影響されたのである。

平城天皇［第五一代］

政変に強い藤原氏

元明（げんめい）、元正（げんしょう）女帝の時代には日本は未開発で公地公民などと言っている余裕はなかった。それゆえ、新しい耕地を少しでも開拓させようと「三世一身（さんぜいっしん）の法」「墾田永世私財法（こんでんえいせいしざいほう）」が作られたのだ、という見方もある。これが正しいとすると、藤原氏には天皇家にとってかわるほどの野心はなかった、ということにもなりかねないが、仮に日本に耕地が不足していたとしても、開拓した者には別の褒美を与えればいいのであって、土地の私有権を認める必要は全くない。

しかも、奈良時代にこの「墾田永世私財法」で開発した土地は課税対象であって、「租」を国家に納めなければならなかったのだが、平安時代になるとこれが荘園という免税地になる。その荘園の最大の所有者は藤原氏であり、本来国家へ行くべき税収入が藤原氏に入ってしまうことによって、藤原氏は天皇をしのぐ財力をもつことができた。その第一歩が、そもそも個人が土地を私有できるという形で「公地制」の抜け道をつくった「三世一身の法」なのだから、やはり藤原氏の陰謀はここから始まっていたと考えるべきだろう。

そして、その第二段階として「墾田永世私財法」が成立したときの天皇である聖武は、初めて臣下の藤原氏出身の光明子を皇后にした。天皇には複数の妻がいるが、皇后はただ一人で、なれるのは皇族だけというのが鉄則だった。持統のように先代天皇の皇后が「つなぎ」として天皇になる場合があるからだ。しかし、この後、いくつかの例外を除いて、藤原氏の女性が皇后となり産んだ子を次の天皇にするという新しいルールが確立されることになる。

藤原氏のすごいところは「政変に強い」ことだろう。聖武の子の称徳女帝で「天武系」は断絶し「天智系」が復活するのだが、藤原氏はしぶとく生き残って「天智系」の光仁、桓武の両天皇の側近にもなる。桓武は平城京（奈良）から大仏を捨ててまで平安京（京都）に遷都したが、それは「天武系」の色が濃い場所と決別し心機一転するためであっただろう。大仏（奈良仏教）を捨てたのだから新しい仏教を移入しなければならない。それを唐への還学生（短期留学）の最澄に託したところ、たまたま最澄と同行した空海も新しい仏教を持ち帰ってくれた。最澄は天台宗、空海は真言宗の開祖となった。

しかし一度は日本の恒久的な首都と決められた平城京から離れることには、大きな抵抗もあった。桓武が即位した時点ではまだ平安遷都は行われていない。また当時、息子が幼かったので弟の早良親王（律令施行以後は皇子ではなく親王と呼ぶ）をとりあえず皇太弟に立てた。しかし、早良はもともと東大寺の僧侶であった。だから奈良仏教を捨て平安京に遷都しようとしている兄桓武に批判的であったようだ。

そこで平城京以前に候補地だった長岡京遷都の担当者である藤原種継暗殺事件が起こった。桓武はこれを早良の仕業と決めつけ逮捕し、自分の息子安殿を皇太子にした。早良は流罪地に護送される途中、無罪を訴え食を断ち死んだ。そして桓武は平安遷都を実行し「蝦夷征伐」などの大事業を成し遂げ、息子安殿に位を譲った。ところが即位した安殿は、なんと都を平城京に戻そうとしたのである。そこで、この第五一代の天皇のことを、いまわれわれは平城天皇と呼んでいる。

嫁の母薬子と男女の仲に陥る

のちに平城天皇となる安殿親王は病弱で、前に述べたとおり、嫡男だったのに最初は桓武の皇太子ではなかった。だが平城京や東大寺に強い執着を持っていた桓武の弟の早良親王が皇太弟の座を追われると、自然と皇太子の座が回ってきた。しかし、どうも父桓武の強引な政治に反感を持っていたふしがみられる。たとえば桓武が重病だったときも、なかなか見舞いに行かなかった事実が伝えられている。

そんな安殿の前に一人の熟女が登場した。藤原薬子という。なんと安殿の妻になる女性の母だった。「嫁さんのママ」である。当然人妻で夫もいる。しかし、安殿は薬子と男女の仲になってしまった。通常、人妻と密会するのは難しい。皇太子ならなおさらのことだ。しかし、薬子は娘の付き添いで後宮にいたので関係をむすぶのは容易だったのだ。平安遷都の頃（七九四年）、安殿は二一歳であり薬子はすでに三男二女の母であったから、若くても二〇代後半といったところだろう。美人であったことは間違いあるまい。

なぜそんなことが言えるかというと、これも歴史の法則なのである。といっても女性読者にはちょっと腹が立つことかもしれないが、歴史の真実を追究するため、我慢して読んでいただきたい（笑）。

昔は身分の高い男ほど複数の女性を妻にすることができる。一方、医学も美容も未発達で女性は普通一人子供を産むと容色がかなり衰える。身分の低い男なら仕方がない。妻は一人しか持てないからだ。「貧乏人の子沢山」という言葉もかつては存在した。しかし、身分の高い男なら、次々と新しい女性を求めることができる。源頼朝・義経兄弟の父源義朝は、本拠地の鎌倉から京へ向かう途中の宿場宿場に「女」がいた。頼朝の母は尾張国熱田神宮の大宮司の娘である。義経の母は白拍子常盤御前で、今なら京都の芸妓さんといったところであろう。

しかし義朝は彼女だけには三人の子を産ませている。しかも平清盛は彼女の嘆願を受けて幼い義経の命を助けたし、彼女自身、その後公家の後妻になっているのである。そんな年（失礼）で高貴な家に嫁に行けるとは、間違いなく絶世の美人だったのだろう。三人娘といえば、織田信長の妹で浅井長政に嫁ぎ有名な戦国三姉妹を産んだ「お市の方」もそうだ。戦国大名なら、「二人目も女の子」だったあたりで、家臣が側室を勧めるものなのである。しかし長政は三人目も作った。これも絶世の美女だったということだ。

そして藤原薬子の夫も藤原縄主(ただぬし)といって上級の貴族である。少なくとも「貧乏人」ではない。それが薬子に五人も子供を産ませているというのは、愛情があったというより美人だったと考えるほうが合理的だということだ。

何が合理的、と思う人もいるかもしれないが、本当に夫との間に愛情があったとしたら、薬子は安殿とそんな関係にはならないだろう。しかも、その関係はかなり大っぴらだったらしい。父桓武が気付き薬子を後宮から追放し、夫の縄主を春宮大夫(とうぐうのだいぶ)にした。春宮は今は東宮と書くが皇太子のことで、春宮大夫は武家でいう傅役(もりやく)つまり「ジイ」のことなのである。

二度と不倫は許さぬ、という決意の表れだが、その桓武が崩御した。安殿は天皇に即位して何でも思い通りにできることになった。

藤原権力をめぐる「伊予親王の変」

安殿親王は即位して第五一代平城天皇となり、最初におこなった人事が愛人の藤原薬子を典侍(ないしのすけ)（女次官）として呼び戻し、その夫の藤原縄主を遠く九州の大宰帥(だざいのそち)（大宰府長官）として左遷(させん)することだった。「親孝行」もした。桓武に仕え遷都反対派に暗殺された藤原種継は仲成と薬子の父である。そこで二人は平城に嘆願し太政大臣の職を追贈してもらった。この時代まだ関白は存在しないから、太政大臣が臣下の最高位だが、生前は中納言でしかなかった種継には手厚過ぎる。三階級どころか五階級特進ぐらいの感じである。こうなると平城と薬子の暴走を止められるものは誰もいない。薬子は兄の藤原仲成を呼び寄せ、思うがままに宮廷を操った。

薬子は生まれた年が不明で年齢不詳だが、兄の仲成は平城即位の時点（八〇六年）で四三歳だったから、五人の子供を産んでいることを考えると四〇歳ぐらいだったのではないだろうか。平城は即位の時点で三三歳だ、計算が正しいなら七歳ほど年上というこ

藤原鎌足（かまたり）──不比等（ふひと）
- 不比等の子：武智麻呂（むちまろ）〈南家〉、房前（ふささき）〈北家〉、宇合（うまかい）〈式家〉、麻呂（まろ）〈京家〉、光明子（こうみょうし）
- 宇合の子：広嗣（ひろつぐ）、良継（よしつぐ）、清成（きよなり）、百川（ももかわ）、蔵下麻呂（くらじまろ）
- 清成──種継（たねつぐ）
- 種継の子：仲成（なかなり）、薬子（くすこ）

とになる。

その翌年、日本年号では大同二年にあたる八〇七年、「伊予親王の変」という怪事件が起こった。桓武の第三皇子である伊予親王は、平城にとっては異母弟にあたる。伊予は桓武にかわいがられ、異母兄平城とも仲は悪くなかった。ところが、突然「伊予に謀反を勧めている者がいる」との密告があり、その者を取り調べたところ「勧めたのではない、伊予自身が謀反をたくらんでいたのだ」と自白した。そこで伊予は母の藤原吉子とともに寺の一室に幽閉されることになり、やがて二人は毒を仰いで死んでしまった。おそらくは抗議の自殺だろう。そしてその後、やはり二人は無実だったということが明らかになったという。ひどい話である。

この事件、まったく証拠はないのだが、薬子と兄の仲成が仕組んだことではないかといわれている。確かに、思うままにふるまっている兄妹の命綱は平城である。平城が権力を失えば、日頃の専横によって人々から憎まれている二人は、権力の座から転落する。それを防ぐために、ライバルになりそうな人物はつぶしておいたのではないかというのだ。

このあたりの時代になると、親王の母（天皇の皇后）はほとんど藤原氏で占められることになる。だから藤原同士の争いがおこった。のちに藤原氏は関白という天皇代理の座を、限られた家系で回しあうという争いの少ない形を完成するのだが、この時代はまだ蹴落とし合いである。吉子夫人の実家は藤原南家というのだが、この事件をきっかけに衰えた。

一方、薬子の家は藤原式家という。ここで彼女が思いも寄らなかった事態が起こった。即位わずか三年で平城は病いに陥ったのだ。どうやらかなりの重病だったらしい、この原因を平城は伊予母子のタタリだと考え、位を弟の神野親王に譲って引退したいと言い出した。神野は平城の弟で伊予の兄、つまり桓武の第二皇子である。薬子は必死になって止めたようだが平城の意志は固く、神野が即位して第五二代嵯峨天皇となった。平城は上皇となって旧都の平城京（奈良）に入った。ところが皮肉なもので、そこで健康を回復してしまったのである。こうなると薬子は大いなる野望を抱いた。その内容はもうお分かりだろう。

大クーデター「薬子の変」

重祚という言葉、本書の読者ならご記憶にあるかもしれない。一度、退位した天皇がまた天皇になることだ。この時点で第三五代皇極と第三七代斉明、第四六代孝謙と第四八代称徳の二例がある。言うまでもなく皇極、斉明および孝謙、称徳は同一人物でしかも女帝だった。

藤原薬子が狙ったのは平城上皇の重祚である。だが、過去の二例が認められたのは、いずれの場合も跡を継いだ男帝がだらしなかったので女帝の復権が可能だったのだが、平城の跡を継いだ嵯峨は心身ともに健全な男子だった。だから、薬子の陰謀をいちはやく察知し警戒を怠らなかった。

カギを握る人物がいた。桓武に征夷大将軍に任命され、見事に「蝦夷征伐」を成し遂げた坂上田村麻呂である。朝廷一の武人であった。実際に平城と嵯峨が戦争になった場合、軍団を指揮する田村麻呂がどちらにつくかで勝負は決まる。

もちろん、そのことは平城―薬子ラインもわかっていた。だから、おそらく薬子の進言があってのことだろうが、平城は嵯峨に「平城京（奈良）に都を戻す、田村麻呂を造宮使にせよ」と命令した。

平城京は御所や太政官が平安京に移転した後も、東大寺や興福寺はそのままだったから都市としては健在だった。そこで、もう一度平城京に都を戻せば、平安遷都に不満を抱いていた東大寺や興福寺を味方にすることができる。そこで田村麻呂をも取り込もうと、首都としての再整備を担当する長官に任命させたのだ。

ところが田村麻呂は平城のやり方に大きな不満を持っていた。彼はアテルイとの戦いの時も信義と公正を重んじる高潔な人物だった。それでも、平城が天皇のままで嵯峨（神野親王）が皇太弟だったらやはり平城の命令を聞いただろう。しかし、この時点では嵯峨が天皇で、平城は上皇に過ぎない。それに明らかに薬子のような「悪女」に操られ、桓武以来の政治路線を逆行させようとしている平城は、田村麻呂の目から見れば到底忠誠を尽くせる人物ではない。どうやら、嵯峨も田村麻呂も平城に従うふりをしながら着々と反撃の機会を狙っていたようなのだ。

機会はついに訪れた。八一〇年（弘仁元）、平城は奈良への遷都を実行しようとした。もう、見過ごすわけにはいかない。嵯峨は先手を取って軍を動かした。まず薬子の兄藤原仲成を逮捕して処刑し、薬子の追放令を出した。

電光石火の嵯峨の動きに対抗できず、平城は薬子とともに奈良を脱出し東国におちのびて拠点を築こうとした。しかしその動きを読んでいた嵯峨は、田村麻呂に命じて要路を封鎖させた。こうなるともう逃げ道はない。やむを得ず平城京に戻った平城は剃髪し僧侶となることで許された。薬子は自殺した。これを「薬子の変」という。日本の大規模なクーデターで女性の名が冠されているのは、私の知る限りこれだけである。このクーデターは結局わずか三日で失敗に終わった。

とばっちりを食ったのは、平城の子の高岳親王だ。クーデター以前は叔父にあたる嵯峨の皇太子だったのだが、これをきっかけに出家し空海の高弟となり、最終的には仏法を求めてインドを目指したが、今のシンガポールあたりで亡くなったと伝えられている。

嵯峨天皇［第五二代］

子女五〇人へ賜姓源氏

第五二代嵯峨（さが）天皇は平城（へいぜい）天皇の同母弟（桓武（かんむ）の第二皇子）で、「薬子（くすこ）の変」で兄の平城上皇が失脚するまでは、なかなか自分の政治ができなかった。しかし、その後は平城の子である高岳（たかおか）親王の皇太子の位を廃し、異母弟大伴（おおとも）親王を新たに皇太弟とし、バリバリと自分の仕事をやり始めた。

嵯峨は兄の平城とはまったく違って身体壮健、明朗活発で社交的なタイプであった。何人もの女性を愛し、子女は五〇人に及んだと伝えられている。ただ、これだけ子供を作ってしまうと全員を親王（あるいは内親王）にするわけにはいかない。親王には格式（つまり予算）が必要だからだ。

そこで嵯峨が考えたのが、子供のうち母の身分の低い者には、天智（てんじ）天皇が中臣鎌足（なかとみのかまたり）に新しい姓「藤原」を与えたように、新姓下賜（しんせいかし）で新しい家を建てさせることだった。これは宮家（みやけ）とは違う。宮家はあくまで皇族であってその子孫は代々「親王」を名乗れるが、姓を持たない皇族から姓を名のる一族になったということは、皇族の身分から臣下に下がった、ということだ。だから臣籍降下という。「家臣の籍に降りた」ということでもある。

そのために、嵯峨は「源」という姓を新たに設け子女に与えた。天皇家と源流は同じという意味を込めたものらしく、中国の故事に前例があるらしい。最初の源氏は源信で、弟の源常とともに左大臣まで出世した。母は違うが同じく嵯峨の子である源融も左大臣まで出世し、この人は風流人で『源氏物語』の主人公光源氏のモデルとも言われる。本名は書かれていないが光源氏も「源」姓を賜わった天皇の子というのが『源氏物語』の設定である。

嵯峨が「賜姓源氏」を誕生させたのは予算削減もあるが、当時朝廷の高官をほとんど独占していた藤原氏に対抗させるためだったともいわれる。確かに、この後しばらく源氏は藤原氏の有力な対抗馬として「天皇家を守る」という役割を果たしていく。

ところで、嵯峨の父桓武は優秀な学問僧最澄に新しい仏教を学ばせるため唐へ派遣した。奈良仏教と手を切る以上、何か新しい、大仏にかわって天皇家を守る教えが必要だったからだ。最澄は期待に応えて唐から天台宗を持ち帰った。だが、最澄とともに最初は私費留学生の形で唐に渡り、それまでの仏教とは全く違うタイプの「密教」を持ち帰り真言宗の開祖となったのが、のちに弘法大師と尊称される空海だった。

ここで、「密教」とは何かと説明したいところだが、それはできない。仏教には直接師匠について学ばなければならない「秘密の部分」があるというのが基本だからだ。それを外から見れば密教とは加持祈禱、つまり「お祈り」で「直接仏にお願い事ができる仏教」ということになる。

嵯峨はこれが気に入ったらしい。もちろん最澄の天台宗にも手厚い保護を与えたが、個人的交流があったのは最澄よりもむしろ空海だった。共通の趣味もあった。実はこの時代の嵯峨、そして空海、中級貴族の橘逸勢を「三筆」と呼ぶ。「日本三大書道名人」ということだ。

一流の政治家にして一流の文化人

嵯峨と弘法大師空海はどちらが書道が上手かを争っていた。

ある時、宮中から空海にお召しがあった。出かけてみると嵯峨がうれしそうに唐から取り寄せた書（掛け軸）を示し、さすがに見事なものだ、やはりこの国の者はこうしたものは書けないなと言った。空海は嵯峨にその書をさんざん褒めさせておいて、それは実はわたくしが書いたものです、といった。

嵯峨はその言葉をまったく信じなかった。お前の筆跡は知っているが、このいかにも大陸的で雄渾な書とまったく違うではないか、と反論した。ところが空海はその書の軸の部分を開いて、そこに自分の署名があるのを見せた。それは空海が唐に留学中に書いたものだったのである。

嵯峨は口惜しがって、どうして今の筆跡とそんなに違うのだと文句をいったら、空海はあの大きな国と日本では当然字の書き方が違ってくるものですと諭し、嵯峨はとうとうカブトを脱いだという。

『古今著聞集』という、平安のあとの鎌倉時代につくられた説話集にあるエピソードだ。このころには空海は単なる真言宗の開祖ではなく、一種の仏つまり「弘法さま」として信仰の対象であったから、この話は後から付け加えられた伝説だという人もいる。

しかし、空海の書が本場の唐でももてはやされたというのは事実だから、案外本当の話だったのかもしれない。そして、嵯峨の書も空海にひけをとらない、「殿様芸」をはるかに超えたものだったということだ。漢詩も詠じた。今で言えば英語で歌を作って歌ったということだ。文化人としては超一流だったのである。

世界にも日本にも文化人としては一流だが、政治家としては全くダメという君主が少なくない。日本でも国宝になっている絵を描いた、中国宋時代の徽宗皇帝は国を滅ぼしてしまった。しかし、嵯峨は政治家としても有能だった。既に述べたように、自分の子女に源姓を与え臣籍降下させることによって、藤原氏に対抗させ、結果的に天皇の権力強化に成功した。

空海と最澄の仏教を保護し、桓武以来の課題であった「大仏に代わって、天皇家および平安京を守る新しい仏教体制」を完成させた。平安京の鬼門（北東の方角、不吉なものが入ってくる方角）には最澄の延暦寺が、平安京の入り口には空海の東寺があるのは、そのためである。

もっとも鬼門という考え方は仏教ではなく陰陽道の考え方なのだが、平安京には後に神道の怨霊信仰に基づく鎮魂のための神社も創建されるようになる。御霊神社、天満宮が代表的なものだが、天皇家は仏教、神道、陰陽道を総動員して「首都の霊的防御」を果たそうとしたのだ。

では、嵯峨の政治によって、天皇家の権力を奪おうとしていた藤原氏は見事に封じこめられたのか。いや、藤原氏は決してそんなやわな一族ではない。

日本独自の警察部門「検非違使」

嵯峨が、というより天皇家がつまずいたのは、あの薬子の変が原因だ。

とにかく天皇家は真っ二つに割れてしまったのである。こうなると頼りになるのは「困ったときの藤原氏」である。彼らほど政治そして陰謀に強い人間たちはいない。だから、嵯峨は蔵人頭という新しい役職を設け、自分の陣営に属する藤原氏の中では最も優秀な藤原冬嗣を任命した。この役職は今にたとえれば総理に対する官房長官のようなものだが、戦争状態でもあったから「ＣＩＡ長官」のような立場でもあった。そして、嵯峨が勝った。

当然ながら嵯峨は冬嗣を重用した。その一方で嵯峨は天皇家の後継者争いが過去にもしばしばおこり、その結果皇権が衰えた事例をよく知っていたと思われる。たとえば百済（くだら）を失ったことも元はといえばそれが原因である。そこで、皇位継承を安定させるために、自分は早々と引退して上皇となり、天皇家全体を監督する姿勢をとった。のちにこういう体制を院政と呼ぶようになるが、院政は、藤原氏が常に就任する関白（天皇代理）などという身分が新設され、その権力があまりに強くなりすぎたため、対抗するためにとられた措置であって、この時代はまだそこまで藤原氏の権力は強くない。有力な一族ではあるが、天皇家をコントロールするほどの実力はない。

もっとも、嵯峨はその点も用心はしていた。多くの息子を臣籍降下させ源姓を名乗らせ大臣などに登用したのも、藤原氏のような一族をのさばらせないための予防措置である。いや息子ばかりではない、娘も臣籍降下させ源姓を名乗らせ、冬嗣の跡を継いだ藤原良房（よしふさ）には娘源潔姫（きよひめ）を嫁がせた。内親王は臣下に嫁ぐことはできないというのが当時の鉄の掟（おきて）であったが、臣籍だからいいだろうということだ。もちろん歴史上始まって以来のことである。これは藤原氏が望んだのではなく嵯峨の意向だろう。すなわち娘婿として天皇家に取り込もうということだ。

嵯峨は「検非違使（けびいし）」も設置した。首都警察にあたるものである。なぜそんなものが必要だったか。嵯峨の父桓武は「ケガレ」に満ちた軍事を坂上田村麻呂（さかのうえのたむらまろ）など部下に委任し、自分はタッチしないという方針を示した初めての天皇である。そのうち部下の貴族たちも天皇を見習って、「ケガレ」ている軍事のみならず、警察（罪人に触れる）業務もやらなくなってしまった。

そういう信仰のない中国から来た律令制度には兵部省（軍事部門）も刑部省（検察部門）もあるのだが、まさに有名無実開店休業状態になってしまった。しかしそれでは首都の治安は悪化する。やむを得ず朝廷は貧乏な中級貴族なら「ケガレ」仕事も喜んでやるだろうと、日本独自の警察部門「検非違使」を誕生させたのである。

当然それは中国の法律体系である律令には存在しない役職である。だから「令外の官」という。お分かりだろうが、こうした考え方は当然、日本国全体の治安も「令外の官」に守らせればいいという考え方になる。それが武士団だった。

天皇政権をゆるがす「承和の変」

嵯峨は上皇となって全体を監督するために、まず異母弟の大伴親王に位を譲った。第五三代淳和天皇である。ちなみに大伴氏とは何の関係もない。逆に大伴氏の方が天皇の諱と同じでは畏れ多いと、氏族名を「大伴」から「伴」に改めた。

淳和の治世は嵯峨の監督下だったので、実質的に嵯峨の治世といっていいが、特筆すべきは親王任国が設けられたことだろう。日本には今の県にあたる「国」が当時「六十余州」あり、中央から派遣される長官を国司と呼んだ。もっともこれは一般名詞で、実際には赴任した国の国名をとって「武蔵守」や「伊勢守」といった。現地赴任するのは五位クラスの中級貴族である。しかし、この制度を一部改め、国の中で「上総・常陸・上野」の三カ国は親王を「〇〇守」ではなく「太守」として任命し、現地赴任はしない

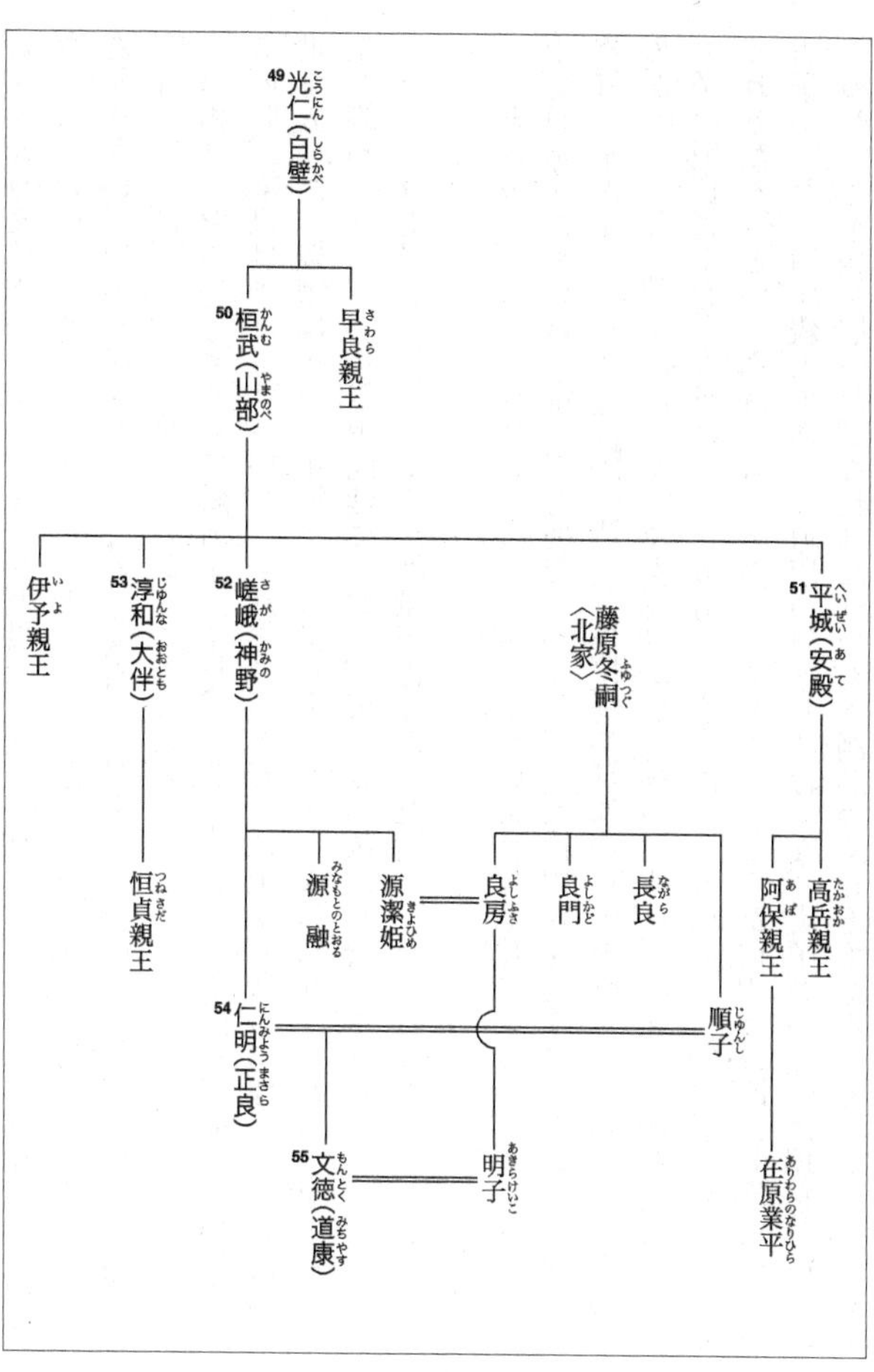

49 光仁(白壁)
50 桓武(山部)
早良親王
51 平城(安殿)
藤原冬嗣〈北家〉
52 嵯峨(神野)
53 淳和(大伴)
伊予親王
高岳親王
阿保親王
長良
良門
良房
源潔姫
源融
恒貞親王
順子
54 仁明(正良)
在原業平
明子
55 文徳(道康)

が俸給を与えるというのが親王任国制度だ。親王が増え過ぎて中央の費用だけでは賄えなくなったのだろう。したがってこの三ヵ国に限っては、上総「守」などという官名はありえない。現地赴任するのは「介(すけ)（次官）」だから、織田(おだ)「上総介」信長(のぶなが)や吉良(きら)「上野介」ならば臣下でも名乗れるということになる。

淳和は在位一〇年で位を嵯峨の子の正良(まさら)親王に譲った。第五四代仁明(にんみょう)天皇である。この時、嵯峨はまだ生きていた、それどころか新たに上皇となった淳和の方が先にこの世を去った。嵯峨はその二年後にこの世を去ったが、天皇になってから上皇としてその生を終わるまで三〇年以上朝廷に君臨し、天皇家の政権を安定させた。と、だれもが思った。ところが嵯峨が亡くなった途端、むくむくと動きだした一族がいる。

おわかりだろう。藤原氏であった。関ヶ原(せきがはら)の時の徳川家康(いえやす)のように、下にいるものが上を目指すためには「乱」が必要だ。つまり天皇家に内紛を起こさせなければならない。格好のネタがあった。「嵯峨時代」の皇位継承は兄から弟や叔父(おじ)から甥(おい)への変則的なものが多かった。叔父の淳和から位を受け継いだ甥の仁明は、叔父への報恩のためか淳和の子の恒貞(つねさだ)親王を皇太子にした。多分、恒貞が即位すれば逆に仁明の子を皇太子にしてくれるだろうという期待をもってのことである。ところが仁明には既に七歳ではあるが男子がいた、道康(みちやす)親王である。道康の母としては「なぜ実子がいるのに甥を跡継ぎにするのか」と不満を抱いた。これはだれしも予測がつくことである。その母とは、嵯峨に蔵人頭に抜擢された藤原冬嗣の娘であった。しかも彼女には頼もしい味方がいた。五歳年上の兄良房だ。

さっそく「乱」がおこった。嵯峨の死のわずか二日後、恒貞側近の伴健岑と橘逸勢（三筆の一人）が謀反の容疑で逮捕された。二人は激しい拷問を受け自白を迫られたが屈しなかった。それでも、恒貞も陰謀に加わっていたとされ、皇太子の座を廃されてしまった。ひどい話である。何もせずとも次の天皇の座は確実だから乱を起こすことなどあり得ないのだが、こういうことになった。これを承和の変（八四二年）という。道康が新皇太子になったのは言うまでもない。

こうして朝廷は蘇我氏以来の強力な敵を迎えることになってしまった。もちろん藤原良房のことである。

文徳天皇［第五五代］と清和天皇［第五六代］

臣下にあるまじき良房の横暴

藤原良房は傲慢を絵にかいたような男であった。もちろん承和の変（八四二年）を起こし、いやでっちあげて政敵を葬るぐらいだから実力もある。だからこそ嵯峨天皇は若いころの良房を見込んで史上初めて皇女を臣籍降下させ、いわば「娘婿」として重用したのだが、むしろ逆効果だった。良房は天皇家に対する尊敬の念をなくしてしまったのだ。

承和の変では、つい二日前まで頭を下げていた嵯峨の遺志を踏みにじり、皇太子恒貞親王に無実の罪を着せた。何の罪もない側近たちを拷問したが、ついに自白を強要することはできなかった。にもかかわらず彼らを流罪にした。

死罪にしなかったことに良房の「一片の良心」を感じ取ってはいけない。この時代、「ケガレ」を嫌う貴族たちは罪人というケガレにかかわり、それを死刑という「死のケガレ」で処理することをやめてしまった。怨霊も恐いので「死刑」にはしなかった。執行しなくなってしまった。事実上の死刑廃止である。つまりこれは人道的な見地に基づくものでないことは注意しておく必要があるだろう。だから流罪は最高刑なのだ。それを良房は無実の人間に科したのである。

さて、良房が恒貞を失脚させたのは、自分の妹が産んだ道康親王を皇位につけるためだった。ということは、実の甥の道康に深い愛情を抱いていたのかといえば、それもまったく違う。

まず、良房は道康に自分の娘藤原明子を無理やり押し付けた。なぜそんなことが言えるかは後で説明するとして、明子は道康が即位して第五五代文徳天皇になると、すぐに男子を産んだ。惟仁親王である。すると良房は直ちに自分の血を引く孫である惟仁を皇太子にするように文徳に要求した。しかし文徳は難色を示した。その時点で文徳には別に三人の男子がいた。そのうち最年長の第一皇子惟喬親王を皇太子にしたかったのである。なぜなら、文徳が愛していたのは明子ではなく惟喬を産んだ紀静子であったからだ、

良房の要求は、七歳に成長した惟喬をさしおいてオムツのとれない惟仁を皇太子にしろということだ。むちゃな要求だが、理屈もあった。惟喬の生母の身分が低いということである。

この時代より約一五〇年のち『源氏物語』が紫式部によって書かれるが、その書き出しには「いづれの御時にか、女御、更衣あまたさぶらひたまひける」とある。女御、更

衣は皇后（中宮）に次ぐ「天皇の妻たち」の位だが、主人公光源氏の生母は桐壺「更衣」であった。静子も更衣だが、明子は一段上の女御だったのだから、惟仁の方が皇太子にふさわしいと良房はゴリ押しし、文徳の不満を押し切って立太子してしまったのである。

しかも、良房はさらに臣下にあるまじきことをした。天皇である文徳が内裏に住むのを許さなかったのである。本来良房は臣下であり「許す、許さない」という表現自体おかしいのだが、とにかく文徳は生涯、通常の天皇の居所である内裏には住めなかった。一方、良房は通常は皇族しかなれない太政大臣まで出世した。しかしこの国を思い通りに動かしたい良房にとって、青年天皇の文徳は何かと目障りであった。良房にとって、青年の甥と幼年の孫、どちらが操りやすいかは言うまでもない。そしてそれが実現した。文徳は三二歳の若さで急死したのである。

「徳」の字がつく天皇たちの異状な死

日本歴史学界の、つまりプロの歴史学者の最大の問題点は「史料絶対主義」である。とにかく史料がない限り、それに対応する事実は認めない。現代における犯罪捜査ならいい。たとえば億万長者が死んだ、死の直前若い後妻と二人きりで健康には全く問題ないのに急死した、という事件があったとしても、確実な証拠がなければ罪を問うことはできない。「後妻が絶対怪しい」などと決めつけてはならないのである。

しかし歴史は違う。確率な史料が残されていない場合もある。関係者が明らかに証拠を抹殺したと考えられる状況もある。そこは推理で埋めていかねばならない。ところが、プロの日本史学者はそうした作業を頭から拒否するケースが少なくない。まさに欠陥だ。ところがそうした人々の集まりである歴史学界の中にも、この文徳天皇の急死については「暗殺ではないか」と主張する人がいるという。もちろん犯人は藤原良房以外には考えられない。「その殺人によって最大の利益を得た者を探せ」というのは、実際の犯罪捜査にも通じるミステリーの大原則だが、良房はこの条件にピタリと当てはまるのである。

私も文徳の死は「異状な死」だと思う。その根拠は本書の愛読者には語る必要がないかもしれない。聖徳太子以降の諡号に「徳」の字がつく天皇は、ことごとく異状な死に方をしているのである。先にも示した本書一五一ページの表をご覧いただきたい。憤死あり突然死あり、暗殺の疑いがあるのも文徳だけではない。では、なぜそんな天皇に「徳」の字をつけるかというと、非業に死んだ天皇をほめそやすことによってタタリを防ごうという意識があるからだ。

なぜ『源氏物語』が書かれたか？　この日本文学史上最大の疑問に今の日本歴史学はまるで答えていない。私は答えている。詳しくはこの後に出てくる第六三代冷泉天皇の章と、その中の藤原道長の記述をご覧いただきたい。ここで『源氏物語』は藤原氏によって排除された賜姓源氏一族の怨念を鎮魂するために、藤原氏の手によって制作されたと述べている。それが日本史の特別な形である。何しろ藤原氏が「藤原氏が源氏に負ける」という物語を書かせたのだから、他の国では絶対あり得ないことである。

文徳の時代は賜姓源氏はまだ頑張っていて排除されてはいないのだが、それより先に藤原氏に排除されてしまったのが紀氏である。紀静子が産んだ惟喬親王が天皇になっていれば紀氏の全盛時代が訪れただろうが、良房がそれを阻止した。そして、そのことによって紀氏が権勢を得る最大のチャンスを永久に失ったとき、藤原氏は紀氏が帝の命令のもとに『古今和歌集』の編纂をすることを認めた。国家事業ではあるが行政とは関係ない文学の分野なら、「大仕事」をやらせてもよいという藤原氏の余裕だろう。その古今集の序文で『土佐日記』の作者紀貫之は「近き世にその名聞えたる人」として六人の歌人の名(六歌仙)を挙げ、論評した。

その六人、実は失脚した惟喬親王の側近だったようなのだ。

在原業平と藤原高子の恋

六歌仙とは、僧正遍照、在原業平、文屋康秀、喜撰法師、小野小町、大友黒主である。ところが奇怪なことに、このうち(私個人の偏見があるかもしれないが)名人といえるのは在原業平、小野小町の二人だけで、僧正遍照、文屋康秀、喜撰法師はそれほどでもない。最後の大友黒主にいたっては、作品がほとんど残っていないし来歴もわからない謎の人物なのである。とても「近き世にその名聞えたる人」とは言えない。

こういう謎も、日本歴史学界ではそれは文学史の問題だとして解明しようとしてこなかった。一口に「政治、経済、文化」などと言うが、実はすべては一体化して一つの歴史である。専門分野にこだわっていては歴史の真相は決してつかめない。

この謎の解明のヒントになる伝説がある。六歌仙の一人在原業平は平城天皇の孫で源氏と同じ賜姓皇族（正確には元皇族と言うべきか）であり、歌が上手なだけでなく絶世の美男子だったという。そして、彼はその美貌を活かして藤原高子に接近し、恋仲になったというのだ。しかもその恋は計算ずくのものであった。

何度も述べてきたように、娘を天皇に嫁がせ、生まれた子供を次の天皇にするというのが藤原氏の権力維持のやり方である。逆に言えば天皇に嫁げる妙齢の娘がいなくなれば、藤原氏は権力を失ってしまう。この時代、天皇に嫁げる可能性のある藤原氏の娘は高子一人だけだった。つまり彼女を「自分のもの」にしてしまえば、藤原氏は権力を失う。失えば藤原良房に一度は排除された惟喬親王に天皇になるチャンスが巡ってくるかもしれない、ということだ。

もちろん「憶測」であって確証はない。だが、もし本当に業平と高子が恋仲だったとしたら、二人の仲を引き裂いたのは間違いなく良房である。女性読者の方々は怒らないでいただきたいが、結局高子は二五歳という当時の女性としては「超高齢」で、急死した文徳と良房の娘との間に生まれた第五六代清和天皇（惟仁親王）に嫁いだ。多分無理やりであろう。なぜそんなことが言えるかというと、清和は即位したときわずか九歳であった。そしてその時、藤原氏に清和の妻として年齢が釣り合う娘は一人もいなかった。釣り合わないが、「結婚可能」な娘はいた。良房にとっては兄の娘、つまり姪（めい）である高子だ。しかし八歳年上であった。結局、高子は清和が一七歳になるまで八年も待たされ、当時としては「超高齢」で清和に嫁ぐことになったわけだ。

不思議なのはこの八年である。清和は幼くても天皇なのだから結婚はできる。なぜ八年も間をあける必要があったのか？　そこでその間、業平が高子に仕掛けたから、という「憶測」が語られるわけである。

小野小町が日本一の美女といわれる理由

在原業平は『伊勢（いせ）物語』の主人公でもある。『伊勢物語』は各段の冒頭が「昔、男（が〇〇した）」で始まり、その主人公の恋愛や行動が和歌で語られる物語である。そして、男の名前は記載されていないものの、使用されている和歌はほとんどが在原業平のものであることから、彼の生涯をモデルにした物語だと伝えられていた。その中には二条后（にじょうのきさき）と呼ばれる藤原高子との恋、惟喬親王との交流が語られていることから、業平は惟喬の側近であり、藤原氏に挑戦したが惟喬の失脚とともに没落した、つまり「怨霊」になったという見解が生まれた。

しかし実際には、業平は失脚したわけでなく官人として平穏な一生を送っている。もっとも高子に「空白の八年」があるのは事実なので、業平が藤原氏に挑戦したこともありえない話ではない。

もっと怨霊の疑いが濃いのは、もう一人の六歌仙、小野小町である。小野小町は昔から日本一の美女だと伝えられているのだが、その生涯はよくわからない。いまや美人の代名詞となった「こまち」という通称も由来がよくわからないし、ましてや本名もわからない。ただ彼女の和歌が何十首か残されているので、実在の人物であったことは間違いないだろう。小野氏の出身であったことも疑いない。

実は「六歌仙が仕えた主人」かもしれない惟喬親王は、結局都を捨てて琵琶湖のほとりに隠棲したのだが、その地を小野の里という。これは歴史的事実である。豪族はその地名を名乗るのが一般的で、小野というからにはそこは小野氏の支配地だったのだろうが、なぜそこを終の住処と定めたのか。母の実家は紀氏でこのあたりとは関係ない。考えられるのは乳母とか妻が小野氏の出身ではなかったかということだ。となれば小町も惟喬と何か深いかかわりがあったのではないか、と考えられるのである。

小町が本当に美女であったかどうか確証はない。紀貫之らは古今集の序文で、小町の和歌は絶世の美人と伝えられていた「衣通姫（美貌が衣を通して光り輝くという意味）」の「流れ」だと述べている。しかしそれは外見上の美貌の話ではなく、歌風が似ているということだ。だが、それでも彼女が日本一の美女になったのは、不幸な死に方をしたからとも考えられる。

明治時代の新聞は女性の水死体が見つかると必ず「美人」だったと書いた。土左衛門という言葉があるぐらいで、水死体は水膨れとなり生前よりはるかに太って見える。それをわざわざ「美人」と書くのは日本人の優しさであり、その底には鎮魂の思いがある。不幸に死んだ人間は怨霊になる可能性が高い。それを極力防止するためには、不幸に死んだ魂が少しでも怨念を忘れるように、怨霊に気分よくなってもらわなければならない。日本の芸能は、能楽が典型的だが、すべてこの考え方が基本になっている。文学も『源氏物語』は明らかに藤原氏によって排除された源氏一族の鎮魂のために作られたものだし、それ以前に「負け組」の紀貫之があまり歌が上手でもない人も含めて「六歌仙」をとりあげたことも、怨霊鎮魂が目的である。当時の貴族にとって「歌の名人」とよばれることは、最大の名誉であったからだ。もちろん女性にとっては「日本一の美女」と呼ばれることはそれに匹敵する名誉である。

木地師の祖は惟喬親王!?

ところで、木地師(きじし)という日本の伝統工芸に携わる職人をご存じだろうか、轆轤(ろくろ)を使って木を削り、お椀(わん)やお盆などを作る人々のことである。日本の特産品として名高い漆器も「うるし」を塗る前の段階は木椀や木盆だから彼らの作業工程で、平安時代からある古い職業である。

伝説では、この開祖が近江国(おうみのくに)(滋賀県)で隠棲していた「小野宮惟喬親王」であるといわれている。惟喬は周囲の村人に大陸から伝わった木工技術を教え、木地師という職業が初めて成立したというのだ。また現地でこれを伝授された小椋氏が代々、木地師の宗家となったともいう。

歴史学界の先生はだいたいこういう話を「まったくの伝説」、つまり「嘘」と決めつけるのだが、惟喬に関してはそう簡単ではないと私は思う。そもそも朝廷の中心にいて、次の天皇になるかもしれないと考えられていたのが惟喬だ。第一皇子だし父の文徳天皇は惟喬を皇太子にしたいと考えていたのだから。しかし、藤原良房によってその意図は粉砕されてしまった。文徳自身も奇怪な死をとげた。そうした日本史有数の異常事態の中で、惟喬は隠棲せざるを得なかった。惟喬が隠棲したことは伝説ではなく歴史上の事実なのである。

また古代日本においては、優れた技術は中国大陸あるいは朝鮮半島経由で伝わってきたことも歴史的事実である。そうした技術はまず朝廷や大寺院に伝わった。もし木地師の技術がどこかの寺院経由で伝わってきたものなら、必ずその痕跡は残るはずだ。具体的には木地師はここから発祥した、と名乗る寺院がどこかにあるはずである。近江国は古くから数々の寺院が建立され、海の向こうの文化との接点もあった土地である。それなのにそういう発祥伝説を唱える寺院は私の知る限りない。

一方、いくら失脚したとはいえ皇太子の兄でもある惟喬の周辺には、さまざまな技能をもつ家来がいただろう。だとしたら、そうした人物が地元の人間に技術を伝授しても何の不思議もないし、伝授された方はそれを「惟喬の家来に習った」とは言わず「惟喬親王に伝授された」と言うだろう。その方が権威も高まるからで、これは嘘というよりは自然な「言い換え」である。だから結果的に「惟喬親王が木地師の祖」であっても何の不思議もない。

「史料にないことは一切認めない」という態度を貫く学者でも、一つだけ認めざるを得ないことがある。それは今取り上げている時代は「伝説」の極めて多い時代だということだ。どんなことでもそうだが、そうなったのには何か理由があるはずである。もちろんその理由を追究することも歴史を分析するための重要な手段だ。

この場合、理由は実に簡単である。それは藤原良房という歴史に残る「大逆臣」が、自らの欲望を実現するためにさまざまな「悪事」を行い、その結果、多くの人々が被害者となって結果的に伝説の主となったからだ。つまり、すべて藤原良房のせい、なのである。

応天門の変と藤原摂関政治のはじまり

藤原良房はわが世の春を迎えていた。惟喬親王を天皇にと望んでいた「邪魔者」文徳天皇は「突然の病」で急死した。直接手をくだしていなくても、文徳が良房の仕打ちを恨み憤死したことは間違いない。

しかし、「カエルのつらに何とやら」、良房は自分の欲望のままに突き進む。即位して第五六代清和天皇となった惟仁親王は、前にも述べたように良房の娘の子で、即位したのはたったの九歳のときである。青年の文徳すら良房に逆らえなかった。ましてや幼児の清和が逆らえるわけがない。

そのうち奇妙な事件が起こった。応天門の変（八六六年）である。平安京の正門の一つである応天門が放火され焼失したのだ。門とはいえこれは御所に火をかけるのと同じ天皇への反逆である。まず大納言の伴善男が、これは左大臣の源信の犯行であると告発した。

ところが、太政大臣藤原良房の調べによって源信が無罪となったばかりか、今度は真犯人は伴善男だという密告があり、良房はこれを有罪として善男を流刑に処したのである。ここで、古代からの豪族伴氏（大伴氏）は完全に没落した。つまり藤原氏のライバルが紀氏に続いてまた一つ消えたわけである。

この事件は良房のでっちあげなのか？「謀反をたくらんでいる」と告発し、政敵を失脚させるのは藤原氏の常套手段で、古くは長屋王が、そしてこの後は源氏一族や菅原道真がその手でやられた。しかし、この事件で応天門が放火され焼失したのは事実である。藤原氏はそういう無駄なことはしない。日本史に一家言を持つ作家・海音寺潮五郎は、出世を焦った善男が直接のライバル源氏を追い落とそうとして失敗した、と述べている。有り得る話だと思う。

しかしこの事件を一〇〇パーセントどころか、一二〇パーセント利用したのが良房だった。良房はこうした事件が起こるのは清和に「政権運営能力」がないからだと責め、清和にせまって強引に自分を摂政に任命させた。

またしても有り得ない話だ。摂政とは君主代理のことで、君主が幼少だったり重い病気だったりした場合の代理人だが、必ず皇族（外国の王国なら王族）から選ばれる。君主の権限を代行するからだ。しかし日本では臣下に過ぎない藤原良房がそれになってしまったのである。

もうお分かりだろうが、天皇が幼少のときには摂政、成長しても関白という形で天皇の権限を奪い日本を支配する「藤原摂関政治」はここから始まったのである。気の毒なのは清和だ。応天門の変の時点ですでに一七歳、立派な大人であるにもかかわらず。「お前は子供だ」という形で権力をすべて奪われてしまったのである。それから一〇年、清和は突然九歳の息子に天皇の座をゆずって、その後出家してしまう。もちろん、即位した第五七代陽成天皇も藤原高子が産んだ子で「操り人形」になることは確定していた。ひょっとしたら藤原氏が清和に早く退位するように強制し、世をはかなんだ清和は退位後出家したのかもしれない。

つまり清和というのは天皇家の歴史の中で最も影が薄い存在だった。しかし、彼の皇子たちが臣籍降下して源氏となり、後にその「清和源氏」の中から鎌倉幕府を創立した源頼朝がでた。藤原摂関政治に終止符を打ったのは、実は清和の子孫だったのである。

陽成天皇［第五七代］と光孝天皇［第五八代］

日本史上で最も評判の悪い天皇

清和天皇がわずか九歳の貞明親王におそらく無理やり位を譲らされたとき、それを強要したのは藤原良房ではない。良房はその四年前に亡くなっていたからだ。跡を継いだのは養子にむかえた兄の子、つまり良房にとっては実の甥にあたる藤原基経だった。在原業平とのスキャンダルが噂された藤原高子の兄で、これが義父の良房に勝るとも劣らないほどの傲慢な男であった。親王が即位して第五七代陽成天皇になったとき、良房に続いて史上二番目の「臣下出身の摂政」になったばかりか、ついには史上初めての関白になった。

摂政はあくまで天皇が幼少だとか重病であるとか、政務に支障がある場合の代理人である。しかし関白は天皇が成人して何の問題もないにもかかわらず、その権限を代行する、つまり天下の政治を「関白」存在である。

改めて日本史の原則を確認しよう。日本の天皇は神の子孫である（と固く信じられていた）。したがって天皇家の血を引かないものが天皇を殺して新しい天皇になることはできない。外国なら「女子供の持統朝」あたりで、「藤原王朝」が始まっていても不思議はないのだが、日本はそうはいかない。そこで藤原氏は、奈良時代あたりから天皇を「祀り上げ」実質的に「日本の王」となる道を模索していた。それが良房の摂政、基経の関白で完成したということだ。

太政大臣といっても「臣」が付いている以上あくまで「臣下（家臣）」であり、「君臣の別（主君と臣下はまったくべつのもの）」という言葉もある。しかし摂政、関白の敬称は大臣などに用いる「閣下」ではなく「殿下」である。これは藤原氏が「準皇族」になったということで、その「準皇族藤原氏」が天皇を押しのけて日本を統治するというのが、「藤原摂関政治」なのである。

歴史事典などには「関白はあくまで天皇を補佐する者」などと書いてあるが、実態はまさに天皇を棚上げにして藤原氏が勝手な政治をやるものであった。その政治が良房・基経親子によって始まったのだが、この時点では「関白」という言葉自体はなかったという説が有力だ。だが、のちに「関白とよばれる地位」に基経がいたことは確実である。

そもそも陽成は母の実家である藤原良房邸で生まれ、オムツのとれないころから皇太子になったものの御所には入らず、ずっとそこで育った。陽成にとっては曾祖父にあたる良房、伯父にあたる基経に、幼いころから従うように教育されたのかもしれない。

しかし実はこの天皇、日本史上で最も評判の悪い天皇かもしれない。乱行が多かったという。その乱行もむやみやたらに生き物を殺すという、あまり気分の良くないものだったという伝説がある。そればかりではない。なんと宮中で陽成の乳母(めのと)の子、源益(みなもとのまさる)が殺されるというとんでもない事件が起こった。これは伝説ではなく歴史的事実だ。「宮中殺人事件」として現代ならワイドショーが大騒ぎするような話だが、実はそんな公の場所で起こった殺人事件なのに、犯人はいまだに「公式には不明」である。しかし当時から犯人は「あの人」ではないかという疑いがささやかれていた。それが誰かはもうおわかりだろう。

「宮中殺人事件」の真相

誰が源益を殺したのか？

彼は陽成の乳母の子だから、陽成にとっては乳兄弟(めのとご)にあたる。乳母というのは実母に代わって乳を与えるために雇われる。当然出産経験者であり、担当する子供の生まれる直前に自分の子を産んでいることが多い。その乳母の実子のことを乳兄弟という。陽成にとっては、実の兄弟のように親しい間柄だったはずだ。

そんな源益が本来警備が厳重なはずの御所内で撲殺された。これだけでも大事件だが、問題は犯人がついに判明しなかったことにある。そんなことは通常ありえない。街中ではない宮中である。出入りする人間も限られているし、あちらこちらに監視の目がある。それに陽成にとって実の兄弟も同然の人間が殺されたのだ。本来なら陽成は徹底的に犯人を捜索させるはずである。しかし、判明しなかった。おわかりだろう。つまり常識から考えてあり得ない話なのである。

この不可解な謎に対する答えは一つしかない。それは犯人は分かっていたが、誰も逮捕できなかったということだろう。しかも、本来なら陽成が犯人を許すはずがない。つまり逆に言えば犯人とは「誰にも逮捕できない」、そして「陽成が許せる人間」だ。陽成自身しかあり得ないということになる。

もちろんそんなことは誰ひとり口にできない。口にはできないが、あくまで「噂話」として後世に伝わった。そして、わずか九歳で即位した陽成は一七歳で退位した。跡を継いだのはなんと五五歳で当時としては老齢の時康(ときやす)親王だった。第五四代の仁明(にんみょう)天皇（嵯峨(さが)天皇の子）の第三皇子であり、ちょうど昔の光仁(こうにん)天皇のようにずっと冷や飯を食わされていた親王だった。陽成は子供をつくらず退位したから嫡流（長男の系統）はその時点ではおらず、ほかにも候補は複数いたが「キングメーカー」の藤原基経が特に指名したので第五八代光孝(こうこう)天皇になれたのである。

質素で穏やかな性格で芸術を愛する人であった。逆に言えば政治にはまったく関心がなかった。そんなところが「操り人形」を求める基経の好みにぴったりと合ったのだろう。

ところで、陽成は基経にとっては妹藤原高子の子であり実の甥にあたる。しかし、基経はこの親子とは仲が悪かったという説がある。高子は息子の陽成をあやつり、自己の

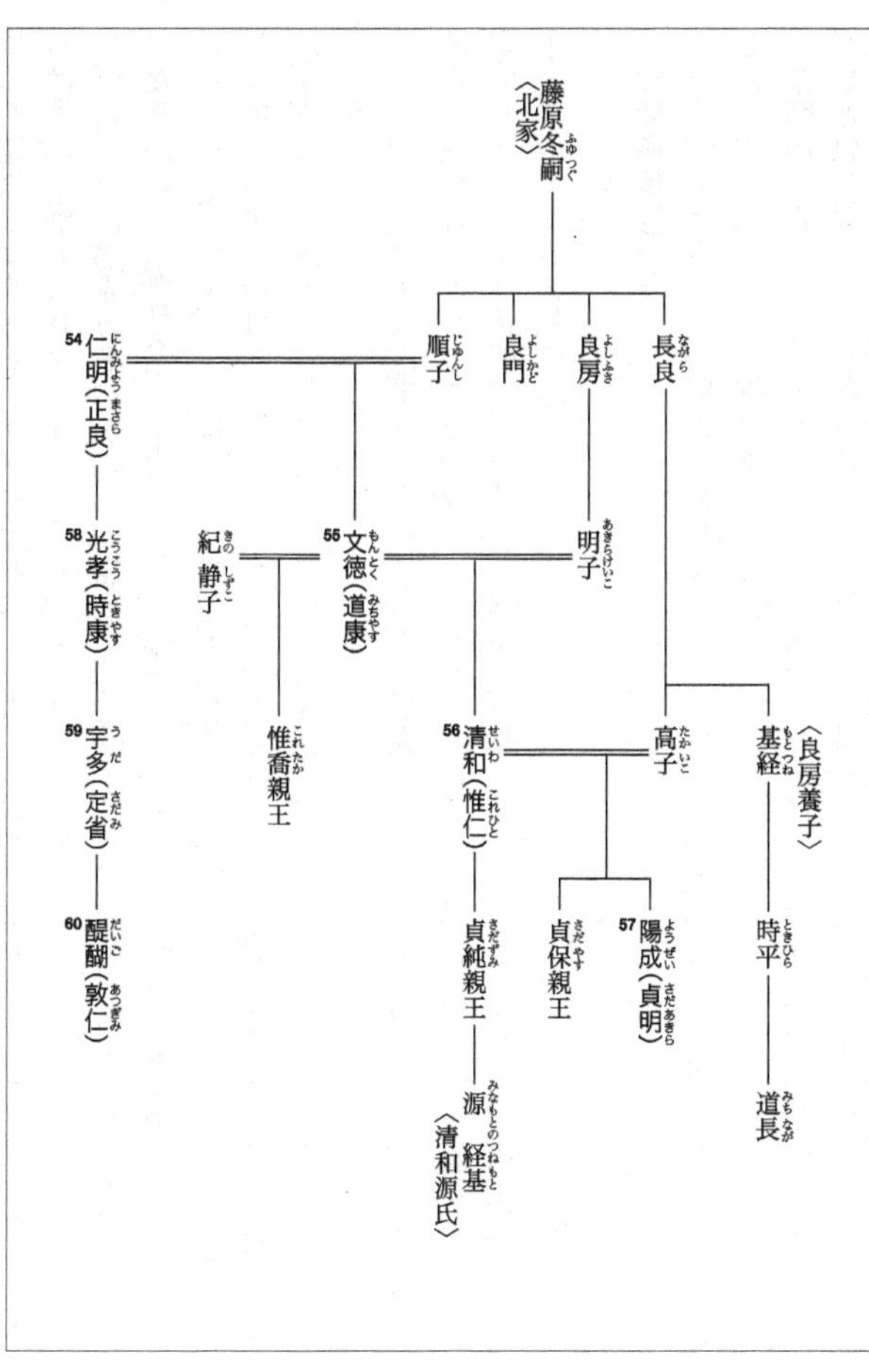

藤原冬嗣
〈北家〉
長良
良房
良門
順子
54仁明(正良)
明子
55文徳(道康)
紀静子
58光孝(時康)
〈良房養子〉
基経
高子
56清和(惟仁)
惟喬親王
59宇多(定省)
時平
57陽成(貞明)
貞保親王
貞純親王
60醍醐(敦仁)
道長
源経基
〈清和源氏〉

権力を確立しようとして兄基経と衝突したというのだ。これが本当なら、藤原氏というのは実に「権力大好き」な（笑）一族ということになる。

百人一首に陽成の歌がある。「筑波嶺の　峰より落つる　男女川　恋ぞつもりて　淵となりぬる」。流れる川の水がたまって淵となるように恋心も積もり積もっていくものだ、という意味で、この歌からは何の異常性も感じ取れない。基経が妹すらライバル視して権力の座から排除するため、その実子の陽成を退位に追い込み、光孝を擁立したのが事実なら、陽成の評判の悪さも基経の情報操作によるのではないかと考えられないこともない。

それでも「宮中殺人事件」の謎は残る。貴族は死のケガレを嫌うので、基経が犯人で罪を陽成になすりつけたということは考えられないが、基経が徹底的に嫌がらせをして陽成をノイローゼ状態に追い込み、異常な行動を取らせたというなら、可能性としては十分にあり得ると私は思う。

藤原傲慢の系譜

歴史学者はそんな史料は存在しないといって、この推測を一笑に付すかもしれない。

しかし史料はないが根拠はある。

基経の直系の子孫であり、「この世をば　わが世とぞ思ふ　望月の欠けたることも無しと思へば」という歌を詠んだ「日本一の傲慢男」藤原道長は、自分の娘を五人も天皇家に嫁がせ、生まれた子供を若くして即位させ実質的に天皇を次々に「取り換える」形で権勢を維持した男であった。もちろんそのスタイルは、この時代基経が義父良房とともに二代がかりで完成したものだが、それをもっとも完璧に実行したのが道長である。だからこそ天皇を差し置いて「この世をばわが世とぞ思う」と臣下にあるまじき傲慢な歌を詠むことができたのだが、その道長の意向に逆らい抵抗した天皇がいる。第六七代三条天皇だ。

実はこの天皇も母親は藤原氏の娘で、道長と血はつながっていたのだが、既に三〇代だった三条より、自分の直系の孫でまだ幼い親王を天皇にしようとした道長は、三条が退位するようさまざまな嫌がらせをした。三条はその時、病気で体が弱っていたにもかかわらずだ。

その病気とは眼病で、ほとんど失明状態だったという。そしてその原因は「不老不死の仙薬」を飲んだからだという。中に水銀が入っていたようだ。確かに昔は水銀にそういう効果があると信じられていたこともあった。あの物質はどんな状態でも「不変」だからだ。重金属なんて体に悪いに決まっているじゃないかと思ったあなた、正月に金箔入りの日本酒を飲んだことはありませんか。これだって外国人の目から見れば極めて不思議な習慣だろう。金も重金属なのだから。もうおわかりだろうが、水銀を服用するのと金箔を飲むのは理由は同じなのである。

当時でも、水銀が実は体に悪いということを知っていた人間はいただろう。だが、天皇の口に入るものは宮中で厳重な管理下に置かれているはずである。つまり天皇に「毒を盛る」ことができるのは少数の限られた人間だけである。私が何を言いたいかおわかりだろう。もちろんこれは推測にすぎない。

しかし、天皇の失明の原因が仙薬のせいであるらしいこと。そしてそれにもかかわらず、道長が天皇に嫌がらせをして退位させたことは歴史学者も認めている。史料があるからだ。特に道長が自分の欲望のために病弱の天皇をないがしろにしたのは、歴史上の事実として誰もが認めている。それが藤原一族なのである。その「藤原傲慢の系譜」の始まりである基経が、道長と同じようなことをしていたとしても何の不思議もない。史料がないのは「傲慢の始まり」の時代にはさすがに天皇をはばかり情報を隠したが、それが頂点に達した道長の時代には、まったく隠す必要がなくなったと考えれば筋が通る。

逆に言えば、こういう時代でなければ光孝天皇は実現しなかっただろう。彼は「この人物ならわれわれ藤原に逆らわないだろう」という基準で選ばれたのだから。しかし、光孝にも問題があった。それは適当な後継者がいない、ということである。

超高齢天皇の忖度

光孝は五五歳という超高齢になるまで、まさか自分が天皇になるとは夢にも思っていなかった。これは間違いない。謙虚な人柄で、天皇になった後も自分が貧しかった親王時代の部屋をそのままにしておいた、と伝えられている。自分を天皇にしてくれた藤原基経を事実上の関白にして、政治はすべて一任した。それだけではない。おそらく基経は自分を早めに退位させ、先代陽成の弟である貞保親王を立てるつもりだろうと忖度し、即位と同時に自分の子供をすべて臣籍降下させた。自分の子に天皇を継がせるつもりはない、基経の好きにやっていいということだ。

　ところがなんと皮肉なことだろう。基経は貞保親王を天皇にするつもりはまったくなかった。というのも、貞保は基経が嫌って退位させた陽成の同母弟であり、その母は政治上のライバルである妹の藤原高子だったからだ。

　そのうちに光孝は病気になった。何しろ「超高齢」である、後継者はすぐに決めなければいけない。しかし光孝の子はすべて臣籍降下してしまった。どうすればいいのか。そのうち、光孝は後継者を指名せずに重体に陥った。常識から言えば貞保親王が跡を継ぐべきだったが、絶対に貞保を天皇にしたくない基経は、なんと臣籍降下し源定省と名乗っていた「臣下」を「皆の推薦があった」ということで親王に戻し皇太子にした。そこで光孝が亡くなったのですぐに即位させて天皇にした。これが第五九代宇多天皇だ。

　まさに前代未聞のことで、空前絶後といってもいい。これからもそういうことは多分ないだろうから。

　実は先代の陽成が退位するとき「私も天皇になれる」と名乗りを上げた人物がいる。源融、『源氏物語』のモデルとも言われた嵯峨の息子である。しかしその時、基経は一度臣籍に下った人間にその資格はないと拒否しているのである。しかし、この時はきちんとした親王がいたにもかかわらず、それをさしおいて源定省あらため定省親王を即位させた。皇位まで基経の思い通りになったということだ。

宇多は父光孝の謙虚な性格を受け継ぎ、基経を立てて関白とし、すべての政治を任せようとした。ところが、あくまで傲慢で自分が日本で一番偉いと思っている基経は「阿衡事件」を起こした。

この事件については次の宇多天皇の章にくわしく書いたが、簡単に言えば、基経は宇多の方がへりくだって「よろしく頼む」と言ってきたのに、そのメッセージの中の文言にヤクザまがいの言いがかりをつけ、それを書いた学者を厳罰に処さねば「オレは政治をしないぞ」と若い宇多を脅しあげたのである。当然それは言いがかりだから、メッセージを書いた学者には何の罪もない。しかし基経は無実の罪の者を罰せよと宇多を脅迫したのである。誰もが基経の権勢をおそれ正論を述べられなかったとき、一人敢然と基経の非を指摘したのが、のちに宇多によって権大納言・右大将とされ、醍醐によって右大臣・右大将に抜擢された菅原道真である。

しかしその菅原道真も、嵯峨や清和が藤原氏に対抗させるために創始した賜姓源氏も、すべて藤原氏によって追い落とされることになる。

藤原氏こそ臣下の枠を超えた日本一の傲慢一族であろう。

宇多天皇［第五九代］

藤原氏が実現させた関白と荘園

結果的に平安時代「天智王朝」は確定した。二度と親新羅派の「天武王朝」は復活することはなかった。明仁上皇（平成の天皇）も「私自身としては〝桓武天皇の生母が百済の武寧王の子孫である〟と続日本紀に記されていることに、韓国とのゆかりを感じています」（平成一三年〈二〇〇一〉記者会見）と述べられており、平安時代以降天皇家は親百済派で固定したと考えていいだろう。

ところが天皇家にとって、極めてまずい事態も進行していた。天皇家の唯一のライバルといっていい藤原氏が、この平安時代にきわめて強大な力をつけてしまったことだ。

天智と天武の章で述べておいたことを覚えておられるだろうか？　日本史の最大の特徴は天皇であって、その天皇の最大の特徴というのは、天皇家と血縁関係のない人間は天皇になれないという絶対のルールがあることだ。なぜならば天皇は神の血を引く子孫だからで、だからこそ天皇家は唯一の尊い家系であり、他の家系の人間はそれに取って代わることができないのである。

これもあえて断るまでもないが、これは左翼や右翼という思想的立場を超えた事実である。「天皇が神の子孫である」ということは神話であるにしても、日本民族全体がそれを信じ「天皇家に生まれなければ絶対に天皇になれない」、と固く信じてきたのはまったくの事実なのだ。

戦争中いわゆる「天皇制」にひどい目にあったと感じている左翼学者の中には、こんな基本的事実に対して否定的な人々もいるが、それでは日本史の入り口の部分から間違ってしまうわけで、どうしようもない。

さて、話を戻そう。だから藤原氏は苦労した。他の国ならもう「女子供の持統朝」あたりで「藤原天皇」が実現していっただろう。しかし、それができないので、藤原氏は結果的に何百年もかけて天皇家の権力を奪っていった。

その第一弾が元正女帝の時に成立させた「三世一身の法」である。古代において土地と人民はそれぞれ豪族の長のものだった。それを天皇家がすべて「版籍奉還」させて、日本の土地はすべて天皇の所有物とした。ここにおいて天皇と豪族は権威だけでなく資産（財力）の上でも天地の差があることになった。これに風穴を開けたのが三世一身の法だ。時限立法ながら個人（つまり藤原氏）が私有地を持てるようにしたのである。そして、その時限立法をたった二〇年で「墾田永世私財法」とし、実質的には天皇の土地を奪って藤原氏の私有地を増やせるシステムに変えた。

しかし、財力ばかりでなく権威の面でも天皇家に追いつかねば、その権力を奪ったとはいえない。そこで、それまで皇后は必ず皇族出身者でなければならなかったのを、藤原氏出身の光明皇后を実現させることで、「次期天皇の母は必ず藤原氏出身」というルールも確立した。いずれも「女子供の持統朝」つまり奈良時代に実現した藤原氏の「天皇権力奪取計画」の一環だ。

もちろん十分ではない。皇后が天皇の権限すべてを代行できるわけではないし、私有地がいくら増えても税金は払わねばならない。それは結局、天皇家の収入となる。つまり、この計画が完全に成功するためには、（一）藤原氏が天皇の権限を完全に代行できる（二）藤原氏の私有地は無税にする、という二つの政治課題が実現できなければいけない。

平安時代ついに藤原氏はそれを実現した。関白と荘園がそれである。

天皇を棚上げにする摂関政治

天皇が成人となっても、その権限を代行できる地位を日本史で関白と呼ぶ。

皇帝や国王が即位の時点ではまだ幼かったり、逆に年老いて病弱になってしまった場合、代理として摂政を置くことは世界中どこの国でも行われていた。これからもイギリスやベルギーやタイなど王政が敷かれている国では置かれる可能性もある。

だが、それはあくまで臨時の措置であって、つつがなく成人し健康上何の問題もない王者の権限を、別の人間が代行できるシステムなど世界中どこを探してもない。なぜ日本だけにあるのかはお分かりだろう。他の国と違って藤原氏は天皇になることが絶対できないからである。だからあくまで代理で我慢するしかない。関白の語源は中国語で、これを読み下すと「関白(あずかりもうす)」になる。天皇から「天下の政治を預かった」という意味だ。そうなるともはや臣下（家臣）とはいえず、皇族に準じる扱いである。だから敬称も「殿下」で皇太子と同じになる。

皇族ではない貴族の格付けとしては、この下が太政大臣になるわけだが、関白と太政大臣の間には天地の開きがある。太政大臣というと相当偉そうだが、あくまで臣下であって敬称も「閣下」に過ぎない。皇子に生まれたが臣籍降下(しんせきこうか)、つまり皇族から臣下の身分になった源氏一族は決して殿下と呼ばれないのに、皇族でも何でもない藤原氏が殿下と呼ばれる。要するに藤原氏は天皇が幼少のときは摂政としてその権限を代行し、成人しても関白としてその権限を代行する。いや「代行」と言えば聞こえがいいが、実質的には天皇を棚上げにして藤原氏が政治を独裁するというシステムを完成させたのである。これを「摂政」の「摂」と「関白」の「関」をとって藤原摂関(せっかん)政治と呼ぶ。

そして、この形で確立された藤原氏の権力を背後から財政的に支えたのが「荘園」というシステムであった。荘園を歴史事典でひくと小難しいことがいろいろ書いてあるが、一般の読者が覚えることはたった一つでいい。それは「荘園とは藤原氏が作った脱税システム」であるということだ。

神の子孫であるという権威と、すべての土地の所有者であるという財力が、天皇の絶対的権力の源泉であった。そこで藤原氏はこの絶対的権力を自分たちのものにするために、藤原摂関政治を完成させる一方で、そこで得た権力を利用し自分たちの私有地を課税対象から外した。「これは関白殿下の別荘の庭園（荘園）であって田畑ではござらぬ。生えているのは課税対象の稲（米）ではなく、草花でございますぞ」ということだ。

この免税特権を「不輸（ふゆ）の権」といい、マルサ（国税査察官）の立ち入りを拒める権限を「不入（ふにゅう）の権」という。これを獲得してしまえば、あとは藤原氏のやりたい放題で、国家の税収が藤原氏の個人的収入になってしまう。そして天皇家の財政は破綻（はたん）した。もし天皇に忠実な家臣を忠臣と呼び、その反対を逆臣と呼ぶなら、この時代の藤原氏は日本史上最悪の大逆臣であった。

しかし、天皇家もやられっぱなしではない。藤原氏を何とか抑えようとした天皇が、これ以後何人か出現する。その最初の一人が第五九代宇多（うだ）天皇であった。

「関白第一号」をめぐる阿衡事件

臣下の身分で初めて摂政となった藤原良房は、自分の孫である清和天皇が若いのをいいことに、着々と藤原独裁体制を築いた。清和は二七歳の若さで退位したのだが、その割には多くの女性を愛し、生まれた子供を片っ端から臣籍降下させ源氏としたことで有名だ。ひょっとしたら良房が、清和が政治に関心を持たないよう、そのように仕組んだ可能性も大いにある。源氏の始まりは嵯峨天皇の子供たちである嵯峨源氏だが、後々有名になるのはこの清和源氏の方で、ここから武士の源氏が出たからだが、それはまだ先のことである。

清和は若くして退位させられたという方が正確かもしれない。跡を継いだ第五七代陽成天皇は即位したときまだ九歳だった。父の清和も即位したときは九歳だった。天皇が「子供」の方が藤原氏にとって都合がいい。藤原氏の方も代替わりして良房の養子（兄の子）基経が摂政となって国政を思いのままに動かした。

しかし陽成は在位たったの八年で、子供も作らず退位することになった。その理由について公式記録では、陽成が小動物を殺したり女性に乱暴するなどの乱行があったからとされているのだが、本当にそうだったかは定かではない。すべてが藤原氏の意のままという時代である。ひょっとしたら陽成は藤原氏の意向に逆らったために、汚名を着せられ退位に追い込まれたのかもしれない。

なにしろ大逆臣の藤原氏だ。それぐらいのことはやりかねない。紀氏出身の女性が産んだ皇子を即位させたがっていた文徳天皇が、その意向を完全に無視され藤原氏にとって最も都合のいい時期に「この世を去った」のは、二六年前のことである。

さて、陽成には子供がいないのだから、次の天皇はこれまでに即位した天皇の皇子の中から選ばなければいけない。先にも述べたが、ここで基経が選んだのは、まさにかつての白壁王（光仁天皇）のように冷や飯を食わされていた、三代前の仁明天皇の第三皇子時康親王で当時五五歳であった。

白壁王ほどではないが当時としてはかなりの高齢である。もっと若い候補者がいるのに基経がわざわざ時康を選んだのは、「自分は天皇になれない」と思っていた人間ほど基経に感謝するから操りやすいと考えたからだろう。これが第五八代光孝天皇で、その皇太子に指名されたのは、いったん臣籍降下していた光孝の七男の源定省であった。臣下から逆に皇族に復帰したのである。もちろん極めて異例のことだ。

そして光孝の治世がわずか三年で終わると、源定省あらため定省親王が即位し、宇多天皇となった。宇多は当初は基経に感謝していた。一時は臣下となっていた自分が天皇になれたのは、基経の後押しのおかげだからだ。そこで、藤原氏に最大の譲歩をし「自分の政権下では政治を預かってくれ」つまり「関白になってくれ」という要望書を出した。

これが関白の始まりで、藤原基経は関白第一号というわけだが、当初基経はこれを辞退した。もちろん謙虚だからではない。それが当時の慣例だったからだ。そこで宇多は慣例通り再度要望書を出した。ところが、その文書にあった「阿衡」という文言に基経はヤクザのような言いがかりをつけてきた。「これは、わしに辞めろということか」と言うのである。

これを阿衡事件という。

菅原道真抜擢で藤原氏排除図る

宇多は天皇の身ながらへりくだって臣下の藤原基経を立てた。自分を天皇にしてくれた恩義があるからだ。だから、どうか「関白」になってくれと頼んだ。その要請書の中に「阿衡」という言葉があった。中国語で「政治の全権を任された人間」のことで、原文を引用すれば「よろしく阿衡の任をもって卿の任とせよ（どうか阿衡の仕事を引き受けてください）」というもので、ちょっとしゃれた言い回しのつもりだったかもしれない。

ところが基経は激怒した。「阿衡とは地位であって職務が伴わない、これはわしに一切仕事をするなということか」と一切の業務を放棄し出仕すらしなかった。朝廷は完全に機能不全に陥ってしまったが、これは基経の無理無体な言いがかりであった。

基経は一体なぜそんなことをしたのか？　この要請文を起草したのは宇多の腹心の橘広相という学者で、基経はまずこの学者を失脚させようとしたのだ。実は広相の娘は入内して宇多との間に皇子がいた。つまり、基経は広相に責任を取らせ「ライバル」を朝廷から追放しようとしたのだ。もちろんそれだけではない。基経の主張は、何の罪もない広相を罰せよということだから、これは宇多に対する威嚇も含まれていたと考えるべきなのだ。

平たく言えば「おい若造わかっているな、誰のおかげで天皇になれたと思ってるんだ。わしがクロだと言えば何事もクロ。考え違いをするなよ」ということだ。ちなみにこの時、宇多は二一歳、基経五二歳である。もちろん、基経の心境を書いた日記などが残っているわけではないので、いま述べたことは推測だが、間違いはないと私は考えている。その根拠もある。いずれ述べよう。

宇多は悩んだが、基経には勝てない。結局泣く泣く広相の文章を取り消させた。ところが執念深い基経は、あくまで広相を厳罰に処することを要望した。学者という学者が基経を恐れてその姿勢を支持する中、菅原道真（すがわらのみちざね）だけが基経に意見書を送って自重を求めた。基経も事態の落としどころを探っていたのだろう、その意見を受け入れて矛を収めた。

この一件で宇多は天皇家の一員として目覚めた。もともと宇多の母は皇族であって藤原氏出身ではない。そこで基経が死ぬと菅原道真を抜擢（ばってき）し藤原氏を抑える政策をとった。また道真の意見を聞き入れて遣唐使廃止（八九四年）に踏み切った。当時唐の国力は衰え滅亡寸前だったからだ（九〇七年に滅亡）。

しかし、さすがの宇多も藤原氏を完璧（かんぺき）に排除することはできなかった。それどころか宮廷貴族の大半は藤原氏で占められており、藤原氏を無視すれば朝廷自体が機能不全に陥るような状況だった。そこで基経の息子で藤原氏のトップである時平（ときひら）を左近衛（さこのえ）大将に起用せざるを得なかったのだが、一階級下の右近衛（うこのえ）大将に菅原道真を起用しバランスを取った。

その宇多の跡を継いだ第六〇代醍醐（だいご）天皇はまたしても藤原氏出身の女性の産んだ子で

あった。若いころ決められた縁談の結果だから仕方ないのだ。そこで宇多は道真を特に重用するよう醍醐に指示を与えた。だが、藤原氏はそれで抑えられるようなヤワな連中ではなかった。

冷泉天皇［第六三代］

天才的悪知恵が作った「国のかたち」

これから、つまり平安中期以後の日本史は、天皇家vs藤原摂関政治という流れになる。言いかえれば、何百年もかけてようやく天皇家の権威と財力をおのがものにすることに成功した藤原氏がどのような政治を、正確に言うとどのような「悪政」をしたかということがテーマになる。

本書は歴代百数十人にのぼる天皇の中から、その時々の代表的な天皇を挙げて歴史を記述するというスタイルをとっているが、そうした記述法を取る場合、この時期の代表として第六三代冷泉天皇を選ぶ学者、歴史研究家は一人もいないと言っても過言ではないだろう。なぜなら冷泉は非常に地味な目立たない天皇であり、この時代を代表しているとはとても言い難いと多くの、いや私以外の研究者は考えるからである。しかし私に言わせれば、冷泉ほどこの時代の歴史を的確に表現できる天皇はいないのである。

一体どうしてそんなことになるのか。それを説明する前に、藤原摂関政治を「悪政」

だと決めつけたことについて説明しておこう。

一般的には、政治の主体（政権）がなんであろうと、良い政治をしたかは、また別の次元の問題だと考える人が大勢いる。たとえ不正な手段で成立した政権であっても、成立後に良い政治をしたか悪い政治かという評価は別にすべきだというのだ。確かにそれは正しいのだが、この藤原摂関政治だけは当てはまらない。しかし、悪政だと決めつけるのは一方的で不公正だと思う人が少なからずいるかもしれないので、念のために解説しておこう。これも日本史の重大な特徴だからだ。

何度も言っているように、天皇家に生まれないと、どんな貴族の出身であっても絶対に天皇になれない。それが日本史の「かたち」だ。藤原氏は天才的な悪知恵、具体的に言えば摂関政治と荘園（しょうえん）制度で日本国を実質的に乗っ取ることには成功した。しかしそれでも天皇にはなれない。すると一体どういうことが起こるか？

これが日本以外の国家だったら藤原氏が天皇になる。ということは天皇になった瞬間に藤原氏にはこの国を運営する責任が生じる。つまりオーナー兼経営者になったわけだから日本国CEOとして日本を管理運営する責任が生じるわけだ。ところが藤原氏はあくまでこの国を実質的に乗っ取ったとはいえ、名目的には天皇があくまでこの国の「CEO」なのである。したがって藤原家は結果的に荘園制度という脱税システムを利用して、本来国に行くべき膨大な税収をフトコロに収めながら、それを国家のためにはまったく使わないという、とんでもない「国のかたち」を実現してしまったのである。

黒澤明(くろさわあきら)監督の傑作映画「羅生門」を見た方は思い浮かべていただきたい。正式には「羅城門(らしょうもん)」というのだが、トップシーンにでてくるあの門は平安京国家の正門であるのに崩壊している。そこには今で言うホームレスが多数暮らしていて、国家の正門の板を引っぺがしてタキギとして燃やしている。近代以前、国家の正門に対してそんなことをしたら、中国あたりなら間違いなく死刑である。しかしホームレスたちはそんなことは気にもとめない。門を警備する兵士はいないし、警察すら駆けつけてくる心配はなかったからだ。

藤原氏は天皇家にとりついた「寄生虫」

天皇絶対のもとでは藤原摂関政治が必然的に悪政になってしまう。難しく言えばそういうことなのだが、なかなかわかりにくいと思うので現代に例えてみよう。

皇帝でも国王でもいいが、彼らが持っている国家を一棟の「マンション」だとしよう。当然、彼らはその「オーナー」である。そのマンションの所有権を狙っている悪臣らを「地上げ屋」だとしようか。彼らはオーナーがマンションを維持できないように、家賃収入が入るのを妨害したり、内装業者を脅してマンションの工事は受けないようにする。そうした嫌がらせを受けたマンションのオーナーはそこに住む意欲をなくし地上げ屋に所有権を譲る。つまり、この時点で地上げ屋はマンションのオーナーになるわけだ。

さて、オーナーになれば、マンションは当然「自分のもの」だから家賃収入もきちんと入ってくるようにするだろうし、ボロボロになった内装は手配してキレイにするはずだ。それが世界の常識である。つまり、日本以外の国家ではここで政権が交代するから、それ以後「地上げ屋」はオーナーとしてマンションの整備に励む。結果として、国家としての管理経営はきちんとなされることになる。

ところが日本における地上げ屋藤原氏は、この段階でもマンションのオーナーではない。オーナーはあくまで天皇家であって、マンションは自分のものになっていない。だから彼らは一切メンテナンスに金をかけないし、家賃収入を横領してもそれをマンションの環境整備に使おうなどとは一切考えない。

家賃収入の横領とは荘園制度による脱税のことだが、日本以外なら藤原氏に政権が移った段階で、彼らは脱税をやめ「自分のもの」である国の管理運営のためにそのカネを使うようになるはずだ。しかし、他家に生まれた者は絶対に天皇になれない日本国では、結果的には「脱税王」藤原氏だけが富み栄え国家自体は天皇家も含めてボロボロになっていくという惨憺たることになったのだ。

これが平安時代中期以降、藤原摂関政治のもたらした現実であった。藤原氏は日本国あるいは天皇家にとりついた「寄生虫」と考えれば話は早い。寄生虫は宿主に入るべき栄養を奪って肥え太り、逆に宿主は病気になる。しかし、寄生虫はどんなに大きくなったとしても、宿主に取って代われるわけではないし、もし宿主が死ねば寄生虫も死ぬしかない。まさに藤原摂関政治と天皇家の関係とはこういうものであった。

先にも述べた黒澤明監督の「羅生門」のメインテーマは、都にやってきた侍が野盗に妻をレイプされ、本人も殺されてしまったというひどい話なのだが、この時代の日本国は首都周辺ですら治安が維持されていなかったのである。

理由は二つある。一つは桓武天皇が『古事記』以来の神道に基づく「ケガレ忌避（避けること）」の姿勢を鮮明にしたために、それが上級貴族たちにも波及し、「死のケガレ」に触れる可能性の高い軍事あるいは警察部門を担当したがる人間がいなくなってしまったこと。そして、もう一つはこの点では桓武の姿勢を受け継いだ藤原氏の大脱税によって、治安維持など国家運営に必要な予算が組めなくなってしまったことである。

ケガレ仕事請け負う「検非違使」新設

この時代、死刑は事実上廃止されていた。律令という憲法に死刑の規定はあるのだが、実際に執行されたことは一度もなかった。そう言うと現代の人権擁護派が喜びそうな話だが、前にも述べたように政府は人道的見地で死刑執行しなかったわけではない。とにかく、どんな形でも「死のケガレ」に触れるのが嫌だったからである。そうした判決を出すのも、そうした過程にかかわるのも嫌だったのである。

だから、この時代の日本には常備軍がなかった。これも現代風に言えば「非武装中立」だから護憲派は泣いて喜ぶかもしれないが、それは決して平和を願ってのことではない。ただひたすらに「死のケガレ」に触れる軍隊のことなど考えたくなかったというのが、その理由なのである。

現代の日本国においては、最高法規の憲法で常備軍の存在は否定されているにもかかわらず、実際には自衛隊というものがある。平安時代はちょうどこの逆で、憲法にあたる最高法規の律令の規定には軍事部門があるのに、実際に常備軍は存在しなかった。

どちらの状態も極めて異常で特殊であることがわかるだろう。中国であれ欧米であれ外国では絶対あり得ない事態である。そうなるのは日本独自の宗教、神道による「死のケガレ」はあらゆる不幸の根源だから徹底的に避けねばいけないという信仰があるからだ。警察部門もなかった。同じく「ケガレの仕事」だからだ。

だが警察部門がいつまでも開店休業状態では犯罪が横行し治安が保てない。そこで政府は検非違使（けびいし）という役職を設けた。今で言う警視庁つまり首都警察である。生活に困っている中級貴族なら「ケガレ仕事」でも喜んでやるだろうと、新たに設けられた役職である。だからこそ、これは「令外官（りょうげのかん）」つまり律令には規定がない役職なのである。

源氏を追い落とし藤原氏の独裁完成

藤原氏は摂関政治で天皇の権力を奪ったわけだが、この形は基本的には他氏でも実行可能だ。たとえば紀氏（きのし）や源氏（げんじ）がその娘を天皇の妻とし、二人の間に生まれた子供を次の天皇にすれば、藤原氏の代わりに摂政や関白となって事実上の最高権力者になることもできる。藤原氏はそんな事態に陥らないように、皇后は藤原氏出身に限るというルールを作っておいたのだが、文徳のように紀氏出身の女性が産んだ惟喬親王を次期天皇にしようとした天皇もいる。油断はできない。

そんな事態を防ぐために一番良い方法は、政府高官をすべて藤原氏で独占することである。他氏出身の人間を朝廷から追い出して天皇を囲い込んでしまい、他氏出身の女性が天皇に近づけないようにするということだ。菅原道真が藤原氏に追い落とされたのも、一つは道真の娘が親王に嫁いでいたからである。その親王が皇位に就けば藤原氏の天下は淡雪のごとく消えてしまう。

しかし、これが中国なら菅原一族は皆殺しになったところだが、日本人はそんなことはしない。前にも述べたように「死のケガレ」にかかわりたくはないし道真が怨霊になっても困るからだ。タタリが怖いのである。ところが道真は流罪先の九州で憤死し怨霊になってしまった。これも正確に言えば、道真の死後に彼を無実の罪におとしいれた藤原時平、それを認めた第六〇代醍醐天皇が若くして死に、しかも日本歴史はじまって以来だが御所に雷が落ちたので、人々はそれを道真のタタリと考え無実の罪を取り消し天神として祀り上げた。カミナリを落としたから天神なのである。

だが、藤原氏はこれに懲りて他氏追い落としを止めるようなヤワな一族ではない。最後に残った最大最強のライバルは源氏であった。彼らは元皇族でそもそも嵯峨天皇が藤原氏の対抗馬にするため創設した一族だからだ。しかし、その源氏も第六一代朱雀天皇、第六二代村上天皇の頃までは頑張っていたのだが、ついに第六三代冷泉天皇の時代に最後のエース左大臣源高明が謀反の疑いで免職追放され、これで藤原氏に対抗しようとする一族は事実上いなくなった。

この事件を年号を取って安和の変(九六九年)と呼ぶ。高明も道真と同じく死刑にはならなかったが、九州へ流罪となった。後に二年で帰京を許されたのは道真事件の「反省」があったからかもしれない。

こうなれば後は藤原氏の思い通りである。第六五代花山天皇を、右大臣藤原兼家の息子道兼は「共に出家しましょう」と欺いて出家させ、自分はそのまま宮中に残った。兼家の娘が産んだ親王をわずか七歳で即位させるためだ。これが第六六代一条天皇で、兼家の死後は子の道隆、道兼が関白をつとめ、その権力は弟道長に受け継がれた。

道長は第六八代後一条天皇、第六九代後朱雀天皇、第七〇代後冷泉天皇の三代にわたって、いずれも「天皇の母の父」つまり「おじいちゃん」であった。寿命の短い昔にどうしてそんな「離れ業」ができたかといえば、思うがままに天皇に位を譲らせたからである。しかも三人の孫に先立つ第六七代三条天皇が眼病に悩まされ苦しんでいたにもかかわらず、自分の孫を早く即位させたいがために陰に陽にイジメぬいた。これは誰もが認める事実であり、この時代は天皇が藤原氏の鼻息をうかがう時代だったのだ。

「日本一の傲慢男」藤原道長

「この世をば　わが世とぞ思ふ　望月の欠けたることも　無しと思へば」

「満月が欠けることのないように、この世はすべてオレさまの思い通りだ」、この日本史上もっとも傲慢（ごうまん）な歌を詠んだのが藤原道長である。道長はじつは関白にはなっていない。「御堂関白（みどうかんぱく）」というニックネームはあるが、実際は関白になる必要がないほど天皇家を思いのままに動かしていたのだ。

前に宇多（うだ）天皇のところで関白藤原基経（もとつね）は天皇のことを内心はバカにしていたと考えられると述べたが、その根拠はこれだ。いくら藤原道長が傲慢な性格だからといって、神の子孫である天皇をこれほど無視できるのは、基経のころから藤原氏が子弟にそうした「教育」をしていたからだろう。そうでなければ、本来臣下の身でありながら、病に苦しむ三条天皇をイジメぬくことなどできるはずもない。まさに大逆臣藤原氏の面目躍如だ。

ところが、この日本史上最も傲慢な男が、娘で中宮（皇后）の彰子（しょうし）付きの女官であった紫式部（むらさきしきぶ）が、『源氏物語』を書くのを応援していたというのである。こんな奇妙な、驚くべき事実は、世界史の中で他に例がないと私は思うのだが、日本の歴史学界は相変わらず鈍感でこんな不可解な事実を重要視しない。

『源氏物語』という小説、どんなストーリーかご存じだろうか？　臣籍降下して源氏となった主人公の光源氏（ひかるげんじ）が女性遍歴のあげく、天皇である父親の妻の一人（つまり自分の義母）と不倫関係になり、その間に生まれた不倫の子がなんと天皇になり、その天皇によって光源氏は臣下の身でありながら准太上天皇（じゅんだいじょうてんのう）つまり「名誉上皇」に出世するという物語なのである。

実際には当時、源氏は藤原氏に敗れ藤原氏の天下が確立していた。しかし、この「物語」の中では源氏が逆にライバルに完全な勝利をおさめるのだ。負けた源氏の陣営に所属する人間が悔しさのあまり夢物語を描いたというなら話はわかる。しかしこれを書いたのは藤原氏の陣営に所属する紫式部なのだ。こんなことは中国でも欧米でも絶対にありえない。外国では紫式部と同じことをやった人間は、政府批判の罪で必ず死刑になるだろう。しかし、「日本一の傲慢男」藤原道長はなぜ紫式部を応援するのか？

それが怨霊鎮魂になるからだ。生前に右大臣だった菅原道真を神様に祭り上げたように、藤原氏は実際には追い落とした源氏一族を「物語の中で勝たせてやった」のである。その証拠に物語の中で天皇になった光源氏の不倫の子は何と呼ばれているか？冷泉帝すなわち冷泉天皇なのである。『源氏物語』はフィクションだから藤原氏のことも「右大臣家」とぼかしている。にもかかわらず光源氏の子については現実に存在した冷泉の諡号をそのまま使っている。

では、現実の冷泉の治世に何があったか？　源氏の最後のエース源高明が失脚したではないか。つまり『源氏物語』とは「関ヶ原で石田三成が勝った」という話であって、それを「徳川陣営」が作るというのが、外国にはまったく見られない日本史の最大の特徴の一つなのである。

後三条天皇［第七一代］

藤原氏の血を引かない天皇

藤原良房から始まった「藤原氏の専横」は基経、時平と続いた。歌舞伎ファンは『菅原伝授手習鑑』に菅丞相（菅原道真）のライバルとして登場する極悪人「時平」をご存じだろう。もちろん時平のことである。そしてその系譜は「日本一の傲慢男」道長で頂点に達し、その子頼通に受け継がれた。

藤原頼通といえば平等院鳳凰堂を建立したことでも有名だが、これはもともと藤原一族の別荘で、頼通が寺院に改めたのである。臣下に過ぎない藤原一族がこのような豪華な寺院を建立することができたのは、荘園という「脱税システム」のおかげである。

しかし、藤原氏の最大の弱点は「宿主は殺せない」ということだ。あくまで天皇家は滅ぼさず存続させなければいけない。ここでもし藤原氏の血が入っていない、つまり天皇から見れば「おじいちゃんが藤原ではない」天皇が誕生すれば、藤原氏の権勢はあっという間に危機状態に陥る。もちろん藤原氏はそんなことのないように、歴代天皇がまだ皇太子のころから、自分たちの娘を「嫁」として次々に送り込み、子を産ませていたのだが、農場の経営と同じで「豊作」もあれば「不作」もある。

そして一一世紀、藤原氏が最も恐れていた「藤原氏の血を引かない天皇」が誕生してしまった。

第七一代後三条天皇である。

「後三条」の名前の由来

後三条や後醍醐といった諡号は、その天皇が亡くなった後、業績や住居などを勘案して贈られるものだ。すなわち生前にそう呼ばれたことは一度もない。現役の天皇なら「お上」や「みかど」や「陛下」などと呼べば問題ないが、天皇が亡くなると過去に何人もいた天皇と区別しなければいけなくなるので諡号を贈るわけだ。そして「後」の字を諡号に持つ天皇は、原則として「後」のつかない「先輩」と何か共通点がある。

たとえば藤原摂関政治の真っただ中の第六〇代醍醐天皇は、後世理想の政治を行ったと讃えられた。あの藤原時平が三九歳で亡くなったため（菅原道真のタタリと噂された）、やむを得ず関白を置かずに政治をしたためだ。そう信じていた室町時代初期の天皇が、「自分が死んだら後醍醐と呼べ」と生前遺言していたために、彼は第九六代後醍醐天皇と呼ばれることになった。醍醐天皇のように「関白に邪魔されず」直接政治を行ったという自負があったからだろう。

こんなケースは極めて珍しく、通常「諡号」は周囲の人間が決める。つまり、当時の人々は三条天皇と後三条天皇に何か共通点があった、と考えたということだ。三条を覚えておられるだろうか？　不老不死の「仙薬」を飲んで失明寸前になり、おそらく内臓も不調となって苦しんでいたのに、自分の孫を天皇にしたい藤原道長に散々イジメ抜かれた天皇である。やむなく位を譲ったが、結局病気は治らず死んだ。

　しかし、後三条はむしろ藤原氏に抵抗し、摂関政治を崩壊させるべくかなりの成果を挙げた天皇なのである。つまり全然違うタイプだ。それなのになぜ「後三条」なのか？

　ここであらためて後三条の出自を述べよう。後三条の父は第六九代後朱雀（ごすざく）天皇で、肝心の母親は藤原氏の娘ではなく禎子（ていし）内親王で、なんと三条の娘であった。藤原氏は天皇家のあらゆるところに娘を送り込んでいるから、内親王にも藤原の血は入っている。しかし、藤原氏の娘が直接次の天皇を産むのとはまったく違う。

　この時代も、あの「日本一の傲慢男」藤原道長の息子の頼通は、第七〇代後冷泉（ごれいぜい）天皇に一人娘を送り込み何とか男子を産ませようとしたのだが、その間、皇太子（皇太弟）を務めていたのが後の後三条の尊仁（たかひと）親王だった。

　つまりこういうことだ。皇太子の座は一瞬たりとも空席にするわけにはいかない。だから頼通はやむなく母親が内親王の尊仁をその座に就けたが、自分の娘が首尾よく男子を産めば直ちに尊仁を廃太子とし、自分の孫を皇太子にするつもりだったのだ。ところがとうとうその望みがかなわず、しぶしぶ尊仁が即位して後三条になることを認めざるを得なかった。

後三条が即位したのは、皇太子になってから二三年後の三五歳の時だった。それだけ頼通に待たされたということだ。しかも頼通は、天皇が皇位を継いだときに受け継ぐ秘宝「三種の神器」のように、皇太子が代々受け継ぐ秘宝「壺切御剣（つぼきりのみつるぎ）」を自分の手もとに握り込んで決して渡そうとしなかった。つまり、後三条は祖父の三条のように藤原氏のイジメを受けていたということだ。孫でもあるし、このあたりが三条と共通すると後三条という諡号を贈った人々は考えたのかもしれない。

摂関を置かず違法荘園を次々と摘発

数えてみると、藤原氏が外祖父（母方の祖父）でない天皇はなんと一七一年ぶりであった。

しかも二三年間という長い皇太子の時代を経て、三五歳でようやく即位した後三条は聡明（そうめい）でもあり、政治上の知識も豊富だった。藤原氏の専横の被害者でもある。

もちろん摂政関白などは置かず自ら政治をした。これを天皇親政という。

藤原氏の専横を排除するために、次にやるべきことは何か。本書の読者ならお分かりだろう。荘園をなくすことである。荘園は藤原氏が長い時間をかけて完成した「脱税システム」である。これがある限り「寄生虫」藤原氏はどんどん肥え太り、それと反比例して「宿主」天皇家はやせ細っていく。

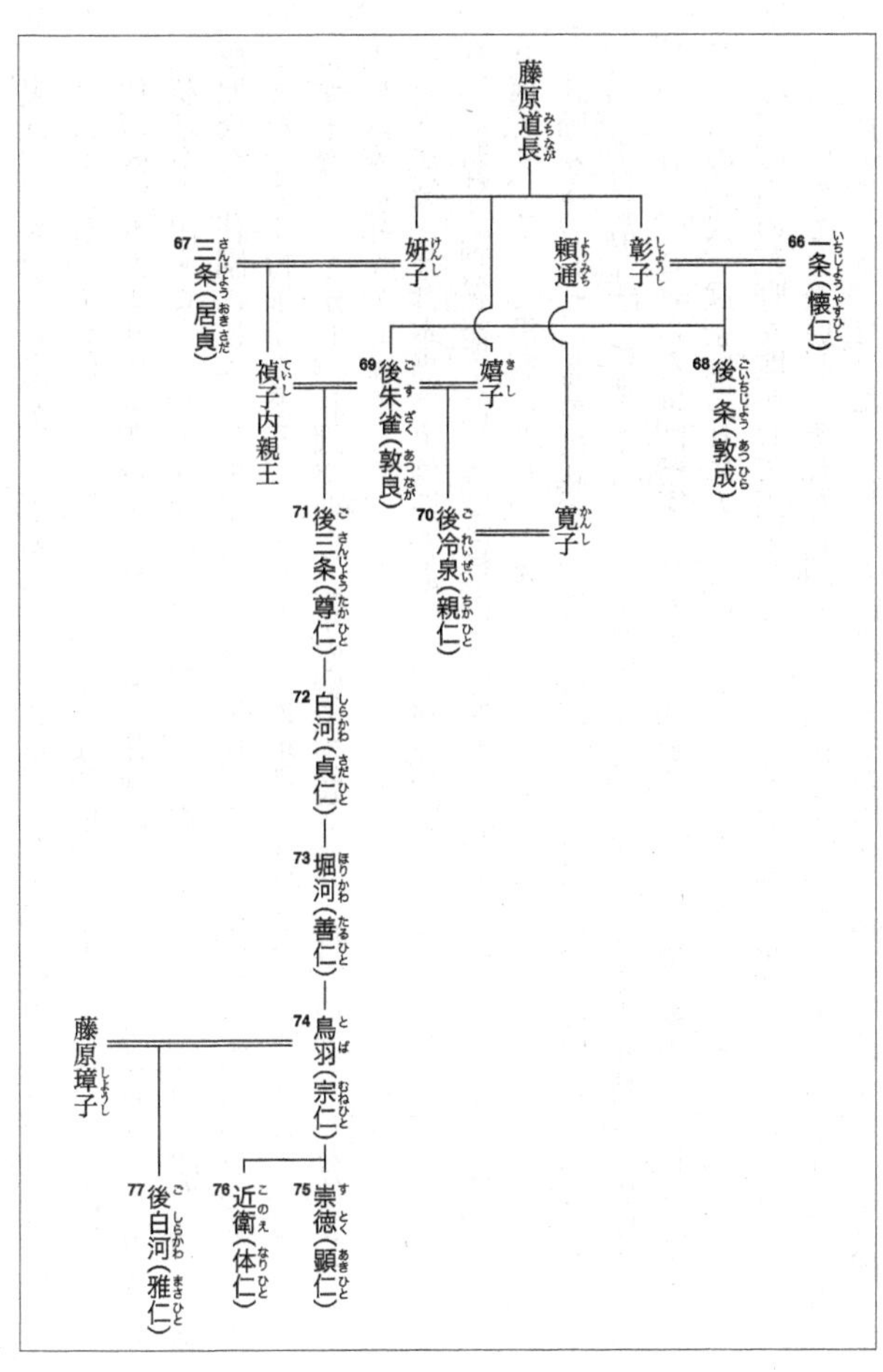

藤原道長
彰子
頼通
妍子
66 一条(懐仁)
67 三条(居貞)
68 後一条(敦成)
嬉子
69 後朱雀(敦良)
禎子内親王
寛子
70 後冷泉(親仁)
71 後三条(尊仁)
72 白河(貞仁)
73 堀河(善仁)
74 鳥羽(宗仁)
藤原璋子
75 崇徳(顕仁)
76 近衛(体仁)
77 後白河(雅仁)

実は荘園というものが、天皇を頂点とした律令体制の「がん」であることは当時の人々にも分かっていた。しかしこれだけ強大な利権を一足飛びになくすことは難しく、歴代の政権もあまりにも非合法な要素をもつ荘園だけを整理するという、非常に不完全な整理令を出すことしかできなかった。荘園を一番多く持っているのは政府高官である藤原氏だ。荘園には「不入の権」という、現代風に言えば国税査察官の立ち入りを拒むことができる特権すらある。こんなところに現地に派遣された下っぱ役人が踏み込めるはずもない。しかし、荘園整理は国家の緊急課題であった。「虫下し」を飲まないと本当に国家が死んでしまう。

そこで後三条は本当に実効性のある荘園整理令を初めて発令した。延久元年（一〇六九）、記録荘園券契所という国家機関を設置し、天皇の監督のもと中央で違法荘園を取り締まり、そして没収にあたったのである。

荘園を所有しているのは藤原氏だけではない。奈良時代に藤原氏が制定させた悪法「墾田永世私財法」にあるように、荒れ地を田畑に変えられる力を持った氏族や巨大寺社がそれで、これらを権門勢家と呼んだ。注意すべきは、権門勢力とは貴族と寺社だけで、この時代、武家はこれに入っていないということである。つまり藤原氏以上の苦労をして関東の荒野を開墾して田畑に変えても、武家はそれを私有地として自分のものにすることもできないし、それを荘園として免税の特権を得ることもできない。権門勢家はそれができる。だったらおれたち武家にもその権利を認めろというのが地方武士たちの主張であり、それを一つにまとめて武士の権利を中央に認めさせたのが源頼朝（みなもとのよりとも）であった。

話を戻そう。違法な荘園とは、監視の目が行き届かないのをいいことに公田を荘園に組み入れたり、あるいは法的な手続きを踏まずに作ったものである。これを後三条は容赦なく取り締まり、相手が藤原摂関家であろうと東大寺（とうだいじ）や興福寺（こうふくじ）のような巨大寺院であろうと、例外は設けずに没収した。これで藤原摂関家は経済的に大打撃を受けたというから、彼らはいかに地方ではやりたい放題に公田を横領していたかということだ。しかしお気づきだろうか。これは荘園整理であっても荘園廃止ではない。人間の体に例えればがん細胞が広がり過ぎており、後三条もすべて「摘出」するというわけにはいかなかったのである。藤原氏の力はやはり侮れない。

貴族の荘園と江戸大名の領地は同じ

何度も強調して恐縮だが、荘園というのは藤原氏の作った脱税システムである。本来、日本ではどこから脱税するかといえば、それは律令国家であり天皇家である。日本は公地公民ですべての土地（田畑）は天皇のものであるから、当然そこから得た収穫は税として天皇家に納めなければならない。これが古代国家の原則だったが、それを藤原氏が破壊した。

ここでちょっと江戸時代を思い浮かべていただきたい。江戸時代、各大名の領地で田畑を耕している農民は、税つまり年貢を誰に納めているかということだ。それは自分の土地を支配する大名つまりご領主様にであり、仮に五公五民（税率五〇パーセント）だとすると、一〇万石（の米がとれる）土地を支配している大名は、毎年半分の五万石を税として徴収し、家臣の給料を払ったり大名としての経費に充てていた。そんなことは知っているよといわれそうだが、ここで気づいていただきたい。大名は一粒たりともコメを天皇家には納めていないのである。これを天皇家から見れば大名も藤原氏と同じく「脱税」していることになる。つまり貴族の荘園と大名の領地は基本的に同じものなのである。

結局、平安時代以降、天皇も荘園を持つという形で藤原氏に対抗せざるを得なかった。公地というより天皇直轄地だ。本当は天皇が荘園を持つというのは極めておかしな話なのだが、これだけ日本全土が荘園化してしまうと、律令制度における公地ではなく、天皇家の私有地という形で自分の領地を確保せざるをえなかったのだ。逆に言えば、藤原氏の考えた荘園システムがいかに天皇家の経済を破壊するのに有効だったかということでもある。

しかし、死のケガレを諸悪の根源と考える天皇や貴族は軍事にタッチしようとしなかったため、それを保持している武家にじわじわと土地を奪われていった。それがピークに達したのは江戸時代で、江戸時代初期日本は総石高一八〇〇万石ぐらいだったのだが、天皇家は山城国（やましろのくに）（京都府南部）で三万石ほどの領地を与えられただけだった。

その状態、つまりほとんどの土地が天皇家から奪われた状態を明治の冒頭に一度清算したのだが、それに気づいておられるだろうか。版籍奉還である。将軍家は日本の統治権つまり大政を天皇家に奉還（お返し）したが、それでタダの大名となった徳川家を含む全大名が所有していた土地（版）と人民（籍）も天皇家に奉還したのが版籍奉還なのである。このように歴史はつながっている。

後三条の時代に戻れば、もはや天皇家の土地が奪われ続けるという状態に歯止めをかけることはできても、昔のような律令体制に戻すことは絶対に不可能になっていたということだ。それに藤原氏の側から見れば、二三年も後三条に冷や飯を食わせ続けてきたことは無駄ではなかった。結果的に当時としては高齢になってしまった後三条は、わずか五年しか在位することができなかったからだ。「仙薬」を飲まされた形跡はないが、自分のやりたい政治を最後まで貫き通すことはできなかった。そして、次の天皇は藤原氏を外祖父に持つ人間になりそうだった。皇太子の時代に藤原氏に娘を押し付けられていたからである。

後三条の「遺志」を結果として白河が引き継ぐ

藤原氏の権力がなかなか衰えないのは、たとえ天皇になる見込みがなさそうな親王にも、もれなく自分たちの娘を妃として送り込んでいるからである。他の氏族の娘を嫁にすればいいと思うかもしれないが、藤原氏が「他氏排斥」をしたというのは単に男どもを追い払って政府高官を独占したというだけでなく、「嫁」のところでも「他氏排斥」をしていたのだ。唯一排斥されなかったのが、当たり前の話だが皇族で、皇族出身の嫁つまり内親王だけが藤原氏に対抗して中宮（皇后）になることができた。後三条の母もそういう女性だった。

しかし後三条自身は早くから藤原氏出身の娘を嫁にさせられている。従って年長の男子は「藤原氏を外祖父」とする親王しかいない。しかも後三条は在位四年目で病気に取りつかれたようだ。これでは譲位するしかない。そこで「藤原氏の外孫」である貞仁親王が皇位を継いだ。第七二代白河天皇である。

だが後三条は貞仁への譲位について一つ条件を付けた。それは皇太子を貞仁自身の子ではなく、異母弟の実仁親王にせよというものだった。なぜそうしたか。話は簡単で、女御であった実仁の母は源氏の出身で藤原氏ではなかったからだ。つまり、後三条にすれば貞仁はあくまで「つなぎ」で実仁こそメガネにかなった自分の後継者だったのだ。ところがその実仁は白河より先に死んでしまう。ここで白河はあっさり自分の血を引く息子善仁親王を皇太子に立てたばかりか、その日のうちに譲位して善仁は第七三代堀河天皇となり、白河は上皇となった。堀河はわずか八歳である。

さて後三条がなぜ実仁を後継者に指名したかといえば、自分と同じような藤原氏の血を引かない天皇でなければ、藤原氏が摂政や関白という形で天皇をないがしろにする藤原摂関政治を終わらすことはできないと思ったからだろう。ところがその遺志は藤原氏の娘を母に持つ白河にいったんは踏みにじられた。ところが歴史とは面白いものである。この白河が結果的に藤原摂関政治に終止符を打つことになるのである。一体どうしてそういうことになったのか。

　白河の野望は自分の直系の子孫で皇位を独占したいということである。しかし、これまでのように藤原氏出身の摂政や関白に強い権限を持たせておくと、その意図が損なわれるかもしれない。それならば彼らを有名無実の存在にし、自分が上皇として天皇家を監督するのが野望を実現する最良の手段だと思ったのである。

　だから、藤原氏の摂政・関白を無視して「わしが監督する、そんなものは必要ない」という態度を取った。堀河は父白河より早くこの世を去ってしまったのだが、七七歳という現在なら九〇歳にあたるほどの長寿を保った白河は、堀河の子をわずか五歳で即位させ第七四代鳥羽(とば)天皇とし、さらに監督を続けた。摂政・関白は完全に無視した。この政治スタイルのことを院政と呼ぶ。これはのちに白河の曾孫(ひまご)の第七七代後白河(ごしらかわ)天皇（上皇）によって完成された。

　天皇家はついに藤原摂関政治を脱却したのである。

白河上皇［第七二代］

後三条天皇の逆襲

「フジワラムシ」という寄生虫に養分を吸い取られ、衰弱死寸前までいった天皇家と日本国。

しかし、もちろん天皇家は座して死を待ったりしない。平安中期以降、藤原氏から権力を奪い返そうとした天皇が次々に出現した。そして、藤原氏からの権力奪取に成功したのが、いや「成功する形を作った」のが、第七二代白河天皇いや白河上皇であった。その形というのが天皇ではなく、一度退位し上皇となって、藤原氏から権力を奪い返すというものだった。これが院政である。

「院政」というとみなさんどんなイメージをお持ちだろうか？

私は、かつての政治家で自民党総裁でもあった田中角栄元首相を思い浮かべる。ロッキード疑獄で失脚し、総理大臣および自民党総裁を辞任したばかりか自民党員すら辞めた。にもかかわらず、法律上は何の権限も持たないはずの人間が「オヤジ」と呼ばれ、

「キングメーカー」として自民党総裁および内閣総理大臣を選んでいた。この状態をマスコミは「田中院政」と呼んだ。

これが、平安時代後期に確立された元祖「院政」だと、それを志す天皇が若いうちに譲位して上皇になる。そして藤原摂関家が、藤原氏の血を引く幼少の親王を即位させたように、自分の幼い息子を即位させるのである。

ただし、もうお分かりのようにそれを藤原氏の摂政には任せない。上皇として自分が天皇を監督し、大人になっても関白に権力が移らないよう自分で後見する。こうして、藤原摂関家の政治への干渉を排除したわけである。

現代の世界にたとえれば、引退したはずの元総理大臣が、自分の個人事務所で裏から政界を操るということだ。この引退した天皇つまり上皇の個人事務所のことを院と呼ぶ。政府組織である太政官から独立した形の院は律令に縛られない。上皇は勝手に自分のスタッフが選べる。藤原氏は政府高官を独占し太政官から他の氏族をしめだした。それゆえ中級貴族は検非違使（けびいし）などの「ケガレ仕事」をやるほかはなかったが、院ができたことによって優秀な中級貴族が活躍する場ができた。彼らは藤原氏何するものぞと一生懸命、上皇のために働く。こうして藤原摂関政治は解体されていったのである。

ところが、このシステムを考えた白河上皇は実は藤原氏出身の女性が産んだ人物であった。むしろ藤原摂関政治の陣営側にいたのである。にもかかわらず結果的に藤原摂関政治を破壊するシステムである院政の創始者になったのは一体どういうことなのだろうか？

それは父の後三条天皇の「挫折（ざせつ）」に原因がある。一昔前は、後三条天皇は藤原摂関政治の破壊を志したが途中で病魔に取りつかれ、それを息子である白河上皇に託し完成させたということになっていた。ところが、どうもその話は造られた美談であって真相は違うようなのである。

そもそも後三条は白河に譲位などしたくなかった。その母が藤原出身だからである。しかし年長の子は彼しかいなかった。読者はひょっとしたら最初から藤原氏の女性と結婚しなければいいのに、と思うかもしれないが、前にも述べたように朝廷は藤原氏に実質的に支配されているのである。まだ少年のうちに親王たちはすべて藤原氏出身の女性を嫁として押し付けられる。この段階でえり好みは不可能だ。だから後三条は病魔に侵されたとき、とりあえず白河を選ぶしかなかった。

しかし死去にあたって後三条は白河に遺言した。皇太子は自分の女御である源基子の産んだ実仁（さねひと）親王（白河にとっては異母弟）にしろ、と条件を付けたのである。こうすれば次の天皇は藤原氏出身の女性を母に持たない「皇族系」に戻る。

だが白河はこの父の遺言を無視した。

わが子、孫の可愛さから院政敷く

白河上皇の性格を一言で言えば「ワンマン」、これに尽きる。若者なら「チョーワガママ」とでも言うのだろうか。

「天下の三不如意」という有名なエピソードが伝えられている。「如意」とは思いのままになるということで、「西遊記」の孫悟空が持っている自由に伸び縮びする棒を如意棒という。逆に「不如意」とは思いのままにならないものであって、『平家物語』にこの世の中で白河の思いのままにならないものが三つだけあったと書かれているのである。その三つとは「賀茂川の水、双六の賽、山法師」である。都の東を流れ氾濫を繰り返す川、サイコロそして比叡山延暦寺の僧兵だけが、白河の思いのままにコントロールできないものであり、それ以外は何でも動かせたということなのだ。

　わがままな人間は人のいうことをきかない。父の後三条は藤原摂関政治を壊すために、白河の異母弟で藤原の血を引いていない実仁親王を皇太子つまり次の天皇にせよ、と遺言した。天皇の遺言はただでさえ重い、まして息子なのだから父の遺言は絶対に守らなければいけない。しかし、白河はあっさりこれを無視した。

　白河にとって幸いなことに、その実仁が若くして病死してくれたのだ。しかし弟がいる。その弟も藤原の血を引いていない輔仁親王である。父の遺志を第一に考えるならば、子としては輔仁を皇太子に立てるべきである。しかし、実仁が死ぬと白河はただちに輔仁ではなく、自分と藤原出身の中宮（皇后）との間に生まれた八歳の善仁親王を皇太子に立てたばかりか、なんとその日のうちに善仁に位を譲って天皇とした。第七三代堀河天皇で、白河はこの時点で正式に天皇から上皇となった。

なぜ白河はそんなことをしたのか？　言うまでもなく輔仁を推す反対派を抑えて一刻も早く自分の息子を天皇にするためである。しかしわずか八歳では、なにかと父親が守ってやらねばならない。そこで白河は上皇になっても完全に政界から身を引かなかった。だが、せっかく跡を継がせた最愛の息子堀河は二九歳で父白河より先に死んでしまう。その息子はわずか五歳だったが、直系の孫以外に皇位を継がせる気など毛頭ない白河は、すぐに即位させた。第七四代鳥羽天皇だ。

こうなるとますます自分の手で守ってやらねばいけない。摂政や関白などを置くことは最愛の孫にとって良い環境とはいえない。つまり白河は鳥羽を守るために上皇の権力を強化し院政を敷くようになったのだ。これが歴史の面白いところである。

白河は藤原氏の血を引いた天皇であり、どちらかといえば藤原摂関政治の陣営に属する人物である。にもかかわらず、わが子、孫可愛さから摂政や関白が天皇家のことに口を出せないように、上皇の権限を強化し結果として院政という新しい政治システムを作り出した。だが、一度そうした政治システムが作られてしまえば、後世の天皇はそれを利用することができる。まさに「ヒョウタンから駒」で、天皇家は院政を使って藤原摂関政治を押さえ込み、結果的に藤原氏に奪われていた天皇家の権力を回復できるようになったのだ。

皇室史上最大のスキャンダル

院政というと、源頼朝とわたりあった後白河法皇のイメージが強いかもしれないが白河も相当なものである。ちなみに後白河法皇は白河の曾孫にあたるが、日本史の決まりごとで上皇が出家すると法皇と呼ぶ。同じ文字を別の読み方をするので注意が必要だ。

とにかく、元祖「院政」でワンマンの極致である白河上皇（後に出家して白河法皇）はまさに「怪物」と言っていいだろう。まず長寿であった。七七歳まで生きた。この時代の七七歳というのは現代の九〇歳以上に当たるだろう。あの徳川家康ですら七五歳まででしか生きていない。それでも、家康は戦国武将の中で飛び抜けて長生きだったためにライバルを全部潰すことができた。

白河も息子よりも四〇年以上長生きするぐらいだから、健康であり権勢欲のかたまりであった。息子の堀河が若くして亡くなり、白河の孫にあたる鳥羽が五歳で即位し、二一歳になってようやく自分の政治が行える年齢になると、なんと白河は鳥羽に、引退して上皇となりその息子である顕仁親王に位を譲るように強要した。顕仁は当時まだ五歳だったが、即位して第七五代崇徳天皇となった。自分の絶大な権勢を維持するために、白河はちょうど藤原道長が幼帝を次々即位させたように、まだ若い天皇を引退させて上皇にしてしまったのだ。結局、天下に上皇が二人いるという異常事態になり鳥羽は新院、白河は本院と呼ばれた。

ところで、ここで皇室史上最大のスキャンダルを語らねばならない。一昔前は、天皇家最大のスキャンダルといえば孝謙女帝と弓削道鏡の「男女関係」だったが、あれは後世のでっち上げと私は見ているし、百歩譲って実際に男女の関係があったとしても双方独身であって不倫ではない。

ところが、この時白河がむりやり鳥羽に位を譲らせた崇徳は、実は鳥羽の実子ではなく白河が鳥羽の皇后（つまり孫の嫁）と不倫関係に陥って生ませた子だと言うのだ。にわかには信じられない話だ。実はこの話、正式な歴史書には載っていないのだが、当時から信じられていたらしく、少し後の鎌倉時代初期に成立した説話集『古事談』には、鳥羽が崇徳のことを陰で「叔父子」と呼んでいたとある。形式上では「自分の子」だが実際には「自分の祖父の子」つまり「父親の弟」にあたるから「叔父子」になるということだ。鳥羽の立場から言えば「おじいちゃんに妻を寝取られた」ということである。

鳥羽の皇后、藤原璋子はどうやら絶世の美女であったらしい。どうしてそんなことがわかるかというと、彼女は鳥羽との間に五男二女（崇徳を除けば四男二女）をもうけているからだ。鳥羽は基本的にはどんな女性でも選べる立場にある。そして度々申し上げているように女性の読者には申し訳ないのだが、この時代は医学も未発達で、女性は子供を一人産むと一気に美貌が衰えるのが普通だった。そういう条件の中で、しかも不倫をした可能性のある女性とこれだけ子供を作るのは、そうした欠点を補って余りあるほどの美女だったからだろう。

だからこそ白河もついつい手をつけてしまったのではないか。わがままな人間は道徳にも縛られない。

崇徳に対する鳥羽上皇の「逆襲」

白河が鳥羽の皇后（つまり孫の嫁）藤原璋子と不倫関係に陥って産ませた子が崇徳だという噂、本当だったのか？

私は本当だったと思っている、そして当時の人々もそう確信していたと思っている。その理由だが、鳥羽は長男であるはずの崇徳に対し極めて冷淡でイジメ抜いたからである。もっとも、白河が健在の時は鳥羽はおとなしくしていた。最大の権力者で「怖いおじいちゃん」だからである。しかし、白河が七七歳でようやく亡くなると、待ってましたとばかりに鳥羽の逆襲が始まった。

崇徳に強要し、鳥羽が璋子とは別の女性との間に産ませた親王に位を譲らせた。第七六代近衛（このえ）天皇である。通常の相続なら崇徳の長男を皇太子に立てるべきなのにまったく無視された。しかも、鳥羽は近衛に対する監督権を崇徳には認めなかった。再び上皇二人体制が実現し、崇徳は新院、鳥羽は本院と呼ばれたが、崇徳は院政を仕切れない「タダの上皇」であった。

ところが、この近衛が一七歳の若さでこの世を去ってしまった。崇徳は今度こそ嫡流（長男の系統）である自分の息子に皇位が渡されると考えた。それが常識だからである。ところが鳥羽はまたまた強権を発動し、今度は藤原璋子との間に生まれた親王（形の上では崇徳の弟）に皇位を継承させた。これが第七七代後白河天皇である。なぜ鳥羽は相続順位を無視して強権発動に踏み切ったのか？

冒頭の「噂」が真実だったとすれば鳥羽の異常な行動は全部説明できる。

最初に鳥羽は本当に自分の血を引いた子に跡を継がせたかった。そこで自分が選んだ女性が産んだ親王を皇位につけた。これが近衛である。しかし、その子が自分より早く死んでしまった。ではどうするか？

次善の策として、祖父の子（崇徳）を産んだ憎い女ではあるが、そのあとは鳥羽の子を何人も産んでくれた藤原璋子の子に跡を継がせるしかないと考えた。これが後白河だ。逆に言えば、白河の子である崇徳にも、その子にも皇位を継がせる気は毛頭ないということだ。

ここで悲劇が生じた。どうやら崇徳は自分が「叔父子」であることを、まったく知らなかったようなのだ。崇徳の立場に立って考えてみよう。父鳥羽が、長男であるはずの自分を差し置いて、皇位を弟に継がせたことさえ不満であるのに、その弟が早死にし自分の息子の番が回ってきたと思ったら、鳥羽は今度は別の弟に跡を継がせよと言うのである。どう考えても鳥羽は自分を嫌っているとしか思えない。しかしながら自分にはその理由がまったくわからない。「何も悪いことはしていないのに、なぜこんなにイジメられるのか」と、崇徳の心の中にやり場のない怨念（おんねん）が危険なガスのように蓄積していった。この怨念が後に爆発し大乱（戦争）を招くことになる。そして、その大乱が日本の歴史を大きく変える。

ここで一つ言及しておかなければいけないことがある。この藤原氏摂関政治から院政への流れの中で、天皇家に対する巨大なライバルが誕生し成長していたことだ。武家（武士）である。

崇徳天皇［第七五代］と後白河天皇［第七七代］

武士のおこり

崇徳上皇をイジメ抜いた鳥羽上皇は、自分の死後、崇徳が黙っていないだろうと予測していた。そこで跡を継がせた後白河天皇に戦争の準備をするように遺言し、結局それに従って先制攻撃をした後白河が勝利し敗北した崇徳は讃岐（香川県）に流罪となった。世に言う保元の乱（一一五六年）である。

ここで注目すべきは、この戦争において崇徳も後白河も自ら武器はとっていないことだ。実際に戦い血を流し敵を殺したのは武士であった。この頃の日本には「戦争は武士がするもの」という常識が確立していたのである。

しかし、本書の読者はそれが世界の常識ではないことをよくご存じだろう。日本史は他の国の歴史とまったく違うということだ。では、どこがどう違うのか？

日本の帝王である天皇家が軍事を「ケガレ」と見て、それに関わることを放棄してしまったことである。何度も述べたように、まさに天皇家のバイブルとも言うべき『古事記』には天皇の祖先神であるアマテラス（天照大神）は、父イザナギがミソギをし「死のケガレ」を完全に排除した瞬間に誕生したと書いてある。だから、その子孫である天皇家も当然その状態（最もケガレ無き状態）を理想とした。しかしそうは言っても、大化の改新、壬申の乱の頃は天皇自身も自ら武器をとって戦わなければライバルに滅ぼされる可能性があった。天皇家自体の政権も安定していなかった。

しかし、それが完全に安定した平安時代に入ると、桓武天皇は早速に世界中のどこでも帝王の特権であるはずの「交戦権」を手放し、これを部下の貴族に委ねた。しかし貴族たちも同じ信仰の持ち主であるから、死のケガレには触れたくない。だから身分が高い人間ほど、軍事に関することには一切かかわろうとはしなくなった。

海の向こう、たとえば中国でも国家が安定すれば皇帝が自ら戦いの先頭に立つことはなくなる。しかし皇帝は剣を持っているし、皇帝は戦争に従事する軍人を差別したり国軍を廃止したりはしない。当たり前の話で、軍隊を維持しなければ政権も維持できないからだ。

一方の日本は平安時代以降、国家が軍隊を保持しないという極めて異常な事態が続いていた。海に囲まれた島国で外国に攻められる心配がほとんどなく、国内的にも異民族である蝦夷を征服したという状況もあったが、軍隊無しの平和が続くと天皇や高級貴族はやはり死のケガレに触れる警察業務まで放棄してしまうという、世界中のどんな文明でもありえない極めて異常な事態が起こった。

軍事・警察を担当する人間がいなければ国家が乱れる。たとえば今の東京都が警視庁を廃止すれば犯罪は無くなるかといえばその逆で、世界中の犯罪者が東京には警察が無いのだと集まってきて治安は乱れに乱れるだろう。

日本の平安時代後期は、まさにそういう状態だったのだ。あれだけ銃の乱射事件が起こってもアメリカ人のかなりの部分が銃規制に反対するのは、アメリカが開拓国家だった頃、市民は警察に頼れず自分の身は自分で守るしかなかったからだが、日本もこの時代はそうだった。特に都を遠く離れた地方の「開拓地」の東国（関東、東北地方）では、首都にはいる検非違使すらおらず、農民たちは自ら武装し自らの生命財産を守らねばならなかった。それが武士の起こりである。

自ら武装し開拓地に土着

アメリカの西部開拓時代のカウボーイ、あなたはどんなイメージを思い浮かべるか？　昔の西部劇ファンなら早撃ちのガンマン、あるいはライフル射撃の名人といったところだろう。しかしカウボーイは直訳すれば「牧童」、牧場で牛や馬や羊の世話をする人間のことなのである。本来は戦士という意味ではない。ではなぜ牧童がガンマンになったのか。開拓時代だからである。

開拓というのはそもそも、人里離れた未開の地に行って農園や牧場を経営し一財産築こうとすることだ。当然、最寄りの保安官事務所は何十マイルも先ということになるから、強盗や山賊に狙われやすい。だから自分たちの生命財産を守るために牧童が武装するということになった。それもただ武器を持っているだけではなく、相手が〇・八秒で拳銃を抜くならこちらは〇・七秒で抜かねばやられてしまう。牛や馬の世話以上にガンプレイに磨きをかけなければいけない。

日本の平安時代、中央で藤原氏が政府高官を独占した。そこで中級貴族は地方に活路を求めた。この時代に生きていた中級貴族の娘の清少納言は「枕草子」で有名だが、その一節「すさまじきもの（興ざめするもの）」の中に「除目に司得ぬ人の家」、現代語でいえば「人事発令で国司になれなかった人の家」がある。

こういう意味だ。中級貴族の生きる道は国司となって地方に赴任し、できるだけ地元民を搾取して蓄財するしかない。任期が終わったら蓄財したカネをワイロにして藤原氏に贈り、また別の国の国司にしてもらい地元民を搾取して蓄財する。この繰り返しなのである。

清少納言の父親の清原元輔は、当時としては超高齢の六二歳になってようやく河内権守（副知事）になれた。そして七九歳になっても引退せず、肥後守として現地熊本に赴任し八三歳で死んだ。昔の八三歳は今の一〇〇歳に匹敵するだろう。それだけ一族のために頑張ったということだが、さんざんワイロを贈り八方に頭を下げても国司になれなかった、つまり「除目に司得ぬ人」もいた。そんな、火の消えたように活気のない「負け組」の家、それを清少納言は「すさまじきもの」と表現したのである。

しかし、元輔と違って都には帰らない道を選択する者もいた。まずは国司として赴任するが、任期中に国司の権限を使って大邸宅や大農園を築き蓄財もし、任期が終わったらそのまま土着するというやり方である。

これを選んだのは元皇族系の源氏(げんじ)や平氏(へいし)であり、その赴任地は関東以北であるケースが多かった。大和(やまと)朝廷成立以前から開発が進んでいた関西以西の地に比べ、関東以北はまだまだ開拓の余地があったからだ。しかし彼らは藤原氏ではないので、墾田永世私財法が適用されない。しかも国有地の不法改造によって得た財産であるから国家権力は守ってくれない。そこで彼らは後世のカウボーイのように自ら武装し、武技を磨かなければならなくなった。これが武士団に発展していったのである。

武士団に軍事警察部門を業務委託

本書で読者の皆さんに理解していただきたいことはたった一つだけだと言ってもいい。日本史は、「天皇家の信仰」が動かしている、ということだ。

難しくはない、当たり前のことである。たとえば欧米諸国の歴史の根底にキリスト教があるように、中東諸国の歴史の根底にイスラム教があるように、これは地球人類の常識といってもいい。しかし、お気づきのように日本の歴史教育だけがこの常識を無視している。この常識を認識しない限り日本史は理解できないが、それを無視している現在の教科書では本当の日本史は学べない。

平安時代後期になぜ国が乱れたのか？　確かに「フジワラムシ」という寄生虫が日本国を弱らせたのは事実である。しかしそれだけではない。基本的に天皇家も貴族階級も「死のケガレに触れると不幸になる」という信仰があるために、世界中どこの国でも国家の主権者としての基本的な義務である治安の維持、つまり軍隊と警察の整備を怠ったのが乱世となった最大の原因なのである。

しかし、いくら「死のケガレ」を嫌っても、軍事警察部門が整備されていなければ国を維持することができない。そこで天皇家や高級貴族が考えたのが、なんと彼らが軍隊や警察を事実上廃止してしまったために、やむを得ず自分の生命財産を守るために生まれた武士団に、日本の軍事警察部門を任せようということであった。

わかりやすくするために、あまり上品ではないたとえ話にしよう。ある県が知事の怠慢で県警組織を開店休業状態にしてしまったとしよう。当然治安は乱れる。そこで治安を回復するために、県警を再建するのではなく県の指定暴力団○○組に知事が警察業務を委託した、というのが平安後期の日本国の「この国のかたち」なのである。

業務を委託するにあたってはそれなりの地位と報酬を与える必要があるわけだが、地位については彼らは県警本部とは別の組織なので県警本部長の職は与えられないので、それとは違う名前だが何か官職をあたえる。報酬については彼らが非合法でやっている悪事を黙認することでそれに代える。その悪事とは麻薬密売や売春ではない、不法改造した国有地の占拠すなわち荒地を開墾し田畑に変え所有するのを黙認することだった。

これなら費用はかからないから「フジワラムシ」に養分を吸い取られ、国家予算がまともに組めない国でも何とか治安を守ることができる。

一一世紀に前九年の役という内乱が勃発した。九世紀に征夷大将軍、坂上田村麻呂によって征服された東北の安倍氏が大和朝廷に対して反乱を起こしたのである。こうしたとき世界中どこの国でも国家の軍隊が出動し鎮圧する。したがって国家はそういう有事のために常に軍隊を整備し維持している。しかし、この時代の日本はそうなっていない。

では、どうしたか？

「朝廷は一〇五一年（永承六）武門の名将源頼義を陸奥守に任じ、一〇五三年（天喜一）には鎮守府将軍も兼ねさせ、安倍氏の制圧にあたらせた」（『日本大百科全書』小学館刊）

本項の記述をもう一度頭から読み直して、この百科事典の記述を再度読めば、日本史を本当に理解するというのがどういうことか、読者の皆さんにもはっきりとわかるだろう。

カネでのし上がった平忠盛

要するにこの時代、今の国家でいえば防衛省と警察庁が開店休業状態で、代わりに設けられた警視庁の代替組織（検非違使）だけが首都の京で機能しているに過ぎない。VIPを警護するSPもいない。だから上皇も天皇も藤原氏の政府高官も、ガードマンとして武士団を使った。これも先のたとえを使えば、警察が機能していないので暴力団○○組に警護を依頼するという状態である。

特に院政の主である上皇、法皇は武士団と密接な関係をつくった。院政は今の霞が関（官僚機構）から独立している。だからこそ藤原氏の摂政や関白あるいはそれにべったりの左大臣右大臣に邪魔されずに、国政を思いのままに動かすことはできる。しかし本来は引退した上皇の個人事務所であるから、国家予算を自由に使うことはできない。平たく言えばカネがないのである。

武士団にはカネがある。大農場主だからだ。しかし前にも述べたように、彼らが勝手に開拓した田畑は藤原氏のように墾田永世私財法の適用を受けないから、自分のものにならないばかりか完全な非合法の財産である。もっとも皮肉なことに国家の軍隊や警察が機能していないので、それを取り上げられる心配はまずない。しかし、自分が非合法な存在であるというのは何となく不安である。その不安を解消するために最も良いのは、権力に接近し身の安全を図ることである。

この時代、成功（じょうこう）という言葉があった。不正に蓄財した人間でもそれを国家に献上すれば、それなりの官職を得られる、という制度だ。要するに国家公務員の官職をカネで買うのである。非合法集団の長ではあるが、大農場主で大金持ちの武士団の長は積極的にこれをやった。もちろんターゲットは、藤原氏の政府高官や天皇よりはるかに偉い院政の主の上皇（あるいは法皇）である。

あの超ワンマンにして院政の創始者である白河上皇は、北面の武士という新しい制度を作った。院の御所の警備を武士団にやらせたということだ。そうした中、主に西国で農業というより貿易に励み巨大な富を作って白河上皇に何度も「成功」し、のし上がった武士団の長がいた。平忠盛、あの平清盛の父親である。ちなみに平氏というのは源氏と違って桓武天皇の子孫が臣籍降下して生まれた一族である。

源氏が東国に勢力を伸ばし経済基盤は農業だったのに対し、平氏は西国が本拠で経済基盤は農業より貿易だった。西国は昔から開拓されており墾田を増やす形で勢力を拡大するというわけにはいかなかったようだ。しかし貿易の利は莫大であり、荘園から上がる農業収入を独占する藤原氏に引けをとらないほど資金は豊富だった。それゆえ藤原氏の勢力をおさえようとする白河上皇の一番のお気に入りは忠盛だった。

白河の死後も跡を引き継いだ鳥羽上皇にかわいがられ、武士の身で初めて御殿へ上がること、「昇殿」をゆるされた。そればかりではない、忠盛は刑部卿にも任じられた。これまで武士には決して許されなかった「県警本部長」（あるいは警察庁長官）になったのである。そして、その息子の平清盛の本当の父親は白河上皇だと噂されていた。

『平家物語』「殿上の闇討」の真相

国民文学ともいえる『平家物語』、タイトルは知っているが中身を全部読んだことがないという人が国民の大多数だろう。逆に多くの人が知っている、冒頭の「祇園精舎の鐘の声、諸行無常の響きあり」に続く第一章がどういうエピソードで始まっているか、知る人は意外に少ない。

タイトルは「殿上の闇討」という。平清盛の父忠盛が武士の身でありながら鳥羽上皇に気に入られ初めて御所に昇殿をゆるされた際、それを憎んだ公家たちが忠盛を「闇討」しようとした、というエピソードだ。問題はこの「闇討」という言葉である。一昔前は国文学界の大御所が監修した『平家物語』の註にも「忠盛を殺すこと」などと書かれてあった。まったく情けない話で、大御所の先生方も日本史をまったく理解していなかったということだ。

公家たちはなぜ忠盛を憎むのか。それは忠盛が「死のケガレ」に汚染（穢染）された武士だからである。最もケガレなき存在である天皇の御所に忠盛が入るということは、神聖な場所が「穢染」されてしまう。だからといって、そこで忠盛を殺したりしたら「死のケガレ」による穢染はさらに拡大してしまうではないか。そもそも公家とは「死のケガレ」に触れるのが嫌で軍事警察部門を開店休業状態にしてしまった人々である。自ら剣をふるって忠盛を殺すことなど絶対にありえない。

西洋史の教科書に「聖フランシスコ・ザビエルはその時自殺という手段も考えていました」などと書いてあったら、そんな本はゴミ箱に捨てるだろう。キリスト教は自殺を禁じているというのは常識中の常識である。ところが日本史においては、こういう常識中の常識がほとんど教えられていない。では、ここでの「闇討」とは何かといえば、忠盛をいわば「布団蒸し」にしてリンチにかけ御所からほうり出すことだろう。なぜ「布団蒸し」かといえば、ケガレの塊である忠盛にタッチしたくないからだ。

天皇家はかつて天皇の死による「穢染」問題が解決できず、首都を天皇の代替わりごとに移転していた。その悪しき習慣に終止符を打ったのが持統天皇であった。神道とは違う仏教に「穢染除去」を委ねたのである。どうしても「穢染」が避けられない葬儀、医療については仏教の僧侶が担当する仕組みが作られた。だから僧侶だけは御所も「穢染除去済」としてフリーパスだった。

しかし武士は違う。軍事を専門とする彼らは限りなくケガレた存在だ。だから御所の庭先まで入ることができても、絶対に建物の中に入ることは許されなかった。鳥羽上皇がそれを許したのは常識破りの極めて異例のことだったのだ。では、なぜ許したかといえば、国家予算が使えない院政の主としては、絶対に必要な活動資金の供給源だったからだ。

通常御所に上がることのできる殿上人には、上がれない地下と違って官位が与えられる。公家並みの待遇であるということは、与える官職も律令に規定された正式なものでなくてはならない。もうお分かりだろう。だから、忠盛は律令には規定された官職ではあるが、公家たちはやりたがらない「あまりもの」の刑部卿に任じられたのである。

後白河が命じた世界史上最も過酷な命令

保元の乱関係図

このあたりの時代の流れを整理しよう。

平清盛の父平忠盛がお気に入りだった鳥羽上皇が亡くなると、「叔父子」としてイジメ抜かれていた崇徳上皇と、鳥羽の後継者の後白河天皇との間に戦争が起こった。保元の乱（一一五六年）である。ただし、これは天皇や公家は一切武器を手にせず、雇った武士団同士を殺し合わせた「代理戦争」だった。父の死後最も有力な武士団の長となっていた平清盛は、後白河を応援したため後白河陣営が勝利をおさめた。ここで注意すべきは、天皇家と同じく平氏や源氏の内部にも分裂があったことだ。

平氏では清盛は後白河についたが、忠盛の弟平忠正は崇徳に味方した。源氏も有力な武将の源義朝は後白河についたが、その父の源為義は崇徳に味方した。ちょうど関ケ原の戦いのとき真田家が親子兄弟で敵味方に分かれたようなことが、この保元の乱の時代に既に行われていたのだ。

なぜそんなことをするかといえば、要するに「保険」ということだろう。どちらが勝っても「家」は残る、ということだ。どちらかが「天皇（あるいは上皇）」でなければいいのだが、この戦争では両方とも「官軍」である。丁半どちらにも賭ける必要があったのだ。もちろん、どちらへ転んでも「勝ち組」は「負け組」を助ける、という申し合わせはあったに違いない。ところが戦いが終わると勝った後白河は、おそらく日本だけでなく世界史上、前代未聞の過酷な命令を武士たちに下した。反逆者の処分は身内でやれ、というのである。この意味がおわかりだろうか？　戦犯は国家の犯罪人であるから、本来は国家の手で処刑しなければいけない。何度も繰り返して恐縮だが、それが世界の常識である。

ところが後白河は清盛には叔父忠正を、義朝にはなんと実の父為義の首をはねよ、と命じたのだ。義朝は自分の功績に代えて父の命だけは助けてくださいと嘆願した、為義は頭を丸めて自分の罪をわびた。しかし、後白河は絶対に許さなかった。結局、清盛は叔父忠正の首をはね、義朝は泣く泣く父為義の首をはねた。

世界にいろんな悲劇の例はある。息子が父を殺したという例もある。しかし、息子が「帝王」の命令で実の父親の死刑を執行したという例を私は他に知らない。なぜそんな残酷なことを後白河は命じたのか。後白河は「罪のケガレ」に染まった人間の死刑に関与し、「死のケガレ」に触れるのがイヤだったのだろう。平安時代の日本がずっと「死刑」を執行しなかった（執行機関がない）ことも思い出していただきたい。そんな「信仰」が後白河をして世界史上最も過酷な命令を出さしめたのだ。

この後、江戸時代になって水戸学という哲学が生まれた。忠孝つまり、主君に対する忠義と親に対する孝行こそ人間の道徳の基本であり、天皇こそ絶対の主君なのだから徹底的に忠義を尽くすべきだ、というものである。ところが、その代表的な学者である栗山潜鋒は、後白河を史上最悪の天皇として徹底的に批判した。上に立つ者はモラルを守らなければいけないのに、後白河は自分の命令で忠義と並んで最も大切な孝行を義朝に放棄させた。そんなことをしていたから、天皇家は武家に政権を奪われることになったのだ、というのが潜鋒の結論であった。

モラル軽視で武家政権成立

保元の乱の敗者、源為義の首を息子義朝にはねさせたのは、後白河天皇ではなくその腹心の藤原信西だったという弁護論もあるが、何百年も停止されていた死刑執行を再開するには、やはり最高権力者である天皇の許可が必要である。後白河の責任は免れないだろう。

孝行（両親への報恩）は、儒教の生まれた中国では忠義（主君への忠義）よりも重要ということをご存じだろうか？　孔子と並んで儒教の開祖とされる孟子は弟子から質問された。「もし国王の父が死刑に値する罪を犯したら、国王はどうすればいいか？」。孟子の答えは「国王の地位を捨て父を連れて外国へ逃げよ」だった（『孟子』尽心章句上）。

自分に生命を与えてくれた親の恩は何にもまして貴いからである。これを現代風に強引に解釈するなら検察官は父親の犯罪を見逃し、大統領は母親の命令が違法でも実行するのが正しいことになる。お隣の韓国は日本と違って一〇〇パーセントの儒教国である。だから今でも大統領一家のファミリー汚職が根絶されない。中国の元首相も母親の不正蓄財を見逃していたと、ニューヨーク・タイムズに報じられたことがある。もちろん、念のためだが、これは儒教社会においては正しいことなのだ。

日本は一〇〇パーセントの儒教国ではない。天皇がいるからだ。日本では天皇の権威が「孝行」を上回ったということだ。少なくとも義朝は「孝行」よりも「忠義」を優先した。しかし、いかにそれを命令できる立場だったとしても、臣下に「孝行」というモラルの柱を破壊させれば、もう一つのモラルである「忠義」も必ず軽んじられるようになる。だからこそ後白河の時代に天皇家は政権を失い、武家政権つまり幕府にとってかわられたのだというのが、前に述べたように水戸学の結論だった。

ところが面白いことに政権を失った天皇家自身は、その原因が後白河のモラルの軽視にあったなどとは夢にも考えていなかった。天皇家ではその原因を「崇徳上皇のタタリ」であると考えていたのだ。怨霊（おんりょう）信仰も重要な「天皇家の信仰」であることは何度も強調したところである。

またしても念のために言うが、このことは井沢新説ではなく日本歴史学界ですら認める事実である。正確に言えば「天皇家は政権喪失の原因を崇徳のタタリと信じていた」と言うべきかもしれないが、このことは反論の余地がないほど明確な事実なのだ。

崇徳は保元の乱敗北後、讃岐国（香川県）に流されたが、一度は自分の行為に対する反省の念を込め大量の経典（五部大乗経）を写経して都に送った。これを、しかるべき寺に納めてくれということだ。ところが後白河は「何か呪いでもかけてあるのでは」と疑い、そのまま讃岐に送り返してしまった。この仕打ちに激怒した崇徳は自分の舌を噛み切り、その血で経文に「日本国の大魔縁（大魔王）となり、皇を取って民とし民を皇となさん」と書きつけたという。つまり天皇家を没落させ臣下が代わりに政権を掌握する世の中にするという呪いの言葉だ。

その後、崇徳を追放した後白河の時代に、まず平清盛が最初の武家政権を作り次に源頼朝が鎌倉幕府を創設した。確かに天皇家は政権を失った。その歴史的事実の原因を天皇家は「大魔王崇徳」の仕業だと考えたのである。

仏教より怨霊の力の方が強い

もう一度繰り返すが、「天皇家は政権を失ったのは崇徳上皇のタタリだと信じていた」ことはまったくの歴史的事実である。

鎌倉幕府成立から七〇〇年も経過した明治維新の直前、父孝明天皇が亡くなり後継者となった明治天皇は、四国の讃岐の崇徳陵に勅使を送り崇徳の流罪を公式に誤りと認め謝罪し、その神霊を輿に乗せて京都に迎えた。その神霊が今も祀られているのが白峯神宮（京都市上京区）であり、明治天皇は崇徳の霊を迎えてから正式に即位し元号を明治と改めた。これも井沢新説でも新発見でもなく、宮内庁の公式記録である「明治天皇紀」に記載されている事実だ。

それでも、多くの日本人がこの事実を知らないのは、もうおわかりだろうが日本歴史学界の「宗教無視」がそうさせるのである。また崇徳は自分の血で経典に呪いの言葉を書きつけ、「魔道に回向す」つまり「このお経の力をすべて悪のパワーに変えてやる」と宣言している。これも井沢新発見でなく何百年も前から知られていることだが、歴史学界はこのことの重大性が分かっていない。

西洋史において吸血鬼ドラキュラ伯爵が自分の血で聖書に呪いの言葉を書いたとして、それで聖書が「呪いの書」に変わるだろうかと考えてみればいい。そんなことはあり得ないことがわかるだろう。しかし、同じような状況で日本人は崇徳の呪いが成就したと信じていたのだ。つまり、この記録は「仏教の力よりも怨霊の力の方が強い」と天皇家が信じていた証拠なのである。重大性というのはそのことであって、そこに気がつかなければいけない。

さて後白河の時代に天皇家が政権を失ったのは事実である。

では、そうなった原因は水戸学が言うように天皇家がモラルを喪失したからだろうか？　もちろん天皇家自身は崇徳のタタリだと信じていたのだが、それが本当の原因であるとは私も言わない。もっと現実的な理由があるからだ。

それは世界中どこの国の政権でも権力を保持するのに欠かせない軍事・警察権を、「死のケガレ」は徹底的に避けるべしという日本独自の信仰のために、天皇家が手放してしまったことが最大の原因なのである。

軍事・警察権は国家の維持について必要不可欠なものだから、誰かがそれを手放せば誰かがそれを拾い上げ担当する。そして軍事・警察権は実質的な国の統治権だから、それを担当する者は実質的に国を支配することになる。それが武家政権つまり幕府だ。しかし武士たちは他の日本人と同じく、天皇が神の子孫であり日本の正統な主権者であることは認めている。だから天皇家を滅ぼすようなふるまいには決して出ない。天皇家はあくまで権威として尊重し、そこから政治権力を委任されたという形をとる。

のちに源頼朝が朝廷から征夷大将軍に任命されたのがそれだ。頼朝は天皇の命令を受け東国に赴任した征夷大将軍であり、その幕府（前進基地）において軍事政権を立ち上げ日本を事実上支配する。これが幕府政治であり、七〇〇年後それが終了するとき最後の将軍徳川慶喜（とくがわよしのぶ）が大政奉還、つまり「これまでお預かりしていた日本の統治権をお返しします」という形をとったのも、そもそもこの時代に、天皇家は将軍家に行政権を委任したと考えられていたからなのである。

源頼朝が掲げたマニフェスト

繰り返すが、後白河の時代に天皇家が政権を失ったのは、天皇家が放棄した軍事・警察権を武家が拾い上げたからなのである。

武家政権を事実上立ち上げたのは平清盛であった。清盛を家長とする平氏の一族（これを平家と呼ぶ）による政権だが、「事実上」というのは清盛の政権が朝廷から独立した形ではなく、藤原氏のように政府高官を独占したうえで自分の娘を天皇に嫁がせるという、「藤原方式」で成立していたからだ。藤原摂関政治との違いは、清盛は太政大臣にはなったものの摂政や関白にはなれなかったので、そこのところが少し違うが基本的には同じものであった。

その清盛が白河上皇の実子ではないかという噂があったことはすでに述べたが、どういうことかというと、白河は自分の愛人を忠実な臣である清盛の父忠盛に「下賜」したのだが、その時に彼女は既に妊娠していたというのである。忠盛はそれを自分の子として育てたということだ。本当のところはわからない。何しろあの白河のことだから可能性としては十分にあり得るが、真実を確定する証拠はない。ただし、平家や清盛自身がこの噂をうまく利用したのは事実だろう。「死のケガレ」に満ち満ちた武士の棟梁が大臣になるなどとんでもないが、白河の御落胤なら仕方がないかと、貴族階級は腹の底で考えたかもしれないからだ。とにかく清盛はライバルの源義朝を平治の乱（一一五九年）で敗死させ、その軍事力と経済力で朝廷を実質的に支配することに成功した。

しかし、最初の武家政権とも言うべき平家政権は清盛の死後あっという間に崩壊してしまった。しかも、平家を倒したのは清盛自身が伊豆国（静岡県南部）に流罪にしたライバル義朝の息子源頼朝であった。平家は政府高官を独占し、清盛の娘徳子は天皇の皇后となり次の天皇（安徳天皇）を産んだ。まさに藤原氏と同じような権力を持っていた平家が、なぜ「流罪人上がり」の頼朝に滅ぼされてしまったのか？

頼朝が関東に流罪にされたことは、実は頼朝にとっては大幸運であった。京で若殿育ちのままだったら絶対にわからなかったことが、流罪先の伊豆で地方武士の生活に触れたことでわかったからだ。それは汗水たらして自分で開拓した土地（田畑）の正式な所有者になりたいという当たり前の願望であった。しかし墾田永世私財法は武士たちには適用されない。この不満は爆発寸前だった。

しかし平家は気がつかなかった。彼らの経済基盤は貿易であり東国武士たちの農業とはまったく違うものだったからだ。そこで地元の北条氏を味方にした頼朝は「マニフェスト」を掲げた。「オレについてくれば武士の土地所有権を朝廷に認めさせる」ということだ。

頼朝の支持者はあっという間に数万に膨れ上がった。そして軍事の天才の弟義経が傘下に加わったこともあり、頼朝は平家を倒した。さらに「日本国第一の天狗（頼朝の言葉）」後白河にせまって、ついに武士が自分の田畑の正式な所有者であることを認めさせた。これが地頭という地位である。また頼朝は国司に代わって地方武士団の代表者が、国単位で軍事・警察権を執行できることも朝廷に認めさせた。これが守護であり後に大名に発展する。まさに崇徳「大魔王」と後白河「大天狗」の時代に日本は大きく変わったのである。

後醍醐天皇［第九六代］

もし本当に、日本が天皇家の祖先神 天照大神（アマテラスオオミカミ）を主神とする八百万（やおよろず）の神に守られている国とするならば、まさに鎌倉（かまくら）幕府という軍事政権の成立はその配剤であったかもしれない。

なぜならちょうど鎌倉幕府が政府として形を整えたときに、海の向こうから元帝国つまりモンゴルが攻めてきたからだ。蒙古（もうこ）襲来いわゆる元寇（げんこう）である。もしこれが平安（へいあん）時代の中頃であったら日本には国軍がなかったし、武士団は十分に発達していなかったのだから、そのまま中国に占領され今頃われわれは中国語を話し、本稿も中国語でつづっていたかもしれない。

もちろん幕府でなく朝廷主導なら、攻め込まれないよう外交でうまく乗り切ったのではという意見もあるが、歴代の中国王朝で最も強圧的だったのは元だから攻められた可能性は限りなく大きいのである。

後鳥羽天皇の倒幕計画

しかし、当の天皇家は軍事政権が成立したことを悪夢のように考えていた。

ここで日本史を考察するのに極めて重要なポイントとして、ぜひ指摘しておかねばならないのは、モンゴルの侵略以降「神風」という思想が日本に定着したことだ。これを「神国日本の誇り」だと思っている人が今もいるのだが、実は大きな間違いである。天皇や公家（くげ）たちは、『古事記』以来の「ケガレ忌避信仰」で、「死のケガレ」に触れるのを恐れるあまり国家の軍事・警察権を放棄し、その結果武士たちによる鎌倉幕府の成立という結果を招いたことをもう一度思い出していただきたい。

要するに天皇や公家を中心とした朝廷勢力は、幕府つまり武士たちの軍事力がモンゴルの侵略を撃退したという、歴史的事実をどうしても認めたくなかったのだ。しかし現実にモンゴルが撃退されたのは事実である。そこで彼らは日本を救ったのは「軍事力」ではなく「神の力」だ、「神風が吹いたからだ」と言い出したのだ。

現代の日本人の多くは、「神風」を信じるのが右翼で「護憲」を信じるのは左翼だと思っている。しかしいわゆる「護憲派」の人々は、自衛隊を絶対に正式な軍隊とは認めようとせず、また自衛隊や日米安保が戦後日本を守ってきたという歴史的事実もかたくなに認めようとせず、神風ならぬ平和憲法が日本を守ったという非科学的な主張を繰り返している。要するに「神風派」も「護憲派」も「同じ穴のムジナ」ということで、それがわからないのは歴史教育の欠陥であることをもう少し認識した方がいい。

ところでモンゴルが攻めてきたのは、鎌倉時代中期の第九〇代亀山（かめやま）天皇の頃だが、ここで話を幕府成立直後に戻そう。

天皇家は幕府の成立を「悪」と見ていた。「死のケガレ」に汚染ならぬ「穢染」された武士が、日本の政治を左右するなどとんでもないことだからだ。そこで、「悪」の打倒にまず立ち上がったのが後白河の孫の第八二代後鳥羽天皇だった。後鳥羽は早々に天皇の位を息子（第八三代土御門天皇）に譲り、事実上の院政を始め幕府打倒に執念を燃やした。しかし後鳥羽の倒幕計画（承久の乱　一二二一年）はあっけなく失敗に終わり、後鳥羽は幕府の意向で隠岐島に流罪になった。自前の軍事力を持たない天皇家が、軍事政権である幕府を倒すことなど本来は不可能なはずだ。

ところが第九六代後醍醐天皇は見事倒幕に成功したのである。二人の違いはどこにあったのか？

贈「徳」字方式鎮魂法は「効き目なし」

なぜ後鳥羽天皇の倒幕計画は失敗したのに、後醍醐天皇のそれは成功したのか？

それを語る前に少し注意を喚起したいことがある。実は後鳥羽天皇の諡号は、最初は後鳥羽ではなく「顕徳」だったのだ。前に聖徳太子のところで語ったように、太子以降不幸な最期を遂げた天皇には諡号に「徳」の字を贈り、鎮魂するというルールがあったとみられる。

そのルールにのっとり四国の讃岐で憤死を遂げた天皇には「崇徳」、平家と共に西海に沈んだ幼帝には「安徳」が贈られ、隠岐島で憤死した天皇にも「顕徳」が贈られたのだが、崇徳は大怨霊と化し顕徳もその死後天変地異が続いたので、顕徳には後鳥羽という新しい諡号が贈られ、以後天皇に「徳」の字が付いた諡号が贈られることは無くなった。贈「徳」字方式鎮魂法は「効き目なし」という評価が下されたということだ。

いまだに誤解している人が多いのでもう一度繰り返すが、「白河」や「後鳥羽」という諡号はその天皇が亡くなってから贈られるもので、生前その名で呼ばれたことは一度もない。「生前」には天皇は一人しかいない。上皇は複数いる可能性があるが、天皇は一人しかいないので「みかど」とか「お上」と呼べば十分なのであって他に呼び名は必要ない。外国人は気軽に『天皇ヒロヒト』などという本を書くが、日本では天皇の実名をそのまま呼ぶことはめったにない。しかし天皇が亡くなってしまうと、歴代の何十人もいる天皇と区別しなければいけなくなるので「諡号」を贈るというわけだ。

ちなみに後醍醐天皇の実名は「尊治」だったが、この天皇のユニークなところは自分が死んだら諡号は「後醍醐」にせよと命じていたことだ。「醍醐天皇の事績を継ぐ者」という意味になる。醍醐天皇といえば、前にも述べたように藤原氏にだまされて菅原道真を流罪にした天皇なのだが、この時代はなぜか醍醐、朱雀そして次の村上天皇の時代は天皇親政（直接政治をとること）がおこなわれた理想的な時代ということになっていた。たまたま藤原氏の摂政や関白がおかれなかったからであろう。だから「尊治天皇」は生前から諡号を後醍醐に定め、息子にも「後村上」を諡号とするよう指示したようだ。

話を戻そう。そもそも後鳥羽が倒幕を目指した動機は前に述べた通りだが、動機があるからといって物事は実行せねば成就しない。後鳥羽はうまくいくと思っていた。というのは、後鳥羽の時代、幕府を立ち上げた源頼朝の直系の子孫が三代で絶え、その後は「幕府商店の番頭」に過ぎない北条氏が権力を握ったからだ。後鳥羽は番頭が主人面をしても武士たちはその下では団結しないだろうと考え、幕府の反主流派の武士たちをたきつけて（自分の手は穢さず）幕府を倒そうと考えたのである。

しかし、幕府には頼朝未亡人北条政子という「英雄」がいた。このリーダーシップの下に武士たちは団結した。また北条氏は都の貴族を傀儡の将軍として迎えて、自分たちは将軍の座を狙わずあくまで執権という「番頭」のままで、頼朝以来の武士の権利を守る姿勢を貫いた。だからその政権は長持ちしたのである。

ところが、その政権がガタガタになった。きっかけはあの元寇つまりモンゴルの襲来であった。

元寇で生じた武士たちの窮乏と北条執権への不満

元寇は幕府にとってやはり大打撃であった。

何とかモンゴルを撃退したものの、こちらから攻めていったわけではないから領土の獲得は一切なし。現代風に言えば膨大な国家予算をつぎ込んだのに見返りはまったくなかったということだ。だから大手柄を立てた武士たちに恩賞を与えることもできなかった。

そもそも幕府の仕組みというのは、武士たちが開拓した田畑を領地としてその所有権を幕府が安堵（保証）する。前にも述べたように、これが幕府の創立者源頼朝が朝廷から獲得した武士の最大の権利であった。そして、そのことを「御恩」とした武士たちは幕府に対して「奉公」、つまり恩返しをしなければいけないという形である。だから国のために出動命令が下ったとしても、遠征費用も部下たちに対する保証もすべて御家人（鎌倉幕府直属の武士）が自腹を切ってするものであった。したがって恩賞が与えられないということは、その分、御家人の財政は苦しくなるということだ。

しかもこの時代、武士は子供たちに財産を均等に相続させていた。財産というものは長男がまとまって相続し次男以下は何ももらえないというのが、武家社会のルールだと思っている人が多いが、実はそれが完全に確立したのは江戸時代のことである。鎌倉時代は長男も次男も三男も同じ分だけ財産が継げた。しかし、御家人の地位は長男しか継げない。御家人には奉公という義務がある。父親の代の三分の一の財産で自腹を切って奉公しなければならないのだから無理な話である。御家人は商人から借金を重ね窮乏していった。御家人という「足腰」が弱まれば幕府全体もおかしくなる。世の中は乱れ幕府は統制力を失っていった。

そうなると、これまで北条執権体制という「番頭経営」を渋々認めていた、源頼朝につながる源氏の一族たちが、幕府に不満を抱き始めた。足利尊氏や新田義貞といった人々だが、この「足利」とか「新田」というのは苗字（名字）で、本来の「姓」とは違うことはご存じだろうか？　足利も新田も姓は「源」である。すなわち足利尊氏、新田義貞ではなく源尊氏、源義貞というのが本名だ。しかしみんな「源」ではややこしくて仕方がないので、多くは自ら開拓した大農場の所在地の地名を便宜的に名乗った。これが苗字だ。ちなみに韓国ではそういうことを一切しないので、姓だけ、すなわち「金さんばかり」ということにもなるわけである。

要するに「番頭」が本来の「主人」の源氏を差し置いて幕府を仕切っていることに、不満を募らせる源氏一族が出現したのである。そして、鎌倉幕府成立以来、平和になり農業の他に商業が発展したことにより、「農業政権」である鎌倉幕府の統制に服さない「商人的」武士たちも出現した。幕府は当然これを嫌い彼らを「悪党」と呼んだが、これは倫理的な意味ではなく幕府の命令をきかない武士という意味である。

ならば、こうした「悪党」と「不満分子」を焚きつければ倒幕も夢ではない。後醍醐はそのように考えたのだ。歴史上、長年の間その「悪党」の代表と考えられていた人物がいる。

日本史上、最大の軍略家とも評される楠木正成である。

自分と子孫で地位を独占したい欲望

人間だれしも好き嫌いはあるし、私にもそれはある。そして、歴代天皇の中で私が最も好きになれない一人がこの後醍醐なのである。

戦前にそんなことを言ったら、叱られるより前にバカにされたかもしれない。後醍醐は、幕府政治が始まって以来、初めてそれを打倒した英主（名君）であるし、大忠臣楠木正成の主君でもある。むしろもっとも尊敬すべき天皇の一人だというのが戦前の評価だったからである。

後醍醐はなぜ鎌倉幕府を倒そうと思ったのか？　もちろん「死のケガレ」に「穢染」された武士の政権は「悪」だからで、その点は後鳥羽と同じだが、もうひとつ個人的な理由があった。それは自分の子孫で皇位を独占したい、ということなのである。

天皇にしては当たり前の望みと思うかもしれない。天皇家はなにしろ万世一系なのだから、子孫が皇位を継ぐのは当たり前だと思うかもしれない。しかしこの時代はそうではなかった。天皇家が持明院統と大覚寺統という二つの系統に分かれていたからだ。どんな家系でも分裂しては身内の争いが起こり弱体化する。後継者同士の争い（壬申の乱、保元の乱など）なら避けがたいものがあるが、家長としてはそういう原因を作っては絶対にいけない。

ところがこれをやってしまったのが第八八代後嵯峨天皇であった。後嵯峨はいったん息子の第八九代後深草天皇に皇位を譲ったのだが、院政を開始すると強権を発動して後深草の弟に皇位を譲らせた。第九〇代亀山天皇である。こうなると後深草、亀山両天皇の子孫が皇位継承を主張して、天皇家は真っ二つに割れてしまった。

あまりのことに幕府つまり執権北条氏が仲介にたち、両天皇の子孫が交互に一〇年交代で皇位につくというルールを成立させた。つまり後深草系（これが持明院統）の天皇は、皇太子を亀山系（大覚寺統）から選び即位させる。その天皇は皇太子を後深草系から選び、これを繰り返すという方法である。これを両統迭立と呼んだ。

こういうことは大体うまくいかない。こうした中、ひょんなことから即位したのが後醍醐であった。大覚寺統の第九一代後宇多天皇は長男の第九四代後二条天皇に先立たれてしまった。そこでその息子（後宇多にとっては孫）の邦良親王を天皇にしたかったのだが、まだ子供だった。両統迭立の順番を崩すわけにはいかない。そこで中継ぎとして自分の次男（後二条にとっては弟）を立てた。これが後醍醐で、後宇多は「お前はあくまで中継ぎだ、大覚寺統は邦良の子孫に継承させろ」と遺言したのだが、この言葉を不快に思わない人間はいないだろう。後醍醐もそうであった。

それでも誠実で素直な性格なら父の遺言を実行しただろうが、あいにくと後醍醐は我欲旺盛で生涯「多数の子供」を作ったとされる精力家でもあった。天皇の子供は公式に記録されるので普通は「多数」などという表現にはならないのだが、後醍醐だけはそうなのである。どういう人物だったかわかるだろう。要するに後醍醐は天皇の位を自分と自分の子孫で独占するという個人的欲望のために、邪魔者である幕府をぶっつぶそうと考えたのである。

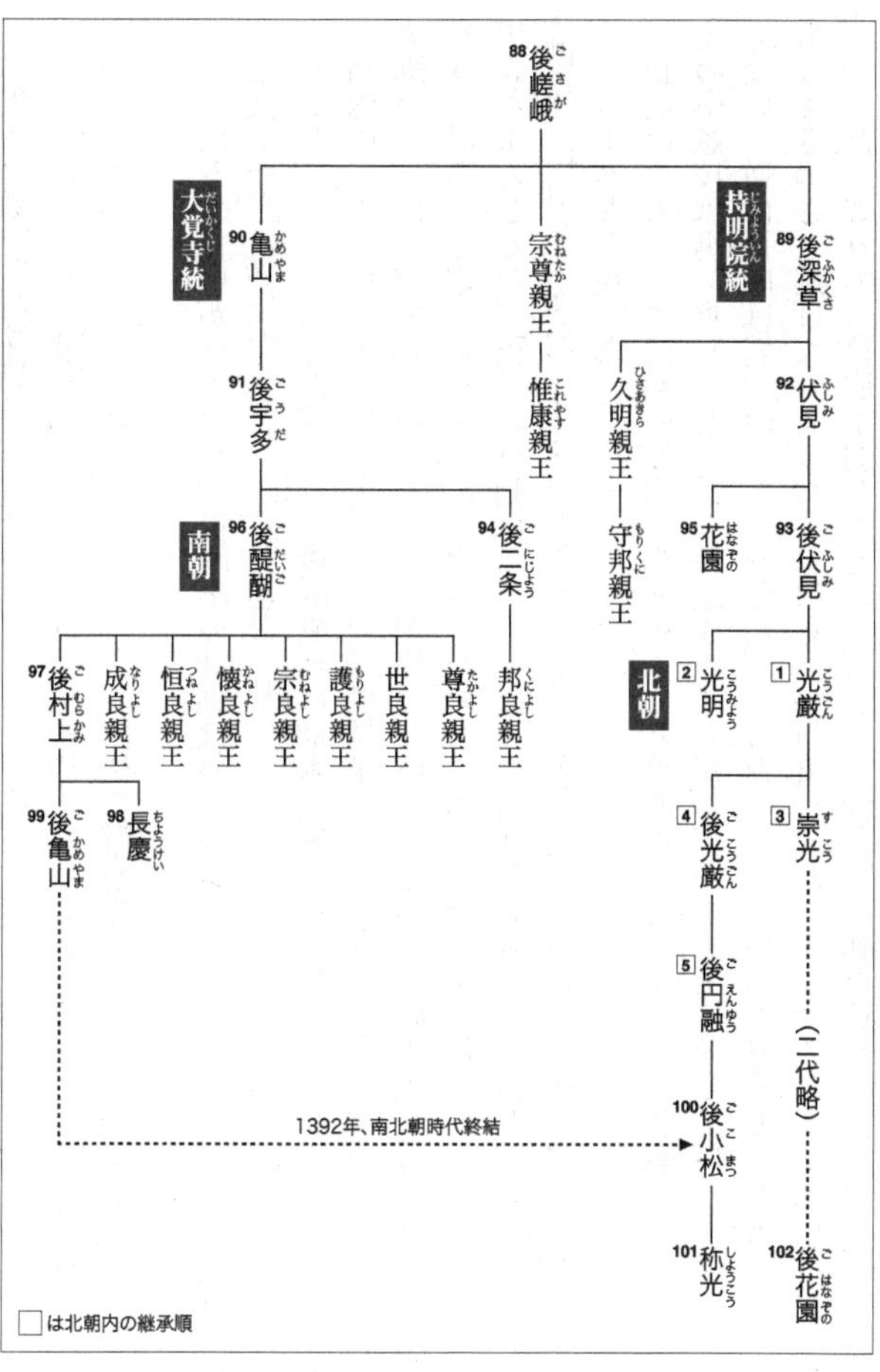

88 後嵯峨
持明院統
大覚寺統
89 後深草
宗尊親王
90 亀山
92 伏見
久明親王
惟康親王
91 後宇多
93 後伏見
95 花園
守邦親王
94 後二条
96 後醍醐
南朝
北朝
1 光厳
2 光明
邦良親王
尊良親王
世良親王
護良親王
宗良親王
懐良親王
恒良親王
成良親王
97 後村上
3 崇光
4 後光厳
98 長慶
99 後亀山
5 後円融
（二代略）
1392年、南北朝時代終結
100 後小松
101 称光
102 後花園
□は北朝内の継承順

平和願い戦いに明け暮れた生涯

この国をケガレた武士どもの思い通りにさせぬという「公憤」と、自分の子孫で皇位を独占したいという「私利私欲」、これが後醍醐が鎌倉幕府打倒に立ち上がった動機であった。

最初はうまくいかなかった。後醍醐の計画は幕府の察知するところとなり、後醍醐は「倒幕の先輩」後鳥羽と同じく隠岐に流された。

しかし、ここから先が違った。後醍醐には楠木正成という頼もしい味方がいた。正成は河内国（大阪府南部）の武士だがその来歴はよくわからない。なぜ地方の一武士が後醍醐のもとにはせ参じたのかも確かな記録はない。おそらく当時中国から輸入されたばかりの最新の思想「朱子学」に感化されたのであろう。朱子学は何よりも主君に対する忠義を重んじるが、正成の行動はすべて「天皇に対する忠義」で一貫している。幕府の「御恩」に対し「奉公」することが忠義と考えていた当時の武士の中では、極めて珍しいユニークな存在であった。

正成は少人数で本拠地の河内の山城にこもり幕府軍数万を相手に大善戦した。鎌倉武士の得意技は馬に乗り突進し敵を撃破することだが、山の上で籠城している正成には使えない。逆に正成は岩を落としたり熱湯をかけたりして幕府軍を翻弄し、討死することもなくさっさと逃げてしまった。幕府軍の面目丸つぶれである。これも正成の計算に入っていた。これで「幕府軍弱し」と見た幕府の不満分子足利尊氏や新田義貞が、後醍醐に味方した。流れは変わり北条氏の鎌倉幕府は滅亡した。元弘三年（一三三三）のことだ。

後醍醐は元号を建武と改め、「武士抜き」の政治を始めたのだが何もかもうまくいかない。武士たちは大いに不満を募らせるし、本来は天皇の味方であるはずの公家も、後醍醐の強引なやり方についていけない。癇癪を起こした後醍醐は「これまでの土地所有権は一切白紙に戻す」という、とんでもない命令を発した。

ここで足利尊氏は後醍醐を見限った。尊氏は幕府政治を否定していたわけではない。その担当者である北条氏のやり方に不満があっただけだ。逆に言えば後醍醐が尊氏に「幕府を開いてよい。一切の政治はお前に任す」と言えばすべては丸く収まり、後醍醐の子孫が皇位を独占しただろう。しかし後醍醐は政治下手のくせに「自分でやる」という態度を変えることができなかった。ここで武士の大多数は「武士の利益を守る政府」である幕府の復活を目指す尊氏を支持した。しかし、正成はあくまで天皇に味方し戦死した。

戦いに敗れた後醍醐は、三種の神器を持って大和国（奈良県）の吉野の山奥に本拠を移した。これを南朝と呼ぶ。一方、京都では尊氏の設立した室町幕府の支援のもとに新しい天皇が即位した。これを北朝と呼ぶ。南北朝時代の始まりである。

この南北朝時代の歴史記録が『太平記』だ。中身は戦乱また戦乱の話なのにタイトルは現代語訳すれば「平和物語」である。不思議な話だが、それはこの物語にある後醍醐の最期の言葉に由来するのだろう。後醍醐は生涯を通じて何を望んだか。権力か子孫繁栄か、いや違う。「四海を太平ならしめんと思うばかりなり」、つまり「私は平和の実現だけを望んでいた」のだそうだ。実際は後醍醐が戦争を始め、やめようと思えばいつでもやめられたのだが。

これが後醍醐なのである。

長慶天皇［第九八代］

一番「最近」天皇と認められた人物

第九八代長慶天皇と聞いても、そんな天皇いたんですか？　と首をかしげる人がほとんどだろう。実は近代にいたるまでこの天皇の存在は証明されなかった。江戸時代後期、盲目にして大学者であったことで有名な塙保己一も、この天皇の存在は伝説で実在はしなかったという説をとなえていた。

ところが、なんと大正年間になって流れが変わった。その実在を証明する史料が多数発見され、歴史学者八代国治（一八七三〜一九二四）の研究によって在位が確実となり、なんと一九二六年つまり大正最後の年である大正一五年に皇統（天皇家系図）に加えられることが決まった。つまり一番「最近」天皇と認められた人物であり、これからはもうこういうことはないだろう。

注意すべきは、第三九代弘文天皇とはまったく違うということだ。弘文とは七世紀の壬申の乱で大海人皇子（天武天皇）に討たれた大友皇子のことで、その後天武朝で編纂された『日本書紀』には「即位せず皇太子のまま大海人と戦った」と書いてあるのだが、これは「大本営発表」つまりウソであって、大友は即位して天皇となっていたはずだという推測のもと、明治になって天皇号が追贈されたのである。大友が即位していたに違いないということは、『大日本史』を編纂させた水戸黄門こと徳川光圀も主張していたことで、異論はほとんどなかった。

しかし長慶については、塙保己一ほどの大学者が非実在説を主張するほど「影の薄い」天皇だった。前述したように彼の時代にはまだ有力な史料が埋もれていたので、事実とは反対の結論を出さざるをえなかったのだが、いったいどうしてこういうことになってしまったのか。天皇とはたとえ権力を武家に奪われた鎌倉時代以降も、京都に君臨して人々の注目を集める存在ではなかったのか。

この答えを解くキーワードは「南朝」である。「南北朝」と言い換えてもいいかもしれない。長慶は室町時代の初期、天皇家が南朝と北朝に分裂していた時代の天皇なのである。

したがって、長慶を語るには、そもそも天皇家を南朝と北朝に分裂させた張本人である長慶の祖父第九六代後醍醐天皇の話から始めなければならない。そして、実はさらにさかのぼらなければこの因縁話は語り尽くせない。

後三条の時代から三〇〇年ぐらいは経過している。この間何があったかはすでに本書の中でも詳しく述べたが、復習のためにもう一度、ごく簡単に説明しておこう。

天皇家は天皇ではなく上皇が院という「個人事務所」を通して行う院政によって、藤原摂関政治を終わらせ権力を取り戻した。しかしその権力には軍事力が入っていなかった。天皇家も藤原氏も「軍事はケガレ」という、日本古来の神道の概念から脱却することはできなかったからである。そこで、そのようなものは恐れない武家に天下を奪われた。鎌倉幕府という軍事政権にである。この状態を異常と見た後鳥羽上皇は幕府に対して「反乱」いわゆる承久の乱をおこしたが敗退し、かえって武家の権力は盤石なものとなってしまった。しかし元寇などの影響で幕府が弱体化すると、それを見てとった後醍醐は再び「反乱」を起こして今度はみごとに成功した。そして、久しぶりに天皇親政の世を作った。建武の新政である。

「ケガレ」た武士集団が日本を「占拠」

天皇は軍隊に基本的にタッチしないというのが、平安時代の桓武天皇からの日本史の大原則である。ローマ帝国でも中国でも、お隣の朝鮮半島でもそんなことはあり得なかった。軍隊がなければ皇帝や国王は権力を維持できないからである。外国からの侵略も国内の反乱も軍隊を掌握していなければ防ぐことはできない。

ところが日本だけは、神道に基づく「ケガレ忌避」つまり人間の死にかかわることからはできるだけ離れていようという信仰が、天皇家をして軍事放棄の方向性に走らせた。四方を海に囲まれた島国で外国からの侵略がほとんど考えられなかったし、国内でも天皇は神の子孫であり、他の家系に生まれた者が取って代わることはできないという信仰が定着したため、反乱の可能性もほとんどなくなった。

前九年の役、後三年の役という反乱がおこったのは、反乱の主体である安倍氏や清原氏がそういう信仰をもたない異民族だったからである。だからこそ朝廷の方でも、この戦争を「役」つまり「対外戦争」と呼んだ。注目すべきは、この反乱を鎮圧したのは朝廷の維持する国軍ではなく、本来は非合法の武装集団であった武士団の長の源頼義、義家親子だったということである。桓武天皇の時代はまだ朝廷の役人つまり貴族でもある坂上田村麻呂が征夷大将軍となって「異民族を征伐」したのだが、平安時代も後期になると貴族たちも天皇を見習って軍隊にタッチしなくなり、その結果、国の治安が保たれなくなって、地方の開拓農民たちが武装集団と化した。これが武士である。

そして朝廷は国軍の維持を放棄していた状態だから、武士団という非合法集団に官職を与えて反乱を鎮圧させるという手段をとった。「毒をもって毒を制す」である。しかし非合法集団に官職を与えることによって、それを公認した形となり、俗に言う「軒を貸して母屋をとられる」ことになった。源頼朝が「武士の代表が朝廷から征夷大将軍に任命され日本の統治をおこなう」という形を作ってしまったのだ。これが鎌倉幕府であり一種の軍事政権である。

どん底の南朝を継いだ長慶

その鎌倉幕府を見事倒した後醍醐の建武の新政はわずか数年で崩壊した。

理由は簡単で、平安時代後期以降日本の生産（農業生産）と軍事を支えていたのは武士なのに、後醍醐はこれを「なかったこと」にして平安の昔に戻そうとしたからだ。では後醍醐がなぜそんな極端なことを考えたかは、すでに説明した通りで、武士というものは「死のケガレ」にまみれた存在であり、そんな連中が国を治めるなどあり得ないという信念だったからだ。

よく後醍醐の信念は朱子学だったと説明される。確かに儒教の一派の朱子学は主君に対する忠誠を絶対とする宗教のようなもので、明らかにこれを信奉していた楠木正成（くすのきまさしげ）が、武士の身でありながら幕府に従わず天皇である後醍醐のために最後まで戦ったことは事実である。しかし朱子学だけでは楠木正成の絶対的な忠誠は説明できても、後醍醐が徹底的に武士を政権から排除しようとしたことは説明できない。これはやはり桓武以来きわめて顕著となった「ケガレを嫌う」思想、つまり神道の立場からでないと説明できないのである。

しかしそうは言っても、現実に動かしている武士たちを排除することなど机上の空論であって、そんなことをすれば後醍醐の方が排除されるだけのことだ。実際そうなった。その後醍醐が立てた「南朝」の三代目にあたるのが長慶だ。

「三種の神器」を持つ南朝こそが正統

本章の主人公は「長慶天皇」である。

実際はお気づきのように、長慶のことはほとんど書いていない。長慶は歴代天皇の中で最も影の薄い存在であるからだ。ジリ貧となっていった南朝で長慶は天皇に即位したのだが、その即位は情報として京にはまったく届いていなかった。室町幕府は北朝の天皇を立てているから南朝の天皇など必要ない。後醍醐の子孫など早く滅んでしまえばいいと、北朝の天皇も足利将軍も考えていたのである。

長慶の功績として唯一認められるのが『源氏物語』の注釈書である『仙源抄』を著したことだろうか。これも原本が残っているわけではなく、写本は昔から伝わっていたが長慶の実在は疑問視されていたから、後世の人間が長慶の名をかたって書いたという見方もあったのである。だが現在ではそうした見方は完全に否定されている。

しかし、南朝の天皇など必要ない「北朝陣営」にも無視できない重い事実があった。正統な皇位の継承者であることを示す「三種の神器（鏡、剣、玉）」が北朝にはなく南朝にはあったからだ。後醍醐がそれを持ち去ってしまっていたのである。

もしお手元に天皇系図があったらご覧いただきたい（三四七ページ参照）。実は室町幕府の立てた北朝の天皇は六人いるのだが、北朝一代、北朝二代という形で表記され、そのうち五人は正式な天皇の代数には入っていない。入っているのは南朝の天皇の方なのである。昔からの説明では、北朝の天皇は「三種の神器（鏡、剣、玉）」を持っていなかったから、正式な天皇とは認められないということだ。

それなのに北朝六代目の後小松だけはなぜ正式な天皇の代数に入って第一〇〇代天皇になっているかといえば、ここで南朝から北朝に三種の神器が正式に譲られたからなのである。譲ったのは長慶の弟で第九九代に数えられている後亀山天皇である。

その陰には室町三代将軍足利義満の暗躍があった。室町将軍の権力は義満の時代にピークに達した。傲慢な自信家でそれゆえに実力ある強腕政治家だった義満は、長年の懸案であった「南北和平」を達成しようとした。確かに南朝はジリ貧だが正統性は彼らにある。放置しておけばいつ何時反対勢力と結びついて巨大な力になるかもしれない。

しかし誰もが和平は不可能だと思っていた。南朝も北朝も互いの正統性を主張するばかりで、決して譲ろうとしなかったからだ。特に南朝の長慶はいかに落ちぶれようと決して北朝と妥協してはならないという、祖父の後醍醐譲りの強硬論者だった。ところが、その長慶がなぜか弟で柔軟な考えを持つ後亀山に譲位した。ひょっとしたら室町幕府の裏工作があったのかもしれないが、義満は南朝と北朝が交互に皇位に就く、すなわち両統迭立の昔に戻したらどうかという和平案を南朝に提案した。それなら妥協できると後亀山は飛びついたのだが、これは義満の仕掛けたワナであった。

天皇になろうとした足利義満

足利義満の仲介で、後亀山は三種の神器を正式に後小松に譲った。後小松も紛れもなく天皇家のＤＮＡを持っている。したがって、ここで後小松は正式な天皇となった。ところがその途端、後小松は「三種の神器は正式に譲られたのではない、奪われたものを取り返しただけだ」と言い出した。つまり南朝の天皇など認めないし、後亀山の子が皇位に就くなど有り得ない、と言い出したのだ。しかも調停に立ったはずの義満が、この北朝側の態度を一切批判しなかった。つまり、義満と北朝は最初から口裏を合わせ、南朝の唯一の切り札である三種の神器を取り上げるつもりだったのだ。

しかも義満は北朝五代の後円融天皇と母親同士が姉妹でイトコ同士であったが、後円融は義満をひどく怖れていたと伝えられている。義満にとって天皇などは単なる「気弱なイトコ」であり、だからこそ後亀山をだますことなど何の良心の呵責もなかったのだ。

こうした権力者がいつも思い浮かべること、それは「天皇を何とかしたい」ということだ。藤原氏は関白つまり天皇の代理人という形でその目標を達成したが、義満はもっと強固な権力を得ようとした。簡単に言えば「自分が天皇になろう」と考えたようなのだ。しかしそんなことが可能なのか。まず明つまり中国を利用した。義満は中国に朝貢の使者を送って「日本国王」の称号を得た。これはあくまで中国皇帝の家来である日本国王ということで、聖徳太子のころから天皇家は拒否するようになった称号だが、東アジアという国際社会では通用するものであった。つまり中国や朝鮮半島から見れば日本の代表は天皇ではなく、日本国王源道義（義満の中国名、本姓の源と出家名を組み合わせたもの）なのである。

そして義満は自分がいちばんかわいがっていた子の義嗣を天皇の皇太子と同じ形式で元服させ、自分の妻は天皇の准母つまり母に準じるものとした。その次のステップとしては、源氏も天皇家のDNAを持っているということで、義嗣を強引に後小松の跡継ぎつまり「天皇」とし、自分は天皇の父「上皇」になるつもりだったと思われる。こうすれば准母である自分の妻との釣り合いがとれる。しかし義満の野望は実らなかった。なぜなら義嗣の「立太子式」が四月二五日、そして翌月の六日に義満は突然「急病」で死んだからだ。毒でも盛られたのだろう。

その証拠にと言うべきか、天皇でもなく皇族でもない義満に天皇家は「鹿苑院太上法皇」の法号を贈った。法皇（出家した上皇）として認めたのである。最近は義満が天皇（正確には上皇）になろうとしていたことを否定する学者が多いが、ならばこの一件をどのように説明するのか。菅原道真に「天神」の号を贈ったのと同じで、ここにはタタリを恐れる心理が働いている。つまり朝廷は義満の死に「後ろめたさ」を感じていたということだ。その場合は「本人が望んだもの」を与えるのが怨霊鎮魂の基本である。この法号を与えたということは、朝廷も「上皇になってやる」という義満の野望を認識していたということだ。

また、今の天皇は北朝の子孫である。にもかかわらず皇居前広場には北朝を倒そうとした南朝の忠臣楠木正成の銅像がある。だが正成の霊魂もこのように讃えられれば善神と化し北朝を守る。それが日本なのである。

後奈良天皇［第一〇五代］

天皇家の歴史の中で最も貧乏な「トリオ」

前章までの長慶天皇が「史上最も影が薄い」天皇なら、本章で取り上げる第一〇五代後奈良天皇は「史上最も貧乏だった」天皇だろう。大永六年（一五二六）先帝である第一〇四代後柏原天皇の崩御を受けて践祚した。今でも混同している人がいるが、践祚はとりあえず天皇の座を受け継ぐことであっても、正式な即位ではない。即位の礼という儀式を経て初めて正式なものとなるのである。

ところが後奈良はなんと一〇年の長きにわたって正式に即位することが出来なかった。理由は簡単で費用が無かったからなのである。ただし、それだけを言うなら、父親の後柏原の方が貧乏だったと言えるかもしれない。というのは後柏原も二一年の長きにわたって費用がないため即位式が行えなかったのである。さらに、その父第一〇三代後土御門天皇に至っては葬式の費用が賄えず、その棺は御所内に放置されて腐敗してしまった、という話すらある。

そして息子の後柏原の時、即位の礼の後に行われる大嘗祭までできなくなってしまった。大嘗祭は即位した天皇が、その年新しく取れた稲を神前に供え新米を自らも食し豊作を祈る最も重要な儀式の一つなのだが、これをついに催すことが出来ず、それまでの伝統がここで絶えてしまった。孫の後奈良も復活することは出来ず、江戸時代にようやく一部復活するまで二〇〇年以上伝統的な儀式が絶えてしまったのである。

なぜそんなことになったのか。武家政権とはいえ曲がりなりにも天皇家を立てていた室町幕府が、応仁の乱（一四六七～一四七七）などの内乱でほとんど有名無実の状態になり、資金援助がまったくできなかったからである。こうした状況を見るに見かねて、大内氏や今川氏など地方の有力大名が献金してくれたので、何とか即位の礼だけは行うことができたのだが、この後土御門、後柏原、後奈良が天皇家の歴史の中で最も貧乏な「トリオ」であったことは間違いない。ちなみに後奈良の息子で第一〇六代正親町天皇の時代になると、織田信長の協力もあって皇室の経済は復活する。逆に言えばここが「どん底」なのである。

「トリオ」のうちでだれが一番だったのか。葬式の費用すらままならなかった後土御門か、いや父の葬儀の費用を出すのは息子だから後柏原が一番貧乏だったのか、一〇年待てばよかった息子の後奈良に比べて二一年も待たされたのだから。

しかし、後奈良はほかの二人と比べて「日本の帝王は貧乏だ」という評判を世界に広めてしまったのである。マスコミどころかまともな通信手段すらないこの時代に、なぜそんな評判が広まってしまったのか。当時、ほとんど唯一と言っていい世界ネットワークを持っていた組織の人物が、日本にやってきて後奈良を訪ねたからである。その組織の名はローマカトリック教会、人物の名はフランシスコ・ザビエルという。

ザビエルの見た都の荒廃

フランシスコ・ザビエルが日本にやってきたのは、東洋への布教のためである。ザビエルの所属するローマカトリック教会は昔は「独占企業」であった。特に西ヨーロッパではライバルはいない。ところが批判する者がいない組織は一党独裁国家のように腐敗堕落する。そこをドイツで生まれたプロテスタントに突かれ、カトリックに初めて対抗意識が生まれた。新しい「市場開拓」、つまりキリスト教をまったく知らない土地に行って信者を増やすことが求められたのである。

とりあえずはインドを経て現在のマレーシアのマラッカまでやって来た時、ザビエルは母国で殺人をおかして逃げてきたという日本の鹿児島出身のヤジロー（アンジロー）と出会った。過去の罪を悔い救いを求めるヤジローにザビエルはキリストの教えを説き、逆に日本人の優秀さに心打たれた。そのため、洗礼を受け日本人キリスト教徒第一号となったヤジローを道案内として、日本に向かいキリスト教を布教しようと決意したのである。

天文（てんぶん）一八年（一五四九）八月、ヤジローとともに鹿児島に上陸したザビエルは京を目

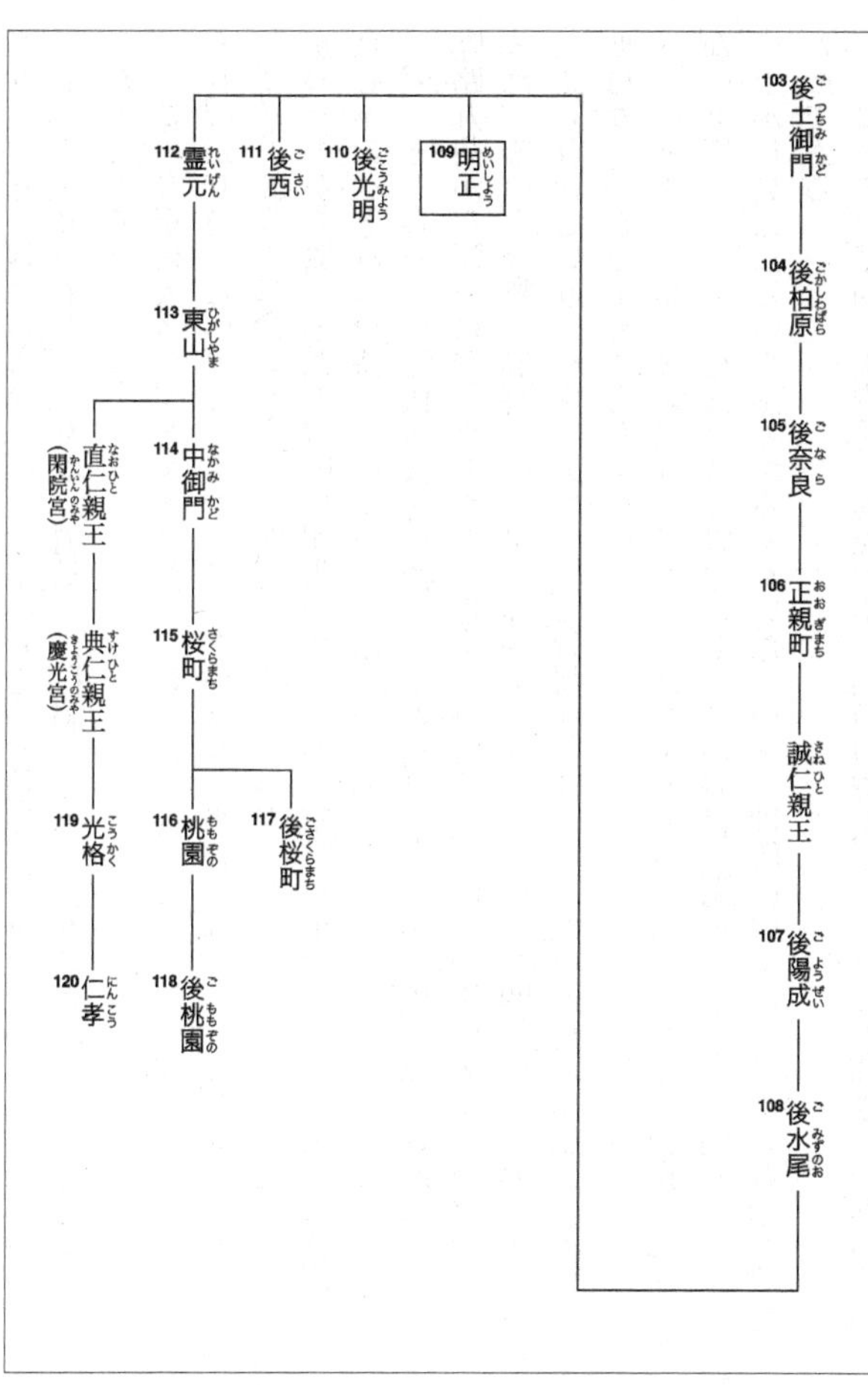
103 後土御門
104 後柏原
105 後奈良
106 正親町
誠仁親王
107 後陽成
108 後水尾
109 明正
110 後光明
111 後西
112 霊元
113 東山
114 中御門
直仁親王
(閑院宮)
115 桜町
典仁親王
(慶光宮)
116 桃園
117 後桜町
119 光格
118 後桃園
120 仁孝

指した。その地に日本の「国王」がいるという情報を得ていたからだ。日本の首都である京に入り最高権力者である「国王」に拝謁してキリスト教布教の許可を得ようとしていたのである。

ところが京に入ったザビエルは仰天した。なんと一面の焼け野原でろくな建物はない。そればかりではない。「クボー（公方）」つまり室町将軍は会ってくれない。それならば「ミカド（帝）」に会おうとしたがこれも拒絶された。ザビエルは献上物を持っていかなかったのが失敗だったと本国に報告しているが、室町将軍はともかく天皇に拝謁するにはしかるべき身分を持っていないとだめなのである。

ずっとのちの江戸時代八代将軍徳川吉宗（よしむね）の治世に海外から象が献上された。その象は陸路九州から江戸に向ったのだが、途中の京で第一一四代中御門（なかみかど）天皇がこれを御覧になった。そのとき無位無官では天皇に拝謁できないと「広南従四位白象」の位と称号があたえられたという。つまり天皇の側では得体の知れない無位無官の南蛮人などに会う必要はなかったということだ。

このときの天皇が後奈良なのである。ザビエルの方も粘ってまで後奈良に会う必要はないと感じていた。首都は焼け野原だし、この時代、御所の奥の間の明かりが三条大橋（さんじょうおおはし）の上から見えたという話もあるぐらいだ。つまり御所は塀もろくにない貧相な建物だったのである。

ザビエルは結局、大内氏の拠点である山口の方が栄えていると聞き、そちらへ向った。

当時中国との貿易で大いにもうけていた大内は、おそらく日本一の金持ち大名であった。山口には今でもザビエル関係の史跡がある。しかしここでザビエルの心境に変化が起こった。今の日本には統一政権というものがない、そうした中で無理に布教するよりも、日本人に強い影響を与えている中国を教化するのが先ではないかと思い立ったのである。ザビエルは中国へ向かった。もし京が山口並みの栄えた都会であったら、ザビエルはひょっとして日本に腰を落ち着けたかもしれない。

ところでなぜ京は一面焼け野原になってしまったのか。そんなの決まっているではないか。応仁の乱のせいだ、と考えたあなた。実はその常識は間違っているのである。

応仁の乱の被害を上回る天文法華の乱

中世の京都が焼け野原になったのは応仁の乱のせいではない、などというと多くの人は耳を疑うだろう。確かにこの表現は正確ではない。応仁の乱で京は焼け野原になったが一度は復興した。ところが、その復興を完膚なきまでに叩(たた)きつぶしてしまった「乱」があったのである。

それは後奈良の治世に起こった天文法華(てんぶんほっけ)の乱という。天文五年（一五三六）に起こった騒乱なので、このように（あるいは天文法乱と）呼ばれるが、なんとこの乱の被害は応仁の乱の被害よりはるかに大きかったのである。

当時京は上京(かみぎょう)と下京(しもぎょう)の二つの地区に大きく分かれていた。上京は御所を中心とした公家屋敷や武家屋敷が立ち並ぶ高級住宅街で、下京は商店の多い庶民の街であったが、この天文法華の乱で下京はことごとく焼失し、上京も三分の一が焼けたという。これは井沢新説でも何でもなく、確かな記録によって裏付けられており異論を唱える歴史学者はまずいない。しかし、よく見ていただきたい。応仁の乱(正確には応仁・文明の乱と言うべきか)は応仁元年(一四六七)から文明九年(一四七七)にかけて足掛け一一年もかかっている。しかし天文法華の乱は天文五年七月のたった数日間の出来事である。それなのに被害は応仁の乱を上回ったというのである。驚くべき大乱ではないか。

もっともこのような大乱が起こった責任は後奈良には無い。統制力不足だったということもない。それよりも、この種の乱は世界の流行だったというと驚かれるだろうか。

ほぼ同じころ、遠くヨーロッパのフランスでサン・バルテルミの虐殺という大事件が起こった。一五七二年八月二四日にフランスのカトリック信者が同じキリスト教のプロテスタント信者を「女子供赤ん坊」にいたるまで大量虐殺した事件である。「同じ宗教(キリスト教)を信じる人間が、宗派(考え方)が違うというだけで邪教と断じ、容赦なく相手を皆殺しにする」、フランス人のカトリック信者にあったのはそういう考え方で、実はドイツでもイギリスでも多くの人はそのように考えていた。

では、ここであえて読者に質問しよう。あなたはこういう考え方をどう思いますか?「野蛮だ」「不寛容すぎる」「罪もない赤ん坊がかわいそう」その通りだ。でも「日本人は決してそんなことをしない」と思ったあなた、それは日本史に対する決定的な誤解だということを知っていますか？

実はこの「天文法華の乱」こそ、日本における「サン・バルテルミの虐殺」だったのである。具体的に言えば天台宗の比叡山延暦寺の僧兵たちが、同じ仏教徒の日蓮宗を邪教だと断じ京に二一もあった日蓮宗の寺をことごとく焼き討ちし、日蓮宗の僧侶も信者も「女子供赤ん坊」に至るまで皆殺しにした事件なのである。

念のためだが、これも井沢新説などではなく歴史事典に昔から記載されていることである。歴史学者にとっては常識なのだが、こんな肝心なことを彼らは教えてこなかった。だから数々の名作を発表した藤沢周平のような優秀な時代小説家でさえ「比叡山を焼き打ちした信長はケシカラン」などと思い込んでしまう。もうお気づきかもしれないが、もちろんこの結論も完全な間違いである。

世界が信長をうらやむ日がきっと来る

小説家・藤沢周平は「信長ぎらい」というタイトルのエッセーを書いている。その内容は、織田信長を名政治家などという人間の気がしれない。あの男は比叡山焼き討ちを始め、何千何万の非武装の罪も無いさまざまの宗派の信徒を殺している。ヒトラーやポル・ポトなどと同じ虐殺者でありそもそも殺人マニアであったのではないか、というものだ。大変申し訳ないがこれは完全な間違いである。もっとも藤沢のような優秀な人間すら完全な誤解に導いてしまう今の歴史教育が悪いので、藤沢はむしろ質の悪い歴史教育の被害者と言うべきかもしれない。

一六世紀の世界は西も東も「宗派（宗教ではないことに注意）が違えば相手を悪と決めつけ殺すのが当たり前」、いやむしろ「殺すことが正義」であった。「サン・バルテルミの虐殺」も「天文法華の乱」もその意味では同質のものであった。同じキリスト教徒、同じ仏教徒なのに殺しあったのだから。

当然殺すのには武器が必要だし、そういう敵から身を守るためにも武器が必要であった。特に比叡山延暦寺などは平安時代以来「僧兵」という兵士を抱える一大軍団であった。だからこそ日蓮宗の寺をことごとく焼き尽くすことができたのである。藤沢は先のエッセイの中で宗教勢力を非武装の平和的集団だと勘違いしている。そうではなくて、この時代「布教」ということは場合によっては「殺す」ことだったのである。キリスト教徒はそうやって中南米をキリスト教国に変えた。

信長は世界で初めて「それは悪だ」と断じた政治家であった。だから「殺すのが正義」という連中に考えを改めさせようとしたが、彼らは絶対に言うことをきかない。だから殺しまくるしかなかった。しかしその結果、日本人は今あなたが考えているように「宗派が違うからと言って相手を皆殺しにするなどとんでもないことだ」という常識を持つようになった。世界がこの常識を持つようになったのはずっと後で、今でもイスラム世界では完全に確立していない。しかし日本は世界に先駆けて、そのすばらしい常識を築き上げた。すべては信長の功績である。「殺人マニア」などとんでもない思い違いだ。

だから私はそのうち「世界が信長をうらやむ日がきっと来る」と常々言っている。つまり「私の国の歴史にも信長のような人物がいればよかったのに」という思いである。これは予言しておこう。

さて問題は、この時代に天皇だった後奈良である。天皇となった以上、この国の平安に対して自分は責任があると後奈良は考えていたはずである。しかし信長が活躍するのは後奈良の息子の正親町の代だ。彼の時代には信長のような人間は一人もいない。後奈良の苦悩は深まったに違いない。今もそうだが、天皇は毎日のように祭祀を行い、この国の平安を祈っている。しかし、後奈良はこのような状況に対しては、正直言ってなす術がなかっただろう。同じ仏教でも、信じる宗派の違いで殺し合いが続き、調停する方法はまったくないのである。苦悩とストレス、そのはざまの中で後奈良は新しい文化を誕生させたと、私は考えている。

日本将棋の起源

これから申し上げることはまったくの井沢新説であって、他にこういうことを言っている人はいない。もっとも新説とはいっても、十数年前には発表したものだから拙著『逆説の日本史』（小学館）の愛読者はよくご存じなのだが、完全に認知されているとは言い難いので改めて述べさせていただく。

それは日本将棋が同種のボードゲームの中で、なぜ世界一のゲームになったかということである。将棋の原型はインドのチャトランガというゲームで、これが西洋ではチェスになり東洋では様々な「将棋」となった。中国にもタイにも同様のものがある。たとえば日本では「歩」と呼ぶ駒は中国象棋では「兵」と「卒」と呼ぶ。つまり敵味方で違うということだ。これはチェスも同じで白と黒という敵味方のはっきりした色分けがある。だから名人同士が戦うと盤上の駒はどんどん少なくなり局面が単純化される。引き分けも多くなる。これはゲームとしての欠陥でコンピュータでもプログラムしやすい。現に数十年前にＩＢＭのコンピュータが世界最高のチェスの名人を破っている。

ところが日本将棋はそうならない。なぜならば、世界中どこの国のチャトランガ系のゲームにも無い大きな特色があるからだ。それは「取った駒が使える」ということである。だから、局面は単純化されず、チェスのように簡単にプログラムできない。現に将棋の名人とコンピュータが互角の勝負ができるようになったのは、つい最近のことである。つまり、チャトランガ系のゲームをいかに改良するかという「世界技能五輪」で日本は金メダルをとったということである。しかも断トツの金メダルで、二位、三位はないといっても過言ではない。極めてユニークなアイデアなのである。

それはそうだろう。日本人は日本将棋から入る人が多いので意外に気がつかないが、これは戦争にたとえれば、一度殺した敵の兵士をゾンビのように復活させ、自分の兵士として使えるということだ。つまり戦争においては絶対あり得ないことで、だからこそ駒は敵に使わせないように「色分け」されているのである。

ところが、日本将棋の駒はよく見ると玉（宝石）、金、銀、そして「桂」馬、「香」車（桂、香は香料）という財物である。「角行」「飛車」も単なる道具であって、チェスで同じ動きをする駒「ビショップ（僧正）」と「ルーク（城）」とはまったく違う。つまり日本将棋というのは本当に殺しあう戦争とは違って、財物を取り合うマネーゲームになっているのである。確かに財物なら取ったものは自分のものとして使える。誰がこんなことを考えたのか？　まさに天才的な発想ではないか。

実はこの天才の名はわかっていない。しかしどういう人物であったかは推理できる。まず相当な教養のある知識人だろう。では数学の天才かといえば、それは違うと思う。この人間はまさにチェスのように、あるいは「天文法華の乱」のように、敵を徹底的に皆殺しにするようなことは、たとえゲームの上でも絶対に嫌だったのではないか。もちろんゲームを改良するには多くの時間が必要だが、武士階級にはそんな時間がないし彼らはそもそも戦争が商売である。

もうおわかりだろう。私は日本将棋を完成させたのは後奈良か、後奈良の命令を受けた公家社会の人間だと考えている。残念ながら直接の証拠はないが、この時代あたりで日本将棋が完成していることは事実である。

正親町天皇［第一〇六代］

「天皇」という絶対的権威を否定した織田信長

第一〇六代正親町天皇というと、「誰？」という人も多かろうが織田信長、豊臣秀吉の時の天皇だといえば理解が早いだろうか。この時代、信長が天皇に「挑戦」したことによって、逆に天皇の姿がより明確になったと私は感じている。

室町時代の初期を特に南北朝時代というのだが、逆に室町時代の終わりの方を戦国時代という。足利将軍家は衰え、大名が勝手に領地争いをするようになったからだが、この時代に再び天皇になろうとした男、いや天皇の権威を超えようとした男が登場した。織田信長である。

ここで日本史に登場する天皇家のライバルたちに、改めてスポットを当てておこう。古くは神武天皇の東征に反旗を翻した長髄彦あたりもその一人だが、実際問題として天皇家の権威が確立する以前の最大のライバルは蘇我氏であっただろう。ほかならぬ天皇家の正史『日本書紀』の中に彼らが天皇クラスの邸宅を建て宮門（天皇御所の意味）と呼ばせたなどと記録されているのだから。だからこそ、本来は「死のケガレ」を嫌う中大兄皇子（後の天智天皇）も自ら剣をふるって蘇我入鹿を倒さねばならなかったのだ。

しかしその後、壬申の乱を経て天皇家は神の子孫であるという絶対的な権威が確立すると、天皇にとって代わろうという人物はほとんどいなくなった。あえて言えば弓削道鏡がそうだが、称徳女帝のところで述べたように、女帝が当時天皇の候補者にろくな人物がいないと考えたのが問題の発端で、道鏡自身にはそんな野心がなかったと私は考えている。

その後、平将門は武家政権を立てた源頼朝の大先輩とも言うべき人物で、将門は「新皇」と自称し東国（関東以北）の独立を図り朝廷と戦って敗死したのだが、注目すべきは自分は桓武天皇五世の孫と言っていたということだ。つまり天皇家の権威を否定していないのである。

ところが室町三代将軍足利義満はまったく違う。詳しくは第九八代長慶天皇の章でも述べているが、足利氏も元をただせば源氏だから天皇家の末裔ではあるわけだが、義満はそんなことには無頓着で天皇家を乗っ取ろうとしていた。なぜ、そうだったかといえば義満は「国際派」だったからだろう。

義満は明国（中国）の皇帝に朝貢し正式な「日本国王」に任命された。任命できるのは中国の皇帝だけで、対外的には中国が認めた日本国の「元首」ということになる。もっとも日本人は聖徳太子の頃から、日本は中国の臣下ではないという立場を貫き、朝鮮半島の国家などとは異なり、「国王」という称号を受けなくなっていたのだが、義満がそれを受けたのはこの国際的には大いに通用する肩書を利用して国内でも天皇の権威を越えようと考えたからだろう。

つまり国内ばかり見ている人間には、畏れ多くも神の子孫である天皇を凌駕しようなどとは夢にも思わないのだが、国際派は「それは日本だけの常識にすぎない」と認識するので、国内の人間から見たら「大それた方向」に進みやすいのである。

お気づきのように織田信長は国際派であった。世界地図も地球儀も自分の目で見ていて、日本が世界の中ではどれぐらいちっぽけな国か知っていた。しかも日本と同じくらいちっぽけな国であるスペインやポルトガル(国土面積はスペインが約五一万、日本は約三八万、ポルトガルは九万、いずれも平方キロメートル)が世界と貿易をして、大帝国に成長していることも認識していた。彼らの国から宣教師ルイス・フロイスや商人たちがやってきていたのだから。だからこそ信長は、天皇など日本国内だけに通用する権威であって国際的には意味がない、自分はそれを越えてやると考えたのだろう。

しかし日本国内においては天皇が絶対的な権威である。それを超越するのは容易ではない。

安土城から御所を見下ろす

何十年も昔の話ではあるのだが、「織田信長シンポジウム」のようなイベントで、「信長は神になろうとしていた」などと発言すると、一部の歴史学者さんたちから「バカ扱い」された。その最大の理由は「信長は神になろうとしていた」史料などないということである。要するに信長が「オレは神になる」などと宣言した文書がないということらしい。

しかし、人間が何を考えていたかは、その行動を見ればわかる。それに日本の史料にはないのだが、当時日本にいた宣教師ルイス・フロイスは「信長は安土で自らを神体と述べ、神体を拝ませた」などときちんと書き残している。論理的に考えてもわかる話だ。

天皇は神の子孫である、ゆえに貴いというのが、長年培われてきた日本人の基本的な信仰だ。その信仰を超えて新たな権威を確立するためには、自分が神になるしか方法がないではないか。もちろんキリスト教文化の下では人間は神になることはできないが、日本ではできる。菅原道真がその良い例である。

ただし問題もある。道真もそうだが、生前から神になったわけではない、死後のタタリを恐れた周囲の人間たちが、道真を神として祀り上げたのである。つまり、生きている間に自ら宣言して神になることに成功した人間は、（大魔王ならいるが）日本史上誰もいないのである。

その日本初のプロジェクトを実行したのが信長であった。ヨーロッパにおいて「人間は空を飛べる」と信じ、大きな翼を作って自分の体に装着し何度も崖から飛び降りてついには墜死したオットー・リリエンタールが、最初はバカ扱いされ嘲笑されたように、信長も当時の人間には徹底的にバカにされたに違いない。しかし、リリエンタールの夢を後に実現したライト兄弟のように、信長の夢を実現した男がいる。徳川家康である。

家康は遺言で（つまり生前ぎりぎりに）自分を神として日光に祀るように命じ、ブレーンの天海僧正を使って朝廷から「東照大権現」という神号（神としての名）を受けることに成功した。これにより天皇家と並んで徳川将軍家も「神の子孫」ということになり、結局その政権は三〇〇年近く続くことになった。信長のアイデアを家康が実現したのである。

リリエンタールが鳥の翼をマネしたのは、手探り状態で「空を飛ぶ」というプロジェクトを始めなければいけなかったからだ。信長も同じことで誰もやったことのないことだから手探りでやるしかない。フロイスが嘲笑的に記録していることもそうだが、近年安土城跡から天皇御所と同じ間取りの建物跡が発掘された。安土城は今でいう高層建築だが「御所」はその下の敷地にある平屋である。つまり信長は天守閣から文字通り「上から目線」で「御所」を見下ろし、それを多くの人に実感させることによって「オレは天皇よりエラいんだぞ」と思わせようとしたのだろう。これなら庶民にも分かりやすい。

もちろん正親町天皇は優秀な人物だったから、信長の意図に気がつかないはずはない。ところが、先に述べた「昔」には、「信長は勤皇家で正親町天皇との仲は良好だった」というのが定説であった。天皇家の権威に挑戦する最大の「無礼者」に対し、正親町天皇は好感を持っていたと言うのだ。そんなバカな話があるわけがない。

歴史を結果から見る弊害

では、なぜ昔の歴史学界は「信長と正親町天皇の仲は良かった」などと考えていたのだろう。

それは相も変わらぬ史料絶対主義が原因だ。正親町の言葉を伝える史料の中に信長を非難したり叱責（しっせき）したりした文書は一つもない。だが、褒めたものならある。

確かに、信長は最初は天皇を尊敬するポーズをとっていた。室町三代将軍足利義満などと違って、信長はまさに馬の骨であって身分卑しき田舎大名である。現代の日本は民主主義で完全に平等な社会になりつつある。だから逆に歴史学者も昔は「身分の差」があったのだということが、どうしても実感としてわからないらしい。これは大変なことなのだ。信長の家は地方の大名の家老から成り上がった。確かに「下克上」という言葉はあった。しかし、それは室町幕府に正式に任命された守護大名を押しのけて、いわゆる戦国大名になるところまでである。大名が勝手に将軍になるなど絶対に許されない。

多くの人は歴史を結果から見る。確かに信長は「天下人」になったし、その部下であった農民出身の豊臣秀吉は関白になった。信長の盟友であった田舎大名の徳川家康は将軍になった。だからこれから「逆算」して、すべての大名が天下を取ることを目指していたなどという、「戦国ゲーム」的感覚で歴史を見てしまうのだ。

そんなことは信長以前にはまったく不可能だった。南北戦争以前にアメリカの黒人が絶対に大統領になれなかったのと同じで、信長の身分では絶対に天下など取れないというのが、それまでの常識であった。だから信長は「カード」を使った。最初は名門足利家の足利義昭を立て将軍につけ自分はあくまで黒幕として振る舞い実力をつけていった。しかし、「腐っても鯛」というのは義昭のことで、最初は信長を恩人と思い感謝していたのだが、そのうち自分は信長の天下取りの「カード」に過ぎないことを知って信長をつぶそうとした。一方の信長もその日を予測して天皇家に接近していた。領地が奪われ収入が途絶えていた天皇家を経済的にサポートしていたのだ。そこで信長は今度は正親町を「カード」に使って義昭をつぶした。

正親町も最初は皇室経済を立て直してくれたということで、義昭と同じく信長に感謝していたが、そのうちに気がついた。「この男は天皇を超えようとしている」ことにである。それでも信長を表立っては非難しない。それが天皇であり京都人である。どうも関東以北の出身者はマジメ過ぎて理解できないらしいが、心の底では憎んでいても笑って社交辞令が言えるのが京都人である。そこに気がつかなければ日本史はわからない。

信長は大っぴらに自己神格化の作業を進めていたのである。正親町がそれに気がつかないわけがない。しかも信長は天正一〇年（一五八二）、天皇家に対し暦を「京暦」から「三島暦」に切り替えるよう申し入れた。「三島暦」の方が正確だというのが信長の言い分だったが、日本において「時」をつかさどってきたのは天皇だ。六月一〇日が「時の記念日」なのは、六七一年のこの日に天智天皇が漏刻（水時計）を作り初めて人民に時を知らせたからである。その「時の支配権」を奪おうとしたのが信長だったのだ。
しかし信長はその年、本能寺で死んだ。ようやく厄介払いができたと思った正親町のところに新たな難題が現れた。秀吉である。

秀吉に「豊臣姓」与えた深謀

織田信長がアイデア立案の天才なら、豊臣秀吉はフレキシブルな対応の天才と言っていいだろう。そもそも「一夜で城を作れ」などという信長の「無茶ぶり」に何度も応えてきた秀吉である。

しかし、その最大のピンチは信長が死んで天下人になれる可能性が生じたときだろう。ピンチというのはチャンスの間違いではない。確かにチャンスでもあった。しかし秀吉はそれまで信長の忠実な家来として、できるだけ自分を低く見せようとしてきた。先輩や同僚の嫉妬を避けるためだ。にもかかわらず、その時点からは天下人として「お前たちよりはるかに偉いんだぞ」という演出をしなければならなくなったのである。

信長なら尾張の田舎大名の頃からそれを考えていて、義昭将軍や正親町天皇を「カード」に使って自己神格化までやってきた。ところが秀吉には何もない。何もないならゼロの状態だが、自分を低く見せてきたのだからマイナスの状態から大きなプラスを目指さなければいけない。並みの人間なら「到底不可能」とあきらめるところである。

しかし秀吉は「この状態から天下を取れ」という運命の神の「無茶ぶり」に見事に応

えた。まず、準備は何もしていないから、自分の価値を高めるためには天皇を利用するしかない。そこで、藤原氏が作った天皇に代わる地位「関白」を目指した。天皇家に生まれた人間でなければ天皇になれないように、本来は藤原氏の選ばれた家系である五摂家に生まれなければ関白になれない。しかし、秀吉はカネと権力を使って五摂家のうちの近衛家の養子になり何とか関白になった。問題は、当時の関白は五摂家全体の「財産」となっており、生きているうちに五摂家の人々が順繰りに就任するルールがあったことだ。つまり、藤原氏と関白が切り離せない仕組みになっていた。これでは秀吉の権力は永続化しない。

その状況を打破するために秀吉は「新姓下賜」という手を考えた。いや、教養のない秀吉でなく、ブレーンの公家が考えたのだろうが、かつて中臣鎌足が天智天皇から「藤原」という新姓を下賜され新しい氏族として独立したように、正親町から新しい姓をもらって藤原氏から独立し、その新しい家で関白を独占するというものだった。

大変見事なアイデアだったのだが、やはり天才信長のものではないから「落とし穴」があった。新姓下賜の要請に対して正親町が与えたのは「豊臣」であった。よく見ていただきたい。「臣（家臣）」の一字が入っている。藤原氏は中臣氏から分離独立するときにうまく「臣」の字を消すことに成功したが、逆に秀吉は正親町から「お前はどんなにカネがあっても（豊かでも）家臣だぞ」と烙印を押されてしまったのである。秀吉に対する正親町の実に見事な切り返しであった。だが、秀吉もさるもので、正親町が退位したのち海外侵略つまり国を広げることで、天皇を「地方の一政権の長」に格下げしようと狙った。それが「頭がおかしくなったのが原因」などと酷評される「朝鮮出兵」の真の目的の一つである。

また信長の果たせなかった自己神格化については、前にも述べたように徳川家康が実現した。しかし、家康も天皇家に対して勝利を収めたわけではない。

なぜそう言えるのか、それが次からのテーマである。

後水尾天皇［第一〇八代］

敢然と江戸幕府に抵抗した天皇

後奈良の後、その息子の正親町の代で天皇家の経済は大いに回復した。

もともと身分の低かった織田信長や豊臣秀吉が、天下人としての箔をつけるために皇室を保護したからである。もっとも信長の場合、「保護」といえば聞こえはいいが、どうやら彼には天皇を超える存在になりたいという欲望があったらしい。

具体的に言えば「自己神格化」、平たく言えば「自分が宣言して神になる」ということだ。

何度も言うように、天皇は神の子孫なのである。論理的に考えればわかることで、その立場を超えるためには自分自身が神そのものになるしかない。キリスト教の国と違って、日本は人間が神になれる国である。平安時代の実在の人物菅原道真が天神になったのがその実例だ。

しかし、道真は生前に自ら宣言して神になったのではない、死後そのタタリを怖れる人々が、道真を神に祀り上げたのだ。したがって信長のやろうとしていたことの前例にはならない。何しろ日本史上誰もやったことがないのだから、どうすればいいのかもわからない。

結論をいえば信長は失敗した。現在京都では唯一、信長を祭神としてまつる神社があるが、これは明治になって信長ほどの英雄を祀る場所が無いのはおかしい、ということで設けられたもので、日本史を通じて「信長を神とする信仰」は成立していない。

しかし、その難事業に挑戦して成功した人間がいる。「えっ、誰？」などと聞く人が多いのが、それこそ現在の日本史教育の欠陥を示している。

その人物とは、先にも述べたように、徳川家康である。彼は遺言（つまり生前）で、死んだら自分を神として祀れと命令し、それを実現させた。もちろん生前から周到な準備を重ねていた。神としての名は「東照大権現」で、今でも日光東照宮を中心とした東照宮に祀られている。そこに参拝した人は拝殿で柏手を打ち祈りをささげているはずだ。つまり家康は今でも神なのである。しかも「東照」は大和言葉で読めば「アズマテラス」である。これまでの日本は「天照大神」つまり「アマテラス」の子孫である天皇家が治める国であったが、これからは「アズマテラス」の子孫である徳川将軍家が治める国だ、ということにもなる。

つまり鎌倉幕府、室町幕府と続いた武家政権の中で、江戸幕府徳川家は天皇家に対し最も強い対等意識を持っていたということだ。別の言葉で言えば、最も天皇家をないがしろにした政権ともいえる。徳川家の本音は「もう天皇家の覇権は過去のものだ。京に引っ込んでいろ」ということで、それに対してよほど強い気持ちを持って戦わねば、本当に京に封じ込められた「過去の政権」になってしまう。その困難な時代、天皇家を代表して敢然と江戸幕府に抵抗したのが、第一〇八代後水尾天皇なのである。

無礼千万な「禁中並公家諸法度」

後水尾が最初に幕府の攻撃を受けたのは一六一五年、つまり大名として生き残っていた豊臣家が大坂夏の陣で滅ぼされ、名実ともに徳川家の天下が確定した直後のことだ。元号も改められた元和元年七月、京の二条城で形の上では引退していた大御所徳川家康、現役の二代目征夷大将軍徳川秀忠、そして朝廷代表として前関白二条昭実が署名した一七ヵ条の文書「禁中並公家諸法度」が朝廷に伝達されたのである。

「禁中」というのは天皇を指す。その第一条には「天子諸芸能のこと、第一御学問なり」とある。つまり天皇は一切政治に口をだすな、文化のことだけやっていればいいということで、法度というのは法律を意味するから、表現は遠まわしだが幕府の法に天皇も従うべし、と念押ししたものである。天皇も徳川家あるいは幕府の統制下にあるということだ。

要するに様々な制約を設けて、天皇が政治に直接タッチできないようにしたものである。そのほかに特徴的なことを挙げれば、「武家の官位を公家とは別なものとする」と明確に定めたものでもある。ここがちょっとわかりにくいところなので解説しよう。

奈良時代に確立された律令制度において、たとえば越後守とは朝廷から派遣された越後国（新潟県）の長官（現代で言えば県知事）であった。それ以外の意味はなかった。ところが鎌倉幕府などの武家政権によって律令制度が骨抜きにされると、そうした官職は有名無実のものとなった。守が派遣される国府（現代で言えば県庁）もなくなってしまったからだ。

一方で、「天皇の土地」を一方的に占拠した武士階級は箔をつけるために、勝手にそうした官名を名乗るようになった。大名の島津家が薩摩守を名乗るのは確かに薩摩国を治めているのだからと認めるにしても、若いころの織田信長のように上総国（千葉県中部）とは何の関係もないのに織田上総介信長などと名乗る連中も出てきた。もしここで朝廷の権威が復活していたら「デタラメな官名を名乗るのはやめろ」と禁止令を出せたはずである。

ところが事態は逆になった。朝廷の方が幕府の鼻息をうかがう形になった。そこで幕府は既得権として「武家が官名を名乗る権利」を朝廷に認めさせたのである。ここで注意すべきはそうした「辞令」はだれが出すのか、ということだ。

朝廷の場合は、越後守を任命する人事権を持っているのは最終的には天皇である。それに対して江戸時代大名や旗本に対して「これからは越前守と名乗るがよいぞ」と最終的に許可を出せるのは誰か？　将軍である。つまりこうした面でも、天皇と将軍は対等だということを認めさせたということだ。だから八代将軍徳川吉宗の側近大岡忠相は、越前国とは何の関係もないのに越前守を名乗っていたのである。

この「法律」を受け取ったのが、いや受け取らされたのが後水尾であった。無礼千万許しがたいと思ったであろう。しかし、どうしようもない。そしてさらに後水尾を憤激させる事件が起こった。

徳川に対する後水尾の怒り

後水尾は神話時代の一〇〇歳を超える伝説的な天皇は別にして、歴史時代に入ってからは極めて長寿を保った天皇だった。八五歳まで生き、その記録は昭和天皇に破られるまで歴代第一位だったのである。身体も壮健だった。生涯に複数の女性との間に数十人の子供をなしたという説もある。それぐらい健康だったので、若いころから四辻与津子という女官との間に子供を作っていた。ところが、豊臣家をほろぼした徳川家康が自分の孫娘和子を後水尾の中宮（皇后）にする意向を示したために話がこじれた。

後水尾は徳川家康よりは五三歳も年下で、家康が禁中並公家諸法度を出した翌元和二年（一六一六）に亡くなった時はまだ二一歳だったが、その縁談は二代将軍秀忠に受け継がれた。秀忠にとって和子は娘である。結局幕府の圧力によって与津子は無理やり出家させられ、生まれた子供は「不義の子」として追放になった。和子は興子内親王を産み、のちに中宮となる。後水尾は幕府への怒りを深めたことだろう。

このあと紫衣事件が起こった。紫衣とは天皇が高僧と認めた仏教の僧侶に与える紫の衣のことである。これは仏教界にとっても極めて名誉であるし、天皇家から見ても仏教界とのつながりを深めるための重要な接点であった。ところがそういう深い結び付きを嫌った徳川家では、早くからこの授与権を朝廷から取り上げ、さらに禁中並公家諸法度で念を押していた。要するに「幕府の許しを得ずして勝手に紫衣を贈ることはまかりならん」ということだ。この禁令を後水尾は無視した。幕府に相談せずに候補を選び、十数人の僧侶に紫衣着用の勅許を与えたのである。

だが幕府は決してそれを見逃さなかった。それは法度違反だと勅許つまり天皇の命令を幕府が撤回せよと命じたのである。そして僧侶の側には紫衣の返上を命じた。さらにこれに抗議した大徳寺の沢庵（漬物のたくわんの考案者という伝説がある）らを幕府は流罪に処した。

幕府によって天皇の権威が完全に否定されたのである。

さらに幕府は嫌がらせのように、三代将軍家光の乳母お福を使者として送ってきた。後水尾に会わせろというのである。ザビエルや白象のところで説明したが、無位無官の人間は決して天皇に拝謁できない。それを無理やり幕府は強行しようとしたのだ。朝廷もさるもの、素早くお福に「春日局」という称号と従三位の身分をあたえ、その場を何とか切り抜けたという。この話は「伝説」だと否定する向きもあるが、とにかく後水尾の怒りは頂点に達した。

後水尾と和子の間には娘が生まれていた。徳川の血をひく内親王だ。徳川め、天皇家をないがしろにするにも程がある。とても天皇などやっていられないから譲位する。徳川の血を引く娘を天皇にするなら文句はあるまい、ということだ。

当時まだ和子の娘の興子内親王は六歳だったが、後水尾は本当に譲位してしまった。なんと奈良時代最後の称徳（しょうとく）女帝以来約八五〇年ぶりの女帝の誕生であった。もちろん、後水尾は簡単に隠居するような人間ではない、自身も院政を考えていたのである。

「不徳」な君主が早く身を引けば天変地異はおさまる

結局、興子内親王は即位して第一〇九代明正（めいしょう）天皇となったが、特に目立った事績はない。父親の後水尾上皇のちに出家して法皇が目を光らしていたし、そもそも幕府の法によって天皇は御所に封じ込められた状態である。そこで在位一四年で異母弟に位を譲った。もちろん子福者の後水尾の子で、これが第一一〇代後光明（ごこうみょう）天皇である。学問が好きで優秀な頭脳をもった人だったが不幸なことに天然痘にかかり、二二歳の若さで崩御してしまった。男子はいない。

そこでまた別の異母弟が後を継いだ。第一一一代後西（ごさい）天皇である。この天皇も不幸だった。在位中に明暦（めいれき）の大火が起こり、伊勢（いせ）神宮が炎上するなど災害が相次いだため天皇の「不徳の致すところ」であると譲位を迫られたのである。

昔はこういう考え方があった。「天」という人間を超越する権威があって、それはいつも地上世界を見守っている。その天から地上の世界を平穏に治める様にと委託されたのが天子である。中国ではこれを皇帝、日本では天皇と呼んだが、いずれにせよこれらの君主が「不徳」つまり人間として問題があると、その作用つまり「致すところ」で世の中が乱れるという考え方である。逆に言えば、そうした「不徳」な君主が早く身を引けば天変地異はおさまるということだ。

ここで後西の名誉のために言っておくが、この人は決してそんな不徳な人間でなかった。むしろ文化人で穏やかな人柄だった。しかしそうした信仰によって退位を迫られてしまったのである。

そしてこれには、ほかならぬ後水尾法皇の意志が働いているとする論者もいる。というのは、たくさんいる子供の中で後水尾が本当に後を継がせたかったのは、第一九皇子の識仁（さとひと）親王で後西はつなぎに過ぎず、一刻も早く退位させたいと思っていたというのだ。

逆に、そもそも後光明が男子を残さず若くして崩御してしまったために、跡継ぎが識仁しかいなくなってしまったのだという見方もある。確かに後水尾の子供は数多いのだが、通常は同年代の皇子が即位するまでに大半は出家して寺院に入る。親王のまま宮廷内で生きられる宮家を創設することは幕府によって禁止されていた。そこで、親王たちは天皇家に負担をかけないために早めに出家するのが習わしであった。そして一度出家してしまうと天皇になる資格を失う。そこで年少の識仁に皇位が回ってきたのではないか、というのである。

ともあれ最終的に識仁が後西の跡を継いで第一一二代霊元天皇となるのだが、驚くべきはこの間長寿を保った後水尾が五一年の長きにわたって院政を敷き、自分の子供である明正、後光明、後西、霊元の四天皇を見守り続けたということである。

幕府が院政に賛同したのではない。むしろ院政は幕府の統制外のところに権力が存在するということで望ましくない事態である。それでも幕府が黙認せざるをえなかったのは、一つは後光明の急逝などで皇位が安定せず見届け人が必要だと考えたこと。もう一つは中宮でもあり二代将軍秀忠の娘でもある和子が後水尾側に立って擁護したことだろう。後水尾というのは極めて女性に好かれるタイプだったのかもしれない。

家康の「天皇家を過去に封じ込める」策略

筆者は昔風に言えば尾張国(愛知県西部)の生まれの尾張人であり、今は同じ愛知県だが東部の三河地方の三河人とは気質が違う。これは国民作家司馬遼太郎も指摘していることだが、尾張人が「冒険的な商人」で三河人は「篤実な農民」の面影があるという。実は織田信長、豊臣秀吉は尾張人だが徳川家康は三河人である。

織田信長という人は何でも新しいことが好きな人物だ。たとえば自己神格化もそうだが、地名の改変もそうである。要するに自分が新しく占領した土地の名前は変えてしまうのだ。典型的な例が、美濃国をうばった時に首府の井ノ口を岐阜と改名したことだろう。岐阜の「岐」は中国の理想的王朝とされる周のおこった土地「岐山」から取ったということは常識だが、「阜」の方については中国の文化の象徴である孔子（こうし）が生まれた場所「曲阜（きょくふ）」から取ったのではないか。つまり、日本の政治と文化の新たな中心地になるという自負を込めての命名である。

上司の好むところは部下も真似をする。秀吉は初めてもらった領地の城下町の名前を近江国今浜（おうみのくにいまはま）から長浜（ながはま）へと改めたし、家康は新しく本拠地とした遠江国曳馬（とおとうみのくにひくま）の地名を浜松（はままつ）と改めた。しかし三河人である家康はもともとそういうことは嫌いであったらしい。自分が天下をとるとその本拠地と定めた江戸の地名は変えなかった。

「江戸」というのは実はあまり縁起のいい名前ではない。ほぼ同じ発音の「穢土（えど）」に通じるからだ。穢土とは浄土の反対、つまり仏の住む清らかな土地とは逆の欲望にまみれた現世という意味である。家康は当然このことを知っていた。なぜわかるかというと、彼の旗印は「厭離穢土欣求浄土（おんりえどごんぐじょうど）」、穢（けが）れたこの世を離れて彼（か）の世に行きたい、というものだからだ。それなのに、なぜ家康は江戸の地名を改めようとしなかったのだろう。

江戸から京にむかう東海道（とうかいどう）の宿場町は全部で五三ある。東海道五十三次である。これを詳しく調べてみると、もちろん峠越えや難所があるので宿場は一律に等間隔ではない。それでも異様に間隔が小さいところもある。つまり五三という数に合わせるためにそうした可能性もないではない。

では五三という数字にどんな意味があるかといえば、華厳経（けごんきょう）というお経に登場する善財童子（ぜんざいどうじ）という悟りを求める旅人は、途中五三の賢人にあってようやく悟りを開くのである。つまり悟りを開くためには五三のポイントを通過しなければいけない。江戸つまり現世がその出発点だとすると五三番目にたどり着く京は、悟りを得た仏が住む浄土ということになる。ほめているようだが、実は「京はあの世＝死者の住む過去の世界」という意味にも取れる。

幕府はこうした形で京を封じ込めようとしたのではないか。もちろんそれは家康の意図だろう。そんなことを言うと家康はこの五十三次が整備された頃は「あの世」にいたではないかという反対論があるのだが、それは早計というものである。遺言しておくこともできるし、後世の人間が忖度して家康の遺志を実行することもできる。現に豊臣恩顧の大名である加藤清正の加藤家は、家康の死後にとりつぶされているのである。

この「天皇家を過去に封じ込める」というメッセージ、わかる人にはわかる。教養があり学問に通じている後水尾なら当然理解できたはずである。

東山天皇［第一一三代］

歴史を考えるうえでの重要教材

さて、江戸幕府は創設以来、天皇家を圧迫し天皇をいわば「檻の中」に閉じ込める政策をとってきた。前章までの後水尾はこれに抵抗し何とか天皇家のメンツを保とうとしたのだが、紫衣事件ではむしろ赤っ恥をかかされた。初代将軍徳川家康の路線を継いだ三代将軍徳川家光と幕閣の策略である。

ところがそれから二五〇年たって幕末の時代になると、一五代将軍徳川慶喜は明治天皇の軍であることを示す「錦の御旗」がライバル薩摩および長州軍の先頭に掲げられると、とたんに腰を抜かし一切の抵抗の気力をなくし、当時籠っていた大坂城を脱出した。総大将の敵前逃亡である。それだけではない。逃げ帰った江戸城も結局退去し、勝海舟をして無血開城に踏み切らせた。これまでの教育ではなぜか江戸城無血開城ばかりが有名だが、その直前に大坂城も「総大将の逃亡」というみっともない手段によってではあるが、無血開城されているのである。慶喜はなぜそんなことをしたのか。大坂そして江戸での市街戦を回避し多くの民衆を救うためだったのか。

残念ながらそうではない。それなら今の大阪城公園に「市民の恩人徳川慶喜」の銅像が建っていても不思議はないのだが、そういうことはない。勝海舟には明らかにそういう意識があったからこそ今でもその行為は顕彰されているのだが。

結論を言えば、慶喜は朝敵（天皇家の敵）という汚名を着たまま死にたくなかったのである。だからこそ、抵抗をせず逃げた。そして、朝敵の汚名が取り消されるまでは何とか生き延びてやろうと考えたのである。これは想像ではない。主君の思いを知っていたのは勝海舟で、勝は明治になってから天皇家と慶喜の間を取り持ち和解をさせている。その後慶喜は自ら勝の私邸を訪問し、感謝の意を表明しているのである。

しかし不思議ではないか、後水尾の時にはあれだけ天皇を敵視し封じ込めようとした徳川将軍が、幕末ではこれほど天皇を恐れているのである。開幕から幕末までの間にいったいどんな変化があったのか。歴史を考えるというなら、これほど大きく教材としてもふさわしいテーマはない。しかしお気づきだと思うが、今の高校の歴史教科書をいくら読んでもその理由はわからない。それを書いている人間がその大変化の理由を分かっていないからである。

天皇家が宗旨替えをして、巨大な徳川家を恐れさせるほどの大軍団になったわけではない。江戸時代、朝廷は経済的には一貫して小大名の規模しかなかった。つまり組織的変化の話ではない。これは思想的変化の問題で宗旨替えしたのはむしろ徳川家の方なのである。その具体的内容は、江戸幕府が奨励した朱子学が江戸時代を通じて日本の神道と合体し、もともと神の子孫として尊敬されていた天皇家を絶対的な王者に変えたからである。もちろんそういうことは時間をかけて進むものだが、明らかにターニングポイントと思われる時代がある。それがこの一一三代東山天皇の時代なのである。

天皇は王者、徳川家は覇者

東山の時代、それは徳川家で言えば五代将軍徳川綱吉の時代であった。この綱吉の時代に思想的な大変革があった。

残念ながら多くの日本人がそのことを認識していない。むしろ綱吉といえば一般的には「忠臣蔵の悪役」であり、「生類憐みの令」という歴史始まって以来の悪法を施行した「バカ殿」というイメージであろう。とんでもない、私は徳川綱吉という人物は日本の歴史上でも五本の指、いや三本の指に入る名君だと思っている。綱吉を「バカ殿」と評価する歴史学は、同時に織田信長を「虐殺者」としてしか評価できない歴史学である。だが、読者はあまりにも常識と違うので戸惑われたかも知れない。できるだけわかりやすく説明しよう。

発端はやはり徳川家康である。家康は戦国乱世を終わらせ平和な時代にしようと、海の向こうの中国（明）の儒教の一派である朱子学を武士の基本教養とする路線を打ち出した。朱子学は主君に対する忠義を何よりも重んじる。戦国時代は裏切りは当たり前だった。織田信長も家臣の明智光秀に殺されたし、その天下はやはり家臣の豊臣秀吉に乗っ取られてしまった。そういうことが二度とないように、家臣たちに朱子学を学ばせたのである。そして全国の大名家もこれにならった。大名も家臣が光秀や秀吉になってしまっては困るからである。こうして江戸時代が進むと、武士という武士が「朱子学の信徒」になった。

ところで朱子学は忠義を重んじるだけあって、その忠義をつくす対象である「主君とは何か」を明確にしようとする。結論をいえば、朱子学では主君を二つのタイプに分けた。王者と覇者であり、王者は真の王者、覇者は武力と陰謀によってとりあえず天下を治めている「ニセモノの王者」である。徳川家が「武力と陰謀」で天下を取ったのは周知の事実だ。だから江戸時代が進むにつれて武士たちは、徳川将軍家の武士たちも含めて、「徳川家は覇者に過ぎず、古代より日本を治めている天皇家こそ真の王者（＝忠義を尽くすべき対象）ではないか」と考えるようになった。

革命といっていいほどの思想上の大変革で、これがあったからこそ明治維新が可能になった。真の王者である天皇家に忠義を尽くすためなら、ニセモノである徳川家はつぶしてもいい、ということになるからだ。前に述べたように、一五代将軍徳川慶喜が錦の御旗を見て腰を抜かしたのもそのためである。皮肉なことに幕府をつぶさないように家康が打った手が、幕府をつぶす大義名分を育てる結果になってしまったのである。

そうなると徳川将軍も、家康や秀忠や家光がやった天皇圧迫はとんでもない不忠義だと考えるようになる。こういう「反省」のもとに、朱子学を深く学んだ五代将軍綱吉は、東山の即位にあたって、あの後柏原（ごかしわばら）から途絶えていた大嘗祭（だいじょうさい）を復活させた。また朝廷はそれまで二万石しか幕府に与えられていなかったのを、綱吉は一万石を加増し三万石を与えることにした。将軍といえども天皇には忠義を尽くさなければいけないという「幕末の常識」は、このころから始まったのである。

「大政奉還」と「討幕の密勅」の真意

「徳川家は覇者に過ぎず、古代より日本を治めている天皇家こそ真の王者」。そのように武士全体が考えるようになっても、それが一足飛びに倒幕つまり「幕府を倒せ」にはつながらない。

なぜなら、徳川家の代表を征夷大将軍（せいいたいしょうぐん）に任命しているのは、他ならぬ天皇家であるからだ。

実際には、藤原氏が天皇から任命された関白という地位を用いて天皇から権力を奪ったように、源（みなもとの）頼朝（よりとも）の時代に武家は天皇から任命された征夷大将軍という官職を用いて天皇から権力を奪った。しかし形の上では征夷大将軍の任命権者はあくまで天皇である。そこで徳川家は「われわれは真の王者から日本の統治権を委託されているのだ、したがって徳川家に逆らうことは天皇家に逆らうことであり正しい行動ではない」と主張できるのである。

こういう主張を打破するためには「今の将軍は天皇家の意思を踏みにじっている。もはや忠実な家臣とは言えない」と主張すればいい。実際に幕末になって長州藩が「徳川家は孝明天皇の意思を無視して開国に踏み切った。これは不忠であり幕府は倒されるべきである」と主張した。それに対して最後の将軍徳川慶喜は「確かにわれわれにも問題があった。だからこれまで委託されていた日本の統治権を天皇家に返還し、一大名にもどって忠義をつくす」という行動に踏み切った。これが大政奉還である。大政は政治の大権つまり「日本の統治権」、奉還とは「謹んでお返し」することだ。

これに対してライバルの長州藩と薩摩藩が打った手は、明治天皇に「慶喜は不忠の臣であり朝敵だ。抹殺すべし」という秘密命令、「討幕の密勅」を出してもらうことだった。お気づきだろうか、「倒幕」と「討幕」は発音は同じだが意味がちがう。前者は「幕府を倒すこと」であり言ってみれば私的行為だ、それに対し、後者は「幕府を討伐せよ」という天皇の命令であって、これによって私的行為が国家意思に基づく正当な政治行動に昇格した。だからこそ慶喜は「もうだめだ」とばかりに腰を抜かして逃げ出したのである。

おわかりだろうか。今の歴史教科書は「大政奉還と討幕の密勅は同時期に出た」などという歴史的事実は並べている。だからデタラメとは言わない。事実は事実だからだ。しかし歴史を考える場合の根本的問いである「なぜそうなったか？」にまったく答えていない。家康のことを考えてみればいい、大政奉還など彼の頭にはまったく無かっただろう。ところがその末裔(まつえい)である慶喜はそれを正義と考え実行しているのである。それを可能にしたのが朱子学、正確に言えば海の向こうからやってきた朱子学と日本土着の神道が合体した結果なのである。

ところで、五代将軍徳川綱吉を歴史上三本の指に入る名君と私が評価しているのは、天皇家に忠義を尽くしたからではない。天皇への忠義の大きさだけで人物を評価するのは戦前の歴史学である。そうではないところに綱吉の偉大さがあるのだが、残念ながら本書とは関係ないテーマである。興味のある方は拙著『日本史真髄』（小学館新書）をご覧いただきたい。しかし、朱子学をさらに奨励したことで、綱吉が天皇信仰の強化に貢献したことは間違いない。

閑院宮家創設という功績

歴史事典などで「東山天皇」の項を引くと、ほとんど記載がない。この天皇も天然痘にかかり三五歳の若さで亡くなってしまったからだ。しかしこの東山は即位式の時に、幕府の方針転換あってのことだが、前に述べたとおり大嘗祭を復活するという大きな功績を上げている。そしてその在位期間中には記録すべき実績はほとんどないのだが、死後その遺言によって実現されたことが極めて大きな功績、それも天皇家の歴史の中でも特筆すべき功績となっている。

それは閑院宮家(かんいんのみやけ)の創設である。

前に述べたように、後水尾には大勢の子どもがいた。しかし、子供はたくさんいることが天皇家にとって良いことかといえば、そうでもない。「子だくさん」は皇室経済を圧迫する。だから後水尾は子供たちを片っ端から出家させた。貧乏な親王でいるより裕福な寺院の長となった方がいいという親心もある。幕府もこれには積極的に協力した。どうも幕府開設のころの徳川家は、天皇家が衰えればいいと腹の底で考えていたフシがある。宮家を新設させなかったのがその証拠だ。

宮家というのは原則として天皇の弟が独立して建てる家である。通常天皇の子供は親王あるいは内親王だが、孫の代になると「王」になる。歴史上、長屋王や高望王（桓武平氏の始祖）などがいたが、さらに曾孫の代あたりになると皇族の身分ではなくなってしまう。桓武五世の孫である平将門などが典型的な例だ。

ところが宮家は初代親王の子あるいは孫の代になっても、さらにその先も身分は親王のままなのである。そこで、もし本家である天皇家に跡継ぎが絶えたら宮家から親王が横滑りで天皇になれるわけだ。親王というのは本来「天皇の子」という意味なのだから。つまり実際には、そのときの天皇の「またいとこ」ぐらいであっても天皇家を継げるということになる。事実、あの貧乏トリオの「後土御門、後柏原、後奈良」の「初代」後土御門の父である第一〇二代後花園天皇は、先代の第一〇一代称光天皇が病弱で男子を残さなかったために、伏見宮家から横滑りで天皇家を継いだ親王なのである。

宮家創設は万世一系を保ち、断絶を防ぐためには最も有効な手段であるといえる。徳川御三家というのも家康が宮家に学び創設したものだろう。実際、七代将軍には子供がいなかったので八代将軍は紀州徳川家から吉宗が入ったのは有名な話である。御三家に準じる御三卿の一橋家出身の慶喜が将軍家を継いだのも同じことだ。そういう役目を持った宮家の新設を当初徳川家は許さなかったのである。意図は明白だろう。

　しかし、五代将軍綱吉あたりから明らかに「風向き」は変わった。それを敏感に察した東山は「新しい宮家を創設すべし」と遺言したのである。その時代、徳川将軍は五代綱吉から六代家宣将軍に代替わりしていたが、ブレーンの朱子学者新井白石がそうすべきだとアドバイスしたこともあり、久しぶりに新たな閑院宮家が創立された。そして、それからわずか七〇年後、第一一八代後桃園天皇は男子を残さず急逝したので、閑院宮家から親王が養子にはいり第一一九代光格天皇となった。

　もしこの宮家が新設されていなければ皇統断絶の危機になるところだった。東山の遺言でそれは回避されたのである。現在の天皇家も光格の直系であることは言うまでもない。

光格天皇［第一一九代］

裏目に出た家康の朱子学奨励

江戸時代の天皇について述べる前に、豊臣秀吉、徳川家康のことをもう少し語っておこう。

秀吉の海外侵略は「頭がおかしくなった結果」ではない。もちろん倫理的には悪いことにちがいないが、秀吉には秀吉なりの計算があった。まず天下を取ったからと言って「戦争はもうやめた」とは言えないのである。ここのところはアレクサンドロス大王もチンギス・ハーンも同じだが、戦いをやめれば多くの兵士をリストラしなければならない。彼らは武器を持っているのである。下手に戦争をやめたら自分の身が危ない。それが戦争継続つまり海外侵略に踏み切った第一の理由であった。

第二の理由は、当時の中国つまり明国は海外貿易を禁止していたことである。スペインやポルトガルのようにいくらでももうかる海外貿易を明国は禁止している。ならば自分が明国をつぶして東洋の「スペイン、ポルトガル」になればいい。秀吉はそう考えたのだ。第三の理由が前に述べた、国を広げることで天皇を「地方の一政権の長」に格下げすることである。

　これらが成功すれば豊臣政権は盤石なものになる。だから家康は派遣しなかった。手柄を立てた人間には領地をやらなければならない。家康ではなく、加藤清正(かとうきよまさ)、小西行長(こにしゆきなが)、石田三成(いしだみつなり)といった人々だけを大大名にするのが目的だ。そうなれば「関ケ原(せきがはら)」などありえないからである。しかし結果的には大失敗に終わった。清正や行長の力を弱め無傷の家康の力は増大するという最悪の結果を招いてしまった。

　そこで天下を取った家康はブレーンをして、秀吉が「愚かな海外侵略」に踏み切ったのは「頭がおかしくなったのが原因で、だから賢明だった家康公は参加しなかった」などと情報操作をさせた。それに今も乗せられているのが誰かは言う必要はないだろう。ちなみにこういう人々は「秀吉の無謀な戦争に誰もが反対していた」と主張する。確かにそういう史料しか残っていないのは事実だが、「オレはこの戦争で手柄を立て北京(ペキン)で一〇〇万石もらうんだ」と日記に書いた男が敗戦後その「史料」をそのまま残しておくだろうか。戦争に負けると人間は当初は賛成していても「あの戦争にオレは反対だった」などと言い出す、それが学問以前の人間世界の常識である。

　しかし秀吉が「バカなこと」をやってくれたので家康は楽だった。もう領土なんて増やさなくていい、静かで平和に暮らしたい、という人間が増えたからである。戦国時代以来、燃えに燃えていた日本の社会を沈静化させるのが家康の歴史的使命だった。そのために家康は中国の儒教哲学「朱子学」を日本に導入した。朱子学は親孝行と並んで主君への忠義を道徳の柱にしている。つまり武士という武士が「主君への忠義こそが最も大切」と考えるようになれば、秀吉のように織田の天下を奪うような「恩知らず」は二度と出現しなくなるだろうと考えたのである。

そして家康＝東照大権現という自己神格化にも成功した。家康はこれらの「布石」に絶対の自信があったろう。神の子孫である徳川将軍家に反乱を起こす人間など今後一人もいなくなる、と思ったに違いない。

家康は確かに天才だ。しかし所詮は人間でもある。家康のもくろみはその後、完全に裏目に出た。そして、それが露呈したのは江戸時代半ば過ぎの第一一九代光格天皇の時代であった。

日本人は王者とは天皇家だと考えた

「徳川家を神の子孫とし、主君に対する忠義を絶対とする朱子学をあらゆる武士に学ばせる」、家康はこれに成功したのである。ならば徳川家に反乱を起こす大名など出現するはずがない。それなのになぜ家康のもくろみは完全に裏目に出たと言えるのか？

ヒントになるのは、秀吉が海外侵略に踏み切った第二の理由である。覚えておられるだろうか、「当時の明国は海外貿易を禁止していたこと」である。同じ時代のスペインやポルトガルが海外貿易で大もうけしていたのに、なぜ明国は禁止していたのか。

それが朱子学の教えだからである。言うまでもなく朱子学は中国人の哲学であって日本人のものではない。だから考え方がまったく違うところがある。「士農工商」という朱子学の用語もそれを理解する重要なヒントである。士（エリート）はともかくなぜ農工（農民と職人）の方が商（商人）より偉いか。農工は食糧や道具を作るが、商は何も作らず人が汗水たらして作ったものを右から左に回して利益を上げる、「人間のクズ」のやることというのが中国人の伝統的な考え方である。

われわれ日本人はそんなバカな偏見はもたなかった。島国である日本には貿易（商売）によってさまざまな産物がもたらされた。だから平清盛も足利義満も信長、秀吉、家康も大いに貿易をやって国を富ませた。ところがその家康が導入した朱子学によって、中国人の商売に対する偏見が日本人にも伝染してしまったのである。だから江戸時代は「貿易は人間のクズのやること」になってしまい、それで幕府財政を立て直そうとした老中田沼意次は極悪人にされてしまい、幕末「エゲレスのように大いに貿易をやり富国強兵にすればいい」と主張した勝海舟も保守派から命を狙われた。

幕府がオランダ貿易をやめなかったことを不思議に思う人がいるだろうが、それは「孝」である。神君家康公の始めたことは多少問題があっても受け継ぐしかない。先祖の決めたことをみだりに改めるのは「忠」と並んで道徳の柱である「孝」に背くことになる。しかし「人間のクズのやること」でもうけようという気はまったくないので、利益はすべて長崎商人が持っていき幕府財政の助けにはならなかった。だが、これは薬に例えれば「副作用」だろう。家康が朱子学という「薬」を武士階級に飲ませたのは貿易や商業をダメにするためではない。

家康が「薬を飲ませた」のは幕府に対する反乱を根絶するためであった。しかし、ご存じのように幕末には討幕運動つまり幕府への反乱が当たり前になってしまった。おかしいではないか。なぜ、そんなことになってしまったのか？

実は朱子学は忠義を尽くすべき主君を二種類に分類する。覇者と王者である。覇者とは「武力陰謀によって天下をとった者」であり、王者とは「徳をもって世の中を治める真の主君」のことだ。徳川家は天下取りの経過を見れば明らかに覇者である。それでも覇者しかいないなら仕方がない。主君は主君だから。しかし、もし覇者とは別に王者がいるとしたら、むしろ王者に忠義を尽くし覇者を倒すべきだということになる。

そして、日本人は王者とは天皇家だと考えた。つまり、徳川幕府への反乱を防ぐために導入した理論が、逆にそれを正当化する理論に化けてしまったのだ。「裏目に出た」というのはこのことである。

五摂家が桃園の不穏な動きを密告

「家康の大誤算」、それは武士の必須教養として朱子学を日本に導入した結果、将軍家よりも天皇家に忠義を尽くすべきだと、多くの日本人が考えるようになったことなのだが、最初から誰もがそう考えたわけではない。そうした考えは徐々に発達し、徐々に国民に浸透していったのである。

その先鞭をつけたのは神道家であった。もともと彼らは天皇を神の子孫として崇拝している。皮肉なことに、そこに家康が導入した朱子学の考えが加わって、天皇こそ日本の王者（朱子学における正しい主君）ということになった。そして、この神道プラス朱子学が幕府成立以降まったく下火となっていた「天皇こそ日本の政治を直接行うべきだ」という考え方を復活させたのである。

前にも述べたように、後醍醐天皇はそういう考え方の持ち主であった。また後醍醐のそうした考えは、当時日本に伝わったばかりの朱子学の強い影響を受けていたことは間違いない。しかし、一般の日本人はそう考えなかった。まだまだ一般レベルでは朱子学は普及していなかったし、日本の天皇が朱子学でいう王者にあたるという考え方もまったく存在していなかった。だが江戸時代は違う。天皇こそ日本の王者とする考え方が浸透するに従って、神道家は天皇にその最新思想を伝えようとしたし、天皇もそうした考えを受け入れるようになった。

ここで特筆すべきは第一一六代桃園天皇である。桃園をとりまく若手の公家たちは最新思想の影響を受け、その最先端の思想家である竹内式部を桃園に推薦した。式部の講義を聴いた年若い天皇は大いに喜んだという。どうやら式部は「徳川家は天皇家に政権を返すべきだ」というところまで口にしたらしい。

ところがそれに眉をひそめる人々がいた。摂政関白になれる藤原氏の特別な家柄、五摂家の人々である。彼らは桃園の「不穏な動き」を幕府に密告した。実は江戸時代を通じて徳川将軍家と五摂家との関係は良好であった。不思議に思えるかもしれないが、そもそも関白とはどのような存在であったかを思い出していただきたい。本来は天皇家とは血縁関係のない藤原氏が、天皇の実権を奪うために創設したのが関白という地位であった。

徳川将軍家も家康以来の課題は天皇をいかにコントロールするかである。つまり将軍家と五摂家は「目的は同じ」なのだ。だから幕府は天皇より関白を優遇した。天皇家の食卓が貧しくても関白家の食卓は豊かであった。平安時代からのルールで絶対に関白や大臣になれない中級以下の公家は、天皇をないがしろにする彼らに怒りを覚え、竹内式部らの唱える「過激思想」に染まっていった。だからこそ五摂家の人々は危機感を覚えたのである。

結局、桃園を取り巻く若手公家は追放され、宝暦八年（一七五八）、式部は幕府に捕らえられた。これを宝暦事件という。さらに九年後の明和四年（一七六七）には、八丈島に流罪にされた。羽翼をもがれた形の桃園は二二歳の若さで死んだ。そして跡継ぎの英仁親王が幼かったので、「中継ぎ」として桃園の姉が即位した。第一一七代後桜町天皇で、日本の天皇史では今のところ最後の女帝である。後桜町は成長した英仁に譲位し、英仁は第一一八代後桃園天皇となったが、後桃園も二二歳の若さで夭折してしまった。

そこで宮家の親王が本家の天皇家に入り位を継ぐことになった。これが第一一九代光格天皇だが、光格は強い使命感を持っていた。

幕府にケンカを売った光格天皇

光格天皇はまさか自分が天皇になるとは夢にも思っていなかったに違いない。

即位前は師仁といい、天皇家（本家）ではなく宮家（分家）の閑院宮家の第六親王すなわち六男坊であった。

通常なら閑院宮家も継げない。だから将来は出家して門跡寺院（皇族が住職を務める格式の高い寺院）に入ることが決まっており、子供のころからそう言い聞かされていたはずなのだ。ところがなんと次期天皇に指名された。

二二歳で急死した先帝の後桃園は、男の子は残さなかったが内親王が一人いた。ゆえに新帝はその内親王を皇后とすべきだということになった。すると既婚者は資格を失う。そこでまだ子供（九歳）だった師仁に、兄たちをさしおいてお鉢が回ってきたというわけだ。ここのところは、徳川八代将軍吉宗にちょっと似ている。吉宗も分家（紀州徳川家）の、それも長男でなく四男だったが思いもかけず本家である徳川将軍家の跡継ぎになれた。稀有の幸運児だが、こういう経歴の人物は思い切った政治を始めるケースが多い。「殿様育ち」ではない上に生母の身分もそれほど高くないので、世間にも詳しく前例にも縛られないからだろう。

まさに光格はそういう天皇であった。そして大人になった光格がまず始めたことは

「幕府にケンカを売る」ことであった。宮家からの横滑りで天皇になったのだから、光格の父典仁親王は当然天皇になったことはない。しかし、光格は典仁を「上皇」にしたいと幕府の承認を求めたのである。

それにはこういう事情があった。幕府の定めた朝廷を縛るためのルールに禁中並公家諸法度があった。これは大名を統制する武家諸法度と並んで徳川幕府の「憲法」とも言うべきものだが、その規定では「皇太子でもないヒラの親王」は関白や大臣より序列が下であった。つまり光格は天皇だから関白も大臣も光格には頭を下げねばならないのだが、逆に光格の父は関白や大臣に頭を下げなければならないのである。これは親孝行の道に反する、だから「天皇の父」典仁に「上皇」の尊号を贈るのが一番いい解決策だ。こうすれば典仁は親王から上皇になり関白や大臣より序列が上になる、そうしたいと光格は幕府に申し入れたのである。

当時の幕府は老中松平定信が仕切っていた。定信は保守主義の権化のような男である。「前例がない」と光格の要求を突っぱねた。それまでの天皇だったら「幕府が反対するなら仕方がない」と引き下がるところだが、光格は粘りに粘った。この事件を「尊号一件」と呼ぶ。光格にとっては残念ながら、幕府の抵抗を崩すことはできず、この件は光格の敗北におわった。

しかし、光格は引き下がらない。次に目指したのは「憲法」である禁中並公家諸法度で厳禁されている、「天皇が政治に口をだす」ことであった。

武士たちに破壊された権威取り戻す

幕府の「憲法」とも言うべき禁中並公家諸法度の第一条は「天皇の仕事は学問することである」という規定だ。「政治にかかわるな」と「命令」することは、さすがに失礼なのでそういう表現になっていないが、実質的には「天皇が政治に口をだす」ことを厳禁しているのである。

この規定に初めて反旗を翻したのも光格であった。

当時、天明（てんめい）の大飢饉（ききん）があって民衆は飢えていた。そして京都周辺でどこからともなく「天子様なら何とかしてくださる」という噂が流れ、民衆は助けを求めて御所周辺に集まり窮状を訴えた。そこで光格は幕府に対して「米を出して救済するよう」申し入れた。「憲法違反」の行為に出たのである。江戸時代初期ならこんなことはあり得なかったし、そもそも民衆が天皇に救いを求めることもあり得なかった。この事件を「御所千度参り」と呼ぶのだが、前にも述べたように、日本古来の神道と家康が奨励した朱子学が合体し、「天皇こそ日本国の正統な主君」という信仰が民間にも育っていたのだ。だからこそ江戸時代初期にはあり得ない事件が起こったのである。

幕府はこの対応に苦慮した。「憲法違反」を見逃せば幕府の権威失墜につながる。しかしもはや天皇という存在を幕府は勝手に「処分」することができなくなっていた。結局幕府はこの事件を「飢えたる民衆を救うための緊急例外措置」として、米は送り光格を不問に付した。だがその結果、「天子様にお願いすれば何とかなる」という民衆の天皇信仰を高める結果を招いた。

光格は、武士たちによって破壊された天皇家の権威回復に尽力した。

江戸時代には中断していた、新嘗祭など豊作を祈る天皇家の伝統的祭儀を復活し、石清水八幡宮・賀茂神社の臨時祭も再興した。現在でも皇室でおこなわれている伝統的な祭儀はそのほとんどを光格が復活させた。

特筆すべきは「天皇」号の復活である。

何度も述べているように、たとえば天武天皇は生前「天武」と呼ばれたことは一度もない。その死後に生前の功績などを勘案し「天武」という「諡号」が贈られ、それ以後公式には天武天皇と呼ばれるわけだ。ところが中世、天皇家の力が下落すると、まず「諡号」ではなく「追号」が贈られるのが一般的となった。第一一三代東山天皇などが典型的な例だが、功績というよりはなじみのある場所などにちなんで、「東山」が追号として選ばれる形である。

しかも、天皇という称号も基本的には使われなくなっていた。天皇ではなく東山院などと呼ぶのが一般的だった。もちろん中世でも諡号が贈られた例はある。崇徳、安徳、顕徳(後鳥羽)、順徳であり、天皇とよばれた人間も二人いた。安徳天皇そして後醍醐天皇である。本書の読者なら、その意味がお分かりだろう。これらの天皇はすべて不幸に死んだ人々だ。だから鎮魂のために特別な称号を贈ったということだ。

　しかし古代においては天皇と呼ぶのも、諡号を贈るのも当たり前であった。そこで光格は中世の「院」もすべて天皇と呼ぶよう系図を改めさせ、自分の死後は諡号を贈るように遺言した。つまり光格によって天皇家はその権威を大いに復活したのである。

孝明天皇［第一二一代］と明治天皇［第一二二代］

明治維新を可能ならしめた天皇の存在

第一二一代孝明天皇と第一二二代明治天皇の治世の間に、明治維新という日本最大級の大変革があった。明治維新とはいったい何だったか？　この問いに答えなければこの二人の天皇の事績もわからない。

しかし明治維新とは何か一言で答えよと言っても、当惑する人のほうが多いだろう。私に言わせればそれは、江戸時代約二六〇年間政策で鎖国し科学技術の進歩を止めた結果、このままでは軍事力を誇る欧米列強の思うままにされてしまうという危機感から、日本人が団結して国家をリニューアルしたということである。

根本的な改革は革命という言葉が使われるのが常だが、なぜ明治革命ではなく明治維新なのか。革命とは、フランスのように王政を打倒して共和制（民主制）にしたような場合を言う。社会の体制を根本から変えた場合である。しかし、日本は古代における天皇絶対の制度を再開したという形をとった。だから最初は王政復古がスローガンとして叫ばれ、その結果再構築された成果を明治維新と呼んだ。

それはあくまで形式上のことであって、実質的には欧米列強に対抗できる近代的な国家に日本は生まれ変わったのだから、革命という言葉を使ってもおかしくない。少なくとも根本的な変革であるといえよう。では、なぜそれが可能だったのか？

この答えにくい問いも、「比較」つまり比べてみることでわかる。過去と現在、そして日本と外国を比べてみるのである。まず、過去と比べてみれば、日本はなぜ鎖国し科学技術の進歩を止めたのか。鎖国すればイギリスのような貿易大国になることはできないし、科学技術の進歩を止めれば欧米列強の優秀な武器には対抗できない。しかし江戸時代の日本人がなぜそんな愚かな選択をしたのか、もうお分かりだろう。徳川家康が朱子学を導入し、それが日本の常識になってしまったからである。

朱子学では商売や貿易は人間のクズのやる賤業であり、先祖の決めたことをみだりに変えることは「孝」に反するからできない。火縄銃を西洋式の連発銃にすることも許されないのである。そもそも朱子学ではそれを学んでいる国だけを文明国とするから、欧米列強の国家などは野蛮国ということになり「学ぶべきことなどない」ということにもなる。

当時の清国（中国）や朝鮮国は骨の髄まで朱子学の毒に侵されていた。これらの国では朱子学の試験である科挙に合格しなければ官僚になれない。官僚になれなければ政治に参画もできない。いわば最初から勝海舟や坂本龍馬や高杉晋作の出る幕がないのである。だから、日本はいち早く近代化できたが、清国は近代化するまで長い時間がかかった。

しかし、よくよく考えてみれば科挙は採用しなかったとはいえ、日本も家康以来、朱子学の影響を強く受けていた。ではなぜ日本だけが、清国や朝鮮国には不可能だった近代化ができたのだろう。同じ「朱子学国」だったのに、違いはどこにあったのだろうか。

もうお分かりだろう。なぜ、それができたかといえば、清国や朝鮮国にはないもの、つまり天皇という存在が日本にはあったからだ。天皇という存在こそ明治維新を可能ならしめた最大の要素なのである。

中国で民主主義が成立しない理由

一昔前の日本史では、いわゆる左翼学者が「天皇こそ民主政治の敵」などと教えていた。彼らにはまったく日本の歴史というものはわかっていないし民主主義の原則もわかっていない。

民主主義が成立するための絶対条件とは何か、それは「すべての人間は平等である」ことである。いわゆる「自由」という理念も、各人がすべて平等であり対等であるからこそ、誰の命令も聞かずに動けるというところから来る。つまり平等という理念観念が育たないと、民主主義など生まれようもないのである。

西洋においてはキリスト教がこの平等という理念を育てる役目を果たした。神という絶対者の下では、「偉い人間」など一人もいない。皆平等である。いわゆる神の下の平等だ。だからこそ刑務所を出たり入ったりしているような人間と、マザー・テレサやシュヴァイツァー博士のような人間が、人間としては同等で「一人一票」ということにもなる。

現代の日本人のように、生まれた時から民主主義を空気のように当たり前としている人間は普段は気がつかないのだが、よくよく考えてみるとこんな不思議な考え方はない。人間には能力の差もあり道徳の差もある。「犯罪者とマザー・テレサのような人間」がそれぞれ一票ずつしか持てないというルールに、あなたは本当に不合理を感じたことはないか？

実はそれを不合理だと感じたのは中国人であった。中国人は極めつきのリアリストで、特にエリートは目に見えないものは信じられないと、イエスやアラーのようなものを信じなかった。しかしそんな人間でも絶対否定できないのは、今自分がここに存在するのは親が産んでくれたからだという生物学的事実である。だから親に対する報恩（恩返し）である「孝」を道徳の根本とし、社会生活では親に準じる主君に対する報恩である「忠」を道徳の柱とした。

ところが問題はイエスやアラーの存在しないところでは、絶対に神の下の平等は成立しないという点だ。当然「犯罪者とマザー・テレサのような人間」が同じ権利をもつのは不合理だという発想になる。ではどうするか？

要するに「優れた人間」と「愚かな人間」を選別すればいいのである。優れた人間をどう選ぶかといえば、中華（世界で最も優れた国）の最高の哲学である朱子学を、いかに体得しているかの度合いで測ればいい。それをペーパーテストすなわち試験で選ぶ。そしてそれは誰でも受験できるということにしておけば社会的不公正は生じないし、その結果、朱子学をきちんと学んだ優秀な人間だけが官僚として採用され政治に参画することで理想の国家ができる。これが科挙であり官僚制度だ。しかし、それが成功したかはご存じの通り、中華帝国は結局清国を最後に滅んだ。

中国人の不幸は、いまだに絶対的平等を実現する「神」がその文化に存在しないということである。その「神」を私は「平等化推進体」と命名した。現代の中国では、かつては毛沢東が、そして今は習近平国家主席がそれを目指している。だが、うまくはいかないだろう。なぜなら中国文化にはそもそもそうした伝統がないからである。

では日本はどうか？　日本文化には天皇という「平等化推進体」があった。お分かりだろう、朱子学を超えて日本に民主主義が誕生したのは天皇がいたからなのである。

身分社会を打ち破る「草莽崛起」の思想

現在の中国、つまり中華人民共和国の基本思想である共産主義は朱子学と大きな共通点がある。

まず無神論だ。共産主義はキリストやアラーのような神を否定する。そんなものは迷信だという考え方である。だからこそ「平等化推進体」が存在せず、絶対的な平等などあり得ないことになる。そこで中華帝国つまり朱子学社会では試験（科挙）で選抜された官僚が「愚かな」民衆を「指導」したように、中華人民共和国は選抜された共産党員が「愚かな」人民を「指導」するという形になる。

朱子学が絶対に正しかったように共産主義は絶対に正しいのだから、それ以外の考え方は一切認めない。当然思想の自由も、言論の自由も、野党を作る自由つまり結社の自由も認めない。「愚かな」人民は一党独裁の共産党の命令さえ聞いていればよいという社会になる。

今のロシア連邦も、かつてはソビエト連邦という名の共産主義帝国であった。しかし、ロシア人にはキリスト教の伝統があった。ソビエト崩壊のきっかけを作ったミハイル・ゴルバチョフもロシア連邦初代大統領のボリス・エリツィンも、子供の頃にロシア正教（キリスト教）の洗礼を受けていたと後に語っている。だからこそキリスト教が復活する形で共産主義を駆逐しソビエト連邦は解体した。中国にはこういう伝統がない。では中国は今後どうなるのか？　まさに神のみぞ知る、である。

話を日本に戻そう。日本には天皇という「平等化推進体」が存在した。それゆえ、西洋のキリスト教を母体としたものとは違う、日本型の民主主義が生まれた。それの完成者が幕末の思想家、吉田松陰（よしだしょういん）である。

松陰は「天下は一人の天下とするなり」と言った。「一人」とは天皇のことだ。左翼学者はこの規定が、革命以前のフランスのような反民主主義体制を生んだ、と考えるらしい。それは実に浅薄な考えで、天皇を絶対神のような至高の存在としたからこそ、その下ではすべての日本人が平等となったのである。そこから生まれた発想が草莽崛起だ。「草莽」とはそもそも儒教の言葉で「市井に潜む隠者」のことだが、転じて名もなき庶民を指す。「崛起」とは蜂起すること、つまり名もなき庶民でも天皇のために尽くすという志を持って立てば立派な勤皇の志士であり、「天皇の臣」ということでは関白や将軍とも同等だということである。

江戸時代は身分社会だった。公家は関白に従い、大名は将軍に従い、武士は大名に従い、農民は名主に従わねばならなかった。平等などあり得ない。その体制を支えたのが朱子学、つまり人間は士農工商に分かれ歴然たる身分差があるという思想である。

しかし明治になると盛んに「しみんびょうどう」ということが言われた。市民平等だと思っている人がいるが間違いである。「四民」平等だ。つまり士農工商という人間を四つの身分に分けた制度は認めないということだ。これを基本とするのが朱子学だから明治の日本は見事にこれを超えて、平等な社会を築き上げたのである。逆に朱子学に縛られた清国や朝鮮国は平等な社会を作れなかった。それが同じ東アジアの中で日本だけがいち早く近代化できた最大の理由なのである。

では、この日本型民主主義は完璧なもので欠点はないのか？　やはり欠点はある。

孝明の思いを勝手に「忖度」した長州

日本型民主主義は「一君万民主義」と呼ばれていた。意味はおわかりだろう。「一君（天皇）」の下では「万民平等」である、ということだ。しかし天皇はキリストやアラーとは違って現実にこの世に存在する。しかも天皇は日本人にとって絶対の存在だ。ということになれば「これは天皇のご意志である」という形をとれば、どんなことでも実行可能になる。そして実際には天皇の考えではないのに「これが天皇のご意志だ」などと強弁する人間たちが出てくるので、話はややこしくなる。吉田松陰は長州藩の出身だが、そういうことを実際に始めたのが皮肉なことに長州藩の人間たちだった。

孝明は攘夷論者だった。攘夷も朱子学の言葉で「野蛮な外国人は追い払え」ということだ。実は孝明がそう思ったのには錯覚もあった。錯覚というのは日本が有史以来鎖国体制をとっていて、それが祖法（先祖の決めた絶対のルール）であると思いこんでいたことだ。実際には平安時代には遣唐使が派遣されており、安土桃山時代には南蛮人（ヨーロッパ人）も京都にまで来ていたのだが、そういう事実を知らなかった。これも朱子学の悪影響で「鎖国は祖法」と思い込んだ段階で、そうした歴史を忘れてしまうのである。また、「ケガレ」の問題もあった。「ケガレ」に満ちた外国人が日本に入ってくれば、必ず不幸なことが起こるという神道に基づく信念があった。

これは必ずしも迷信と言えないところに問題があった。日本は孤立した島国である。外国と交流を盛んにすれば必ず未知の伝染病が入ってくる。そして免疫がないから必ず大流行する。奈良時代には天然痘、戦国時代には梅毒、そしてこの時代にはコレラが入ってきた。「外国人の大幅な入国を許すと疫病が流行する」は事実でもあったのだ。

しかし幕府はその孝明の思いを無視して開国に踏み切った。アヘン戦争で清国がどのような目にあったか知っていたからだ。大老井伊直弼が日米修好通商条約に調印した。そこで「関ケ原の負け組」であり徳川家に恨みを持つ長州藩毛利家は「幕府徳川将軍家は天皇のご意志を無視している。当然、幕府は許せないとお考えであろう」とまさに勝手に「忖度」して倒幕運動を進めた。具体的には天皇の近くにいる長州派の公家たちを使って、孝明に討幕の意思を表明させようとした。

孝明は怒った。確かに幕府徳川将軍家が攘夷を実行しないのは大いに不満だ。しかし、その後、幕府は「攘夷を実行します」と誓ってきたので、孝明は妹の和宮を一四代将軍徳川家茂に嫁がせた。その時点で天皇は兄、将軍は弟という義兄弟の関係さえ成立していた。つまり孝明は幕府を倒すことなど夢にも考えていなかった。ところが長州藩は長州派の公家と手を組んで、まるで天皇家が討幕を望んでいるかのような方向に持っていこうとしたのだ。

そこで天皇側近の中川宮が動き、長州藩とおなじく御所警護にあたっていた薩摩藩と会津藩に手を握らせ、長州藩の勢力を御所内から一掃するというクーデターが企てられたのである。「八月十八日の政変」という。文久三年（一八六三）八月一八日未明、薩摩会津両軍は御所を封鎖し、長州藩兵および長州派の公家の三条実美らを排除した。長州藩も不意をつかれ、やむを得ず京都から撤退した。もちろんそのまま引き下がる長州藩ではない。

御所を攻めた長州の理屈

ここで「君側の奸」という言葉をぜひ覚えていただきたい。筆者は丸暗記を中心とした現在の歴史教育には極めて批判的なのだが、それでも覚えるべきキーワードはある。「天皇の日本史」においてはこれがそうだ。君側の奸とは「君側（天皇のおそば近く）を取り巻く奸臣（悪臣ども）」という意味である。

日本型民主主義すなわち「一君万民主義」においては言うまでもなく天皇が絶対である。そうである以上、天皇に対して反乱を起こすことは絶対に不可能なはずであり、仮にそれをやったら朝敵（天皇家の敵）として「極悪非道」にされてしまう。ところが実際には天皇に対して「兵をあげる」ことは不可能ではない。つまり、現在の天皇は「君側の奸」に取り込まれてしまっており、大御心（天皇の本心）が表明できないような状態にある。だから真意と違う発表がされ国が誤った方向に行こうとしている。ここで兵をあげ武力をもって「君側の奸」を一掃し「大御心を安んじ奉る」ことこそ真の忠義であり正義だ、という考え方が一応成立する。

元治元年（一八六四）七月に、長州藩が大軍で天皇の京都御所を攻めたのは、この理屈に基づくものだった。「蛤御門の変」である。本来なら御所を攻めるのは「天皇への反乱」であり「朝敵の大悪事」になるはずだが、来島又兵衛ら長州藩の強硬派はそんなことは夢にも考えていなかった。あくまで「君側の奸」を武力で排除することが目的だからだ。

長州から見た「君側の奸」の代表が会津藩であった。藩主の松平容保は幕府の代理として京都守護職をつとめており、御所警備の最高責任者でもあった。また京都の治安を守る立場から新撰組を保護しており、長州藩の強硬派に同調していた志士たちが、その新撰組に多数殺されたこと（池田屋事件）も長州は「天皇の大御心に背くもの」と見ていたのである。

「天皇は会津という君側の奸に取り込まれ身動きが取れない、だからお助けする」というのが長州側の理屈だが、実はそれは長州の勝手な思い込みだった。孝明は幕府を倒すつもりなど毛頭なく、幕府の代理である松平容保が大のお気に入りであったからだ。孝明は容保に「頼りにしておるぞ」という宸翰（天皇直筆の書状）すら与えていた。天皇が直接武家に宸翰を送るなど普通はあり得ず、後醍醐天皇が足利尊氏に与えて以来という説もある。

「思い込み」が激しい長州とは違って、常に冷静で情報収集が巧みな薩摩は孝明の真意を知っていたから、蛤御門の変では会津に味方した。西郷隆盛率いる鉄砲隊が来島又兵衛を射殺し長州は敗北した。

自分の思い込みは棚に上げて、長州は怒り狂った。薩賊会奸つまり薩摩は賊子（孝を守らぬ悪人）であり会津は奸臣だ、などと叫んだがしょせん負け犬の遠ぼえだ。幕府はこの際、長州をたたきつぶすべきだと考え孝明に許可を得た。これで幕府軍は長州を「征伐」できることになった。勅命（天皇の命令）であるから薩摩も参加し西郷隆盛は連合軍の参謀に抜擢された。この時点で孝明も幕府も西郷も「長州滅ぶべし」と考えていた。

しかし長州は最後の勝者となった。この大逆転はどうして起こったのか。

孝明が急死したからである。

孝明の死で「長州＝朝敵」が一八〇度転換

蛤御門の変で会津・薩摩連合軍に惨敗し、怒った孝明の勅命によって朝敵として「征伐」されることが決まった長州藩毛利家。

幕府は各藩に動員をかけて連合軍を結成し、参謀には薩摩藩の西郷隆盛が選ばれた。西郷は長州征伐にやる気満々で本気で長州をつぶす気でいた。もし勅命が下った時点で幕府が電光石火長州を攻めていたら、長州藩毛利家はこの世から消滅していたかもしれない。

しかし幕府はあまりにもぐずぐずしていた。

「徳川三百年」の間に巨大な官僚組織と化しており、何事も即断即決ができなかった。大坂城を「大本営」と決めたのはいいが出動は遅れに遅れた。業を煮やした西郷は、ちょうど大坂に来ていた幕府の軍艦奉行勝海舟に助言を求めに行った。二人はこの時初対面だったのだが、西郷は神のように尊敬していた主君島津斉彬と勝海舟が立場を超えてお互いに認め合っており、生前の斉彬が勝と何度も意見交換をしていたことを、知っていたのである。

勝は西郷に驚くべきことを言った（と思われる）。「思われる」というのは明確な記録は残されていないからだが、このあと西郷の行動が一八〇度転換するのである。その理由は勝のアドバイスしか考えられない。つまりその内容は「欧米列強の脅威が迫っている中で内戦などしている場合か。日本人は一致団結しなければならない。今後薩摩と長州が手を組んで幕府を倒すこともあり得るのだから、ここは穏便におさめるべきだ」だろう。

これは幕臣、つまり徳川将軍家の家来という勝の立場から見れば「裏切り行為」である。だから記録には残せなかった。しかし、幕臣という立場にこだわらず「日本人」としてアドバイスした勝の言葉に、西郷も「日本人」として目覚めた。結局、参謀である西郷が強力に進言したことによって、長州征伐は戦争にならず長州の三家老が責任をとって切腹するという形で収拾された。「力」は温存されたのである。長州は薩摩に「借り」ができた。

そして高杉晋作がクーデターを起こし藩の実権を握り、蛤御門の変以降は逃亡潜伏していた桂小五郎（木戸孝允）が復帰して、長州藩と薩摩藩の間に同盟を結び幕府と対抗しようという気運が高まった。仲介したのは勝海舟の一番弟子坂本龍馬である。

もっとも慶応二年（一八六六）一月に京都で結ばれた、いわゆる「薩長同盟」の盟約は、よく読むと軍事同盟ではなく「長州は朝敵ではない。その無実の罪を晴らすために薩摩は全面的に協力する」という内容で、むしろ「薩長友好条約」というべきものだった。しかしこの盟約が結ばれた段階でも、長州が「朝敵という無実の罪」を晴らすことは絶望的だった。なぜなら誰が朝敵であるかを最終的に決定するのは天皇だからだ。孝明は大の会津びいきで討幕など夢にも考えておらず、討幕を志す長州こそ朝敵だと考えていた。

孝明が天皇の座にある限り、長州の望みは絶対にかなえられない。

ところが、その孝明が突然天然痘にかかり三六歳の若さでこの世を去ってしまう。跡を継いだ祐宮（後の第一二二代明治天皇）はまだ少年で、何事も母中山慶子の実家の中山家の人々の言うことに従っていた。ところが、公家の中山家は根っからの長州支持派で討幕派だったのだ。

これで何もかも一八〇度転換した。

病死という名の「細菌テロ」

当時の日本人にとっては天皇家が幕府支持から長州支持にかわるなど、到底予想がつかないことであり驚天動地の事態だった。それもこれもまだ若い孝明が突然にこの世を去ったからだ。その死で最大の利益を得たのは長州そして討幕派である。そこで、これは病死ではなく暗殺ではないか、という風聞が当時から飛び交っていたらしい。

「らしい」というのは日本側の記録が抹殺されたフシがあるからだ。

「蛤御門の変」という言い方も本当はおかしい。「本能寺の変」なら確かに戦争というよりは襲撃事件だったが、「蛤御門」の方は戦争である。この時点で長州は朝敵だったから「長州の乱」と呼ぶべきなのに、こういうボカした言い方にされているのは、「勝ち組」長州が一時は朝敵だったという不名誉な事実の抹殺を図ったからだろう。

だが外国の記録は抹殺できない。当時の日本に滞在していたイギリスの外交官アーネスト・サトウは、回想録に「孝明天皇は毒殺されたという情報を確かな消息筋から聞いた」という内容の証言を残している。それゆえに左翼学者だけでなく、かつては中立な立場の学者の中にも、本当は天然痘による死ではなく毒殺ではないかと疑っている人がいた。しかし現在は、この論争は「やはり病死」で決着がついたようだ。原口清名城大学名誉教授が孝明の病状の変化を詳しく研究し、天然痘による病死の可能性が高いと結論づけたからである。筆者もこの見解、つまり「孝明の死因が天然痘」であることには異論はない。しかし、「だから孝明の死は病死であって暗殺ではない」とは言い切れない。

わかりにくいかもしれないが、こう考えたらどうだろう。現代のテロリスト集団がたとえば炭疽菌をばらまいて多くの人を殺したとしよう。その犠牲者の検死をした法医学者は「死因は炭疽菌による感染死」と診断書に書くだろう。しかし、それは病死であって病死でない。そもそもの原因はテロリストが菌をばらまいたからで、実際には「殺人」である。

　同じことだ。当時の人々は天然痘が伝染病であるという知識をすでに持っていた。しかも、それを防衛する手段も知っていた。種痘である。しかしそれを「血のケガレ」と考える孝明は種痘をしていない。したがって保菌者を宮中に送り込めばピンポイントで孝明を狙える。しかもその反対派は種痘を受けているので、味方がやられる心配はない。極めて効率のいい「作戦」なのである。

　天皇暗殺など大それたことをそもそも考えるはずがない、という意見もあるが、暗殺ではなく感染だけが目的だったと考えればどうか。回復しても体中に醜い痘痕（とうこん）が残れば、孝明は「病のケガレ」を恥じて退位するだろう。そのあとは明治が継ぐことは決まっていたから目的は達成できるのである。

「九重（ここのえ）の内」という言葉がある。俗世間と宮中（御所の中）は何重もの壁で隔てられていることだ。そんな「隔離された」御所にいてめったに外出しない孝明が、天然痘に感染すること自体極めておかしな話なので、私はこの一件はやはり「細菌テロ」であり「結果的に暗殺になってしまった」事件である可能性が、非常に高いと思っている。

天皇の印もサインもない「討幕の密勅」

とにかく、事実だけを述べれば「孝明の死によって長州は最大のピンチを逃れ大逆転を果たした」ということだろう。その後はあまりにも情勢が長州有利に転じたので、明治天皇も少年の頃「長州の傀儡」にすり替えられた、などと主張する人々もいる。しかし、御所に「天然痘患者」を送り込むことぐらいならコネがあれば決して不可能ではないが、「親王すり替え」には決定的な障害がある。「女官の目」である。宮中にも江戸城大奥と同じ女の世界がある。ずっと小規模だが、男どもはいわば女の「監視」の中で成長し生活するのである。女性皇族もいるから「すり替え」など絶対に不可能なのである。女の世界を過小評価するのは男の悪い癖だ。

さて孝明は死んだ。のちに明治とよばれる皇太子はとりあえず天皇の位を「仮に」継いだのだが、直ちにやったのは「長州藩が朝敵ではない」と認めることであった。孝明が生きていれば絶対に無理だったことがあっさり実現したのである。

この間、最後の将軍徳川慶喜は朝廷との戦争を避けるために大政奉還を申し出た。「これまで約七〇〇年間にわたって武家（幕府）がお預かりしていた日本の統治権を、つつしんで天皇家にお返しします」ということだ。実際には平清盛、源頼朝あたりから武士が天皇家の政権を乗っ取っていたのだが、形の上では将軍は天皇から任命される役職なので「政治は天皇から委託された」と考えることもできる。それを逆手にとって、「委託された」統治権を返してしまえば、幕府を倒そうとする連中も戦争を仕掛ける大義名分を失う、という仕掛けである。

しかし、根っからの討幕派である長州はそれでは困る。長州の望みは孝明の時と真逆に、長州ではなく幕府を「征伐」せよと命令が出ることである。それも出た。いわゆる「討幕の密勅」（天皇の秘密指令）である。慶喜が大政奉還を申し出たまさにその日、慶応三年（一八六七）一〇月一四日、長州藩と薩摩藩に「朝敵徳川慶喜を討て」という、密勅が下された。

ところがこの密勅、一番肝心な天皇の印もサインもない。「天皇は慶喜を討てとおっしゃっている」という内容の横に明治の外祖父（生母中山慶子の父）中山忠能ら三人の公家が署名しているだけだ。要するに「ウチの孫である天皇がそうおっしゃっている。祖父である私が保証する」ということで、少なくとも正式な詔勅（天皇の命令書）とはいえない。

しかしこれが薩長軍にとっては「切り札」となった。幕府軍と薩長軍の一大決戦である鳥羽伏見の戦いで、薩長軍は先頭に「錦の御旗」を掲げることができた。これを見て幕府軍の総大将徳川慶喜は「本当に朝敵にされてしまう」と腰を抜かし大坂城を放棄し逃亡し江戸城も無血開城させた。

薩長軍、いや官軍が勝利を収め七〇〇年ぶりに「天下が天皇家に帰ってくる」と確定したとき、「次の天皇」はまず何をしたか？

勅使を四国の崇徳天皇陵に派遣した。そして「どうか力をお貸しください」と祈らせた後に正式に即位し、崇徳の神霊を輿に乗せて京都に迎えた二日後にようやく明治と改元したのだ。これは宮内庁の公式記録にもある事実である。なぜ明治がそんなことをしなければならなかったのか、もはや本書の読者には説明する必要はあるまい。

天皇の神聖化で民主主義が強固なものに

明治天皇の即位とともに新しい時代が始まった。前にも述べたように、明治維新とは「古かった」日本が欧米列強の侵略に抵抗できるよう近代化したということである。同じ東アジアの国である清国（中国）や朝鮮国が、すぐに近代化できなかった最大の理由は朱子学である。儒教の中でも最も厳しく保守的な朱子学が国の近代化を阻んだのだ。朱子学は多くの点で民主主義を阻害する。それを日本人は天皇（神道）との「組み合わせ」で何とか乗り越えた。

民主主義のもっとも基本である万人平等については、吉田松陰が天皇を限りなく神聖な存在とすることで達成させた。天皇が至高の存在であればあるほど、その下では士農工商すべての階級が平等（四民平等）となる。だから明治国家の基礎となった大日本帝国憲法では「天皇ハ神聖ニシテ侵スヘカラス（第三条）」と定めたのだ。これはヨーロッパの君主が自分の王権を絶対化するのとはまったく意味が違う。キリスト教によって「神の下の平等」が前提としてあるヨーロッパなら、君主が自分の王権を絶対化するのは民主主義に対する挑戦になるが、そういう前提がない日本では天皇を神聖化すればするほど、民主主義の基盤が強固になるのである。

こういう歴史がわかっていない人が大勢いることを私に実感させたのは、最近の「教育勅語」騒動だった。話題になった、あの「幼稚園」のように、園児たちに教育勅語を暗唱させることが、現代の教育としてふさわしいとは私も思わない。しかし「教育勅語は国民を戦争に駆り立てたとんでもないものだ」などという批判は、歴史がわかっていないとしか言いようがない。

市民国家とは、国民一人一人が政治に参加する国家である。そしてその「参加」の対象には当然「軍事」が含まれる。平たく言えば「おれは商人だから戦う必要はない、それは武士の仕事だ」などと言っている国は絶対に市民国家になれないし、それが常識である欧米列強にはとても勝てない。明治国家は、朱子学世界では絶対に生まれない、市民の戦争への参加意識を育成する必要があった。だから教育勅語で「いざという時、日本国民は天皇のために戦え」と強調したのだ。

この教育勅語を「儒教的」などと評する人もいた。反動的と言いたいらしいが儒教（朱子学）の基本は「男尊女卑」だ。女は男に比べて「劣った生き物」だから出しゃばってはならないし、男の勉学の邪魔になるから「男女七歳にして席を同じうせず」なのだ。しかし、明治の小学校は男女共学であり、清国や朝鮮国にはキリスト教系の女子大しかなかったが、日本にはそれ以外の女子大もあった。すべて教育勅語が「男子よ、勉学せよ」ではなく「国民（男も女も）よ、勉学せよ」としているからだ。天皇の命令である。「女には高等教育などいらん」とうそぶく連中を改心させるのに、この勅語がどんなに役立ったか計り知れない。

もちろん、一〇〇年以上前の話だから、現代から見れば不十分な点はある。たとえば、この時代「普通選挙」といえばそれは男子のみの話だった。しかし、男女同権を否定する朱子学世界に比べて、日本が一歩も二歩もリードしたのは教育勅語のおかげなのである。そうした効果を評価せず、価値観の違う現代の視点からのみ評価するのは、不公正としか言いようがない。

大正天皇［第一二三代］

日本史の最大の特徴である天皇という存在

さて、第一二三代大正天皇に話を移したいのだが、「復習」のためにもう一度この二〇〇年間のことをざっくりと語っておきたい。ここは日本史の要ともいえる部分なので、より深く理解していただきたいと思うからだ。
間に何があったか？　明治維新という大改革である。明治維新は日本の長い歴史の中でも一、二を争う大改革であったことは紛れもないが、具体的にはどういうことだったのか。

それは日本がやむを得ず選択した「鎖国」という政策の影響で、欧米列強に文明的に後れを取ってしまい、特に「兵器の優劣」によって、下手をすると彼らの植民地にされてしまうかもしれないという重大危機が発生した。それを防ぐために、日本が欧米列強に対抗できるよう体制を大変革した、というのが明治維新であった。

これがいかに素晴らしい改革であったかといえば、文化的には日本の「先輩」であったはずの中国、朝鮮、そしてそれ以外の非白人国家のどれ一つとして出来なかったことであるからだ。これを成し遂げた日本は紛れもなく素晴らしい国家であり、日本人は極めて優秀な国民であったと言って間違いないだろう。

そして何が明治維新を可能にしたのか。もちろん民衆の強い意志というのは欠かせない要素だ。ただしそれなら中国や朝鮮や他のアジア、アフリカにもあった。「欧米の植民地にされてたまるか」という思いである。しかし日本だけがなぜ大改革に成功したのか。

それは天皇という存在があったからである。

問題はこの事実がこれまでの日本社会では、決して明確に認識されていなかったことである。これは天皇礼賛ではない。つまり思想的な好き嫌いを言っているのではなくて、明確な歴史的な事実を述べている。事実認定には右も左もないのだが、日本ではこれ以前の重大な事実、天皇という存在が日本史の最大の特徴である、ということすら明確に認識されてこなかった。もちろん私が言っているのは「日本は天皇という世界唯一の素晴らしい存在があるのだから、世界最高の国である」というのとは違う。それは思想であって純然たる事実ではない。

と言っても抽象的でわかりにくいだろうから、簡単に言おう。天皇という存在がなければ、藤原摂関政治も幕府政治も存在しなかった。外国なら藤原氏や武家はそのまま「天皇」になるので、そんな面倒な政治形態は一切必要ないからだ。つまり「日本史の最大の特徴（外国とまったく違うところ）」は、天皇という存在である。

消されかけた「天皇あってこその明治維新」という事実

では、もう一つの歴史的事実「明治維新は天皇という存在があったからこそ成功した」は、なぜ一般的な認識となっていないのか？

それは明治維新後に成立した大日本帝国が結果的に進路を誤り、昭和二〇年（一九四五）に大崩壊したからである。このことで数百万人の日本人が死亡する結果になっただけでなく、精神的に極めて強い衝撃を受けた世代が誕生してしまった。特にいわゆる「昭和ヒトケタ」生まれの人に多いのだが、「日本が大嫌い、天皇の価値など一切認めない」という人々である。

無理もないといえば無理もない。この人たちは学校で先生から「天皇陛下のために戦って死に、鬼畜米英を滅ぼすのが、日本人の聖なる使命だ」と教えられたのに、昭和二〇年八月一五日以降は、「アメリカ軍のみなさんが来たらハローと言いなさい」と「同じ先生」の口から言われたのである。予科練などに志願してはやばやと戦死してしまった兄や先輩もいるのに、である。これでは天皇不信、国家不信にならないほうがおかしい。こういう方々には心からご同情申し上げる。

しかし、逆にそうだからこそ、こういう「戦争被害者」たちの表明する意見あるいは歴史的分析には素直に従えない。穏当ではない言い方で恐縮だが、たとえばここに集団レイプの被害者である女性がいるとしよう。その女性が「オトコなんてケダモノと思っています」と主張しても、その女性にとってそれは「事実」なのだから仕方のないことだ。もちろん人間には思想の自由もある。しかしその女性が生物学者となって、生物学の教科書に「人間の男性はすべてケダモノである」と書くといったら、「それはマズイですよ」と言わざるを得ない。個人的思い込みと客観的事実は違う。これは峻別しなければいけない。

ところが、この時代生まれの歴史家やジャーナリストには、その区別が付いていない人が実に多いのである。つまり天皇という存在を悪意を持ってできる限り否定しようとする。確かに、彼らにとって天皇は、その時点では「悪」だったかもしれない。しかし実際に調べてみると、天皇という存在がそのように「悪用」されたのは極めて短い期間で、具体的に言えば満州事変（一九三一年）から終戦までの間である。それを知っていた国民作家司馬遼太郎は、彼らの偏見を指摘したエッセイを書いている。「無題」というタイトルで、『この国のかたち二』（文春文庫）に収録されている。

この「無題」というところが、いかにも「関西人やなあ」と私は思う。私の亡くなった父親もジャーナリスト出身で、司馬とほぼ同年（一歳下）だったから、このエッセイの内容はとてもよく理解できる。ただ関東育ちの私なら、「戦後生まれの歴史的偏見」などというケンカを売るようなタイトルをつけるところだろう。

このエッセイは若い人にもぜひ読んでもらいたいし、ここでいう「戦争被害者」の方々にもぜひ読んでいただきたいものだ。いずれにせよ、そういう人々が歴史学者になってしまったために、「天皇という存在があってこそ明治維新は可能だった」という歴史的事実が消されかけたということは認識していただきたい。もちろん、偏見を持って歴史的事実を改編するなどということは、絶対に不可能なのだが。

民主主義を成立させるための絶対条件は何か、ご存じだろうか。私に言わせればそれは「絶対神」なのである。矛盾しているように聞こえるかもしれないが、絶対的なものがあってこそ、その前では誰もが平等ということになる。あらゆる身分がなくなり士農工商もないということになる。

日本では江戸時代のころから天皇の絶対化が進み、幕末のころは天皇のもとでは将軍も関白も一庶民も同じだという日本的平等思想が誕生した。これを思想的に推進したのは吉田松陰である。だからこそ彼の弟子である高杉晋作は、あらゆる身分を超えた市民的軍隊「奇兵隊」を創設することができた。私は社会の中にあって万人平等をうながすものを「平等化推進体」と呼んでいる。

これは私の造語である。欧米では言うまでもなくキリスト教がそれであり、日本には天皇という「平等化推進体」があったが、清および朝鮮にはそれがなかった。おわかりだろう。だからこそ明治維新つまり西洋近代化は、「天皇という存在があったからこそ成功した」と言えるのである。

病弱ながら穏やかな人柄のマイホームパパ

大正天皇の名は嘉仁で明治天皇の息子（親王）だが、母は皇后ではなく側室柳原愛子であった。この時代、まだ皇室は一夫多妻であったのだ。ほかに無事に育った男子がいなかったため、皇太子となり華族（公家）九条道孝の四女節子と結婚した。

明治四五年（一九一二）七月に明治天皇の死とともに践祚し、大正と改元し大正四年（一九一五）即位の礼をあげた。特筆すべきは側室を一切置かず、一夫一婦制を採用したことである。夫婦仲もむつまじく四人の男子が生まれた。裕仁親王（のちの昭和天皇）、秩父宮、高松宮、三笠宮である。

しかし、生まれつき病弱で脳に障害があり、次第に体の自由が利かなくなった。そこで大正一〇年（一九二一）から、特例として皇太子の裕仁親王が摂政宮として立てられた。穏やかな人柄で、今で言うマイホームパパであったという。体の病弱な割には外に出ることが好きで、公務に励み沖縄を除く全国を巡遊した。現代、一般的にイメージされる天皇像というものの原形はここにあるようだ。国民も欧米列強に一刻も早く追いつかなければいけないという緊張感から解放され、大正という時代を楽しんでいたようだ。その象徴が「大正デモクラシー」とよばれる一連の民主的改革である。

大正時代は第一次世界大戦が終わり国際的には平和が確立され、国内では資本主義の急速な発展により、いわゆる中間層が生まれ民主主義制度の充実を求めて新たな動きを示した時代であった。一方で天皇絶対を制度化した大日本帝国憲法が存在したため、思想家吉野作造は「民主主義」ならぬ「民本主義」を唱えた。もちろん、これは基本的には「言い換え」で、内容は男女同権、大学の自治、言論・集会・結社の自由の実現といった、民主的改革を目指すもので、そのゴールと考えられたのは普通選挙制（といっても男子だけだが）の実現であった。

まず大正二年（一九一三）、長州閥から総理大臣となった桂太郎は陸軍の要求である二個師団増設という軍拡を強行しようとしたが、これに反対する尾崎行雄や犬養毅ら政党勢力が憲政擁護運動を推進したため、国会を数万の民衆が取り巻くという事態になり、桂内閣は総辞職した。民衆が内閣を倒した最初の事例といわれる（大正政変）。

また大正七年（一九一八）に成立した原敬内閣は、英米ら八ヶ国との海軍の艦艇の保有率を協議するワシントン会議（一九二一年）に臨んだ。この時、海軍大臣にして全権に抜てきされた加藤友三郎は、日露戦争でロシアと戦った海軍の現役軍人だったが、国内で反対論も強かった米国案（日本の立場から見れば海軍軍縮になる）を受け入れた。日米戦争など不可能だという判断に基づくものだったといわれている。もちろん、この時代は帝国主義の時代でもあり、陸軍やその支持派は満州に進出する機会を虎視眈々と狙っていた。しかし、大正末期には普通選挙法も成立したし軍縮という冷静な判断ができる時代でもあったのである。

教育勅語をめぐる的外れな批判

大正天皇の健康は回復せず大正一五年（一九二六）に四八歳で崩御した。その年、元号が大正から昭和に改められたことは言うまでもない。

この後、時代は激動の昭和に入る。それは「天皇のために死ぬことが国民の義務だ」などという教育がおこなわれた時代なのだが、もうお分かりのように、明治維新は最初からそういう国家を目指していたわけではない。

しかし「昭和ヒトケタの世代」の多くは「日本は明治の当初から天皇を中心とした軍国主義を目指していた」と教えられてきたのではないか。注意してほしいのは、そういう教師を育てた大学では「朝鮮戦争は韓国の仕掛けたもので北朝鮮は犠牲者である」と教えていたことだ。とにかく天皇をおとしめたいデタラメな歴史教育だったのである。だからこそ、そういう教育は共産主義国家に対する熱狂的な美化につながる。それを信じた一部のジャーナリストが、「北朝鮮は労働者の天国だ」「理想的な国家である北朝鮮が日本人拉致などするはずがない」という報道を繰り返していたのはよくご存じのはずである。もういい加減にだまされるのはおよしなさいと言いたい。

共産主義国家の問題点は、無神論であるがゆえに平等化推進体が存在しないということだ。だから結果的に人間に「身分の差」が生まれ、「共産党員＝優れた人間」が「愚かな大衆」を支配するという形になる。北朝鮮も「民主主義人民共和国」と言いながら、なぜ「金一族」支配の専制国家になるのか、もうお分かりだろう。

しかし昭和期にはいった日本が、「天皇のために死ぬのが忠義だ」という軍国主義国家になったのは歴史的事実である。なぜなったかといえば、世界大恐慌で「植民地をしっかり確保しておかねば国家が成り立たない」という恐怖心に襲われたことが大きい。そして、そうした「帝国主義への道」をあおりにあおったのが、戦前のマスコミであったことは紛れもない事実である。

昭和天皇［第一二四代］

長州の悪いところを帝国陸軍が引き継いだ

明治天皇を国家元首とした大日本帝国は第一二三代大正天皇、第一二四代昭和天皇と受け継がれたが、その昭和天皇の治世に破綻した。昭和二〇年（一九四五）八月一五日のことである。

いったいなぜそんなことになってしまったのか？　軍国主義に染まったからだという説明はわかりやすいが、なぜそうなったのかという説明にはなっていない。もちろん世界大恐慌のような外的要因もあったことは事実だが、基本的にどんなシステムであれ破綻するのは、システム自体に欠陥があったことが原因である場合がほとんどだ。では大日本帝国憲法（以下、帝国憲法と呼ぶ）によって構築された大日本帝国（以下、帝国と呼ぶ）には、どんな欠陥があったのか？

実は帝国憲法をつくった人々にはその欠陥が、いや正確に言えば「欠陥になり得る点」が見えていた。つまり天皇の存在があまりにも巨大化してしまったので、それを政治的に利用する者が現れれば、どんな方向にも帝国を引っ張っていくことができる、ということだ。だからそれができないようにさまざまな制約を課した。

帝国憲法の第一条で「大日本帝国ハ万世一系ノ天皇之ヲ統治ス」とあるから、帝国は天皇の独裁国家のように見えるが、実は天皇は内閣の輔弼（補佐すること）がなければ何事も決定できないし、法律も帝国議会の協賛がなければ実質的に施行することができない。つまり、実際には天皇の独裁は否定されているのである。

また帝国憲法では帝国軍の大元帥（総司令官）が天皇であった。明治の人々が恐れたのは、軍部が天皇の名をもって勝手に戦争などを始めることである。だから帝国陸軍の創設者である山県有朋は軍人勅諭を作って「軍人は絶対に政治に関与してはならない」ことを天皇の命令の形で徹底した。天皇は絶対であるから天皇の命令も絶対である。したがって、山県も、初代総理大臣で帝国憲法を制定させた伊藤博文も、軍部が天皇の意志に逆らって独走することなどあり得ない、と考えた。

ところがその後の歴史はご存じのように、軍部が天皇の権威を利用して勝手に帝国を動かすという、とんでもない事態に発展した。それは結局帝国そのものの破綻を招いたのだが、そうならないように明治の先人は帝国憲法や軍人勅諭という「手」を打っておいたはずなのに、なぜそうなってしまったのか。山県や伊藤が昭和初期の帝国を見たら「そんなバカな」と絶句しただろう。

ヒントは「長州」にある。国民作家司馬遼太郎は「帝国陸軍は長州の悪性遺伝子を受け継いでいる」という意味のことをいった。医学上は問題ある発言だが、要するに司馬遼太郎の言いたかったことは、「長州の悪いところを帝国陸軍は引き継いだ」ということだろう。

具体的にはどういうことか、それが如実にわかるのは昭和一一年(一九三六)に起こった、いわゆる二・二六事件である。帝国陸軍の青年将校が「昭和維新」を目指して政府高官数名を射殺して首都東京の中心部を占拠し、昭和天皇に維新の断行を求めた一種のクーデターである。天皇は断固これを拒否し、青年将校らを反乱軍と決めつけた。だが彼らは自分たちが反乱軍だとは夢にも思っていなかったのである。

宣戦布告をしていない満州事変

帝国陸軍の青年将校が起こした二・二六事件は反乱である。法律を無視し、軍人ゆえに所持が許されている武器で政府高官数人を射殺したのだから、反乱以外の何物でもない。しかし青年将校たちはそれが正義の実行だと確信していた。

昭和初期に始まった世界大恐慌の影響で日本は疲弊していた。また気候不順で冷害が続き、東北の村々では「娘を売らなければ生きていけない」という状況だった。そこで青年将校たちは「今の政治は間違っている。明治維新の時のように天皇を中心に決起し、新しい国家に作り直すべきだ」と考え、天皇の周辺にいる「君側(くんそく)の奸(かん)」を取り除く必要

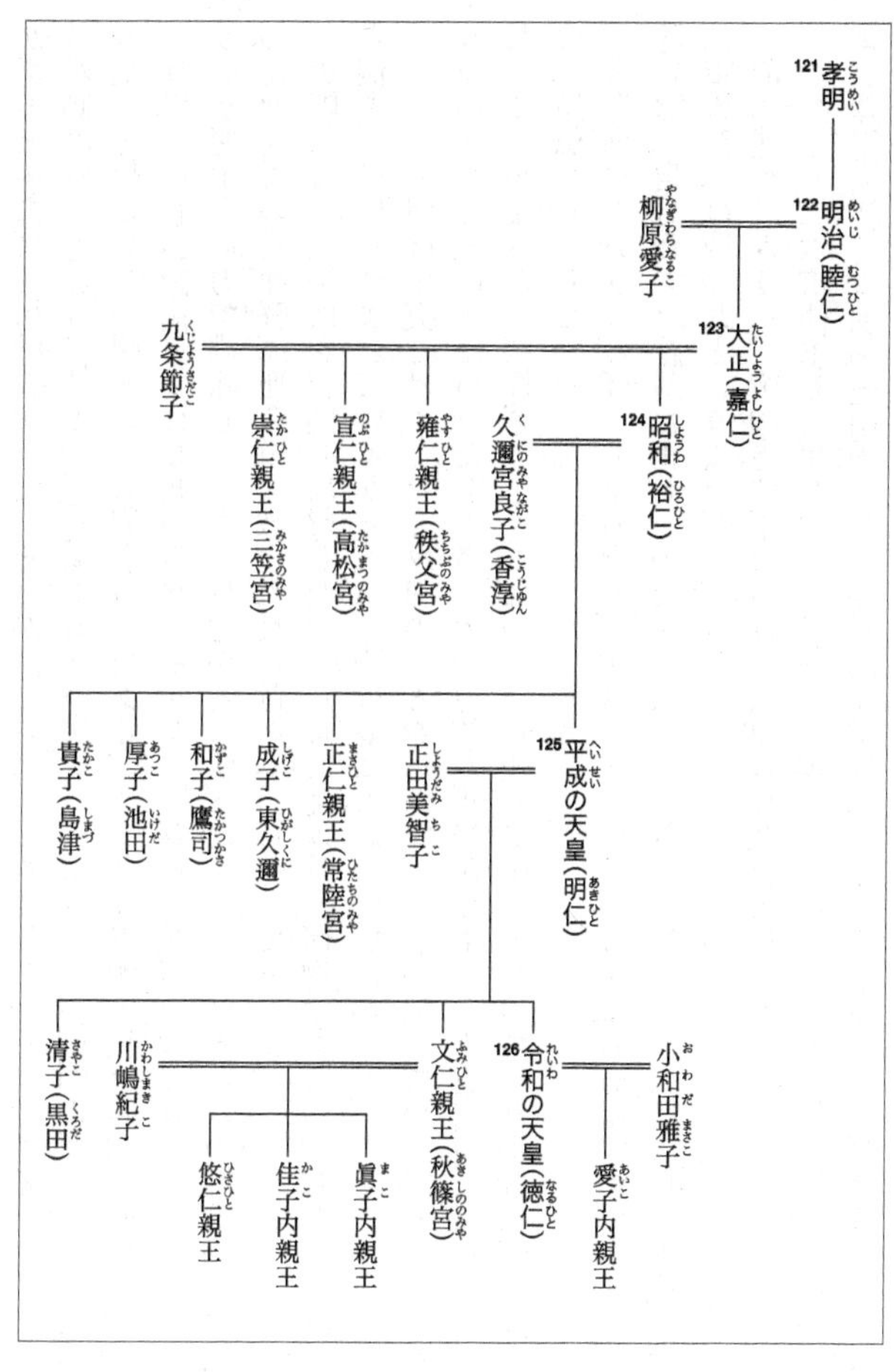
121 孝明
122 明治(睦仁)
柳原愛子
123 大正(嘉仁)
九条節子
124 昭和(裕仁)
久邇宮良子(香淳)
雍仁親王(秩父宮)
宣仁親王(高松宮)
崇仁親王(三笠宮)
125 平成の天皇(明仁)
正田美智子
正仁親王(常陸宮)
成子(東久邇)
和子(鷹司)
厚子(池田)
貴子(島津)
小和田雅子
126 令和の天皇(徳仁)
愛子内親王
文仁親王(秋篠宮)
川嶋紀子
眞子内親王
佳子内親王
悠仁親王
清子(黒田)

があると実力行使に踏み切った。それが、この二・二六事件だったのである。

「君側の奸」という言葉を覚えておられるだろうか。そう、「蛤御門の変」いや「長州の乱」を起こした長州人の「大義名分」である。つまり「孝明天皇は君側の奸に取り込まれて、正しい政治（実は長州の考える『正しい』政治）が実行できない。だから、そういう連中を武力で排除し、天皇の真意が通る状態にすべきだ」というのが、御所に攻め寄せ警護の会津薩摩連合軍と戦った長州側の「言い分」であった。

実際には天皇御所を包囲し攻撃したのだから反乱以外の何物でもない。しかも自分が君側の奸に取り込まれているなどとは孝明は夢にも思っていなかった。

しかし長州は事実とはまったく反対のことを、真実だと思い込んでいた。そして、そう思い込むことは実は自分たちの考えの一方的な正当化であることを自覚していなかった。これがまさに「悪性遺伝子」となって、長州人が中心となって作り上げた帝国陸軍に「遺伝」してしまったのだ。

天皇絶対というならば、天皇の意思にすべて忠実に従うのが正しいはずだ。しかし実際には「自分たちは絶対に正しいのだから天皇はこれを支持すべきだ」という態度を特に軍人たちは取ったということだ。

前に述べたように、帝国憲法下における天皇は独裁者ではない。

この二・二六事件より八年前、「自分たちが絶対に正しい」と信じ込んでいた陸軍および陸軍大将でもあった田中義一が首相時代の昭和三年（一九二八）、日本軍は中国侵略の第一歩とも言うべき張作霖爆殺事件をおこした。陸軍が勝手に外国の要人を爆殺したのである。しかも田中内閣はそれをうやむやにしようとした。激怒した昭和天皇は責任を厳しく追及する姿勢を示した結果、内閣は総辞職に追い込まれた。しかし天皇はこれを「若気のいたり」と後に反省している。現実の政治に影響を与えてしまったからだ。

　そしてその三年後の昭和六年（一九三一）に満州事変が勃発した。実質的な日中戦争だが、なぜ日清や日露のように戦争と呼ばず事変と呼ぶかといえば、宣戦布告をしていない（天皇が許可していない）からだ。朝鮮（当時は日本領）の司令官が独断で越境し中国の領土に侵攻したのである。

　これは総司令官の天皇を無視した厳罰に値する行動だが、今度は天皇は怒りを抑えていさめるだけにとどめた。なぜか？「若気のいたり」を繰り返すまいとしたからである。

「天皇直属」というゆがんだ軍部のエリート意識

　昭和天皇はなぜ「軍部の独走」を結果的に許したかといえば、「君臨すれども統治せず」が帝国憲法における天皇の役割だったからである。立憲君主の立場を守ったといってもいい。逆に言えば、帝国憲法を守ったにもかかわらず、帝国は滅んでしまったのだから帝国憲法の方に欠陥があったことになる。

　最大の問題は、軍隊の指揮権つまり統帥権を内閣や議会から切り離したことだろう。

明治の先人たちは、軍隊が政治にかかわらないようにするためにそうしたのだが、結果的には軍隊が政治を支配してしまうという目標とは逆の結果を招いた。なぜそんなことになったのか？

軍人たちは統帥権が独立していることから、自分たちは内閣や議会からもコントロールを受けない「天皇直属」の特別な存在だと考えるようになった。また軍人の仕事は「国のために戦う」ことであり「究極の御奉公」は戦死することであるが、官僚や政治家はそこまで求められていないから、本当に天皇に忠義を尽くしているのは自分たちだけだ、と軍人たちは考えるようになった。ゆがんだエリート意識である。こういう意識から見れば、政治家も外交官も国民も軍人に従うべきだということになる。

特に昭和前期は世界大恐慌の影響で、帝国の進むべき道は「満州（という海外植民地）の確保」にあると多くの日本人が考えるようになった。また、そうした考えを当時の一流マスコミであった朝日新聞などがあおりにあおったこともあり、満州事変を起こした軍部を固く支持する世論が定着した。だからこそ天皇も軍部に対して強い姿勢がとれなかった。国民の総意を尊重するのも立憲君主の務めだからである。

軍部のもうひとつの問題は、トップを試験で選んだことだ。朱子学社会ではエリートを試験で選ぶ。日本はそんな伝統がなかったのに、明治維新以降は国家のエリートを選ぶためにそれを採用してしまい、朱子学の持つ「毒」を受け継いでしまった。試験秀才の欠点は一、すべて試験の成績を基準に物事を考え、試験を受けていない人間を軽蔑すること。二、試験の出題範囲にない新しい事態に対応する能力がないこと。三、自分が優秀だと思っているので失敗は他人のせいにすること、である。今でも日本には霞が関あたりにそういう人間が一部生息しているらしいが、そういう連中が一度は国を滅ぼしたことを日本人はもっと認識すべきだろう。

冗談でなく本気で言うのだが、織田信長軍と帝国陸軍では信長軍の方が質が上である。なぜなら、信長軍なら最下級の兵士木下藤吉郎が大将になれるが、帝国軍で藤吉郎は絶対に指揮官になれないからだ。本当の実力は試験で選別できないにもかかわらず、である。

ところがこうした試験秀才が前出のようなゆがんだエリート意識を持つと、とんでもない悲喜劇を生み出す。それが昭和前期の歴史であった。「喜劇」ではなく「悲劇」ではないかと思われるかもしれないが、まともな国では世界最大の国家中国と戦争状態にあるのに、停戦も講和もせずに同時並行で世界最強の国家アメリカと戦争を始めたりしない。いっぺんに複数の敵を相手にしたら負けるというのは、幼稚園の園児でもわかる話である。だが、それがわからないのが、自分は頭が良いと信じ込んでいるエリート、試験秀才なのである。

軍隊には「反省」の言葉なし

天皇は民主主義を定着させるために「絶対の存在」にしなければいけない。だが、そうすると、その「絶対の存在」に直属している軍隊も「絶対」になる。つまり天皇と同じく「神聖にして侵すべからず」ということになってしまう。

先に「織田信長の軍隊の方が帝国陸軍よりマシだ」と述べた。あれは人事、つまり木下藤吉郎が大将になれるかなれないかの問題だったが、実は兵器の面でも同じことがいえる。陸軍は「三八式歩兵銃」つまり「明治三八年式ライフル」を、それから半世紀もたった第二次世界大戦でも使用し続けた。なぜか？　日本製の兵器には戦車も大砲もすべて「菊の御紋章」が付いている。天皇から頂いたものが「使いにくい」とか「外国の兵器に比べて劣っている」ということはあり得ない。「使いにくい」ではなく「練習が足らん」のだ。しかし信長なら日本製外国製を問わず優秀なものを使う。

日本がソビエト連邦に仕掛けた事実上の戦争「ノモンハン事件」でも、実際はソビエト製の兵器の方が優秀だったから負けたのだが、中央の参謀本部はそれを現場の責任にした。「運用の仕方がまずい」ということだ。こういう軍隊には「反省」という言葉がない。どんな組織でも反省することによって欠点を克服し生まれ変わるのだが、それができない組織は当然滅亡する。それが昭和二〇年（一九四五）八月一五日に起こったことである。

既に原爆が広島と長崎に投下され多くの日本人が犠牲になっていた。天皇もこれ以上戦うことは無理と戦争をやめることを決意していたのに、陸軍の中央には二・二六事件と同じく「君側の奸」を取り除けば、天皇も「本土決戦」を支持すると思い込んでいた連中がいた。もちろん天皇はそんなことはまるで考えていない。ポツダム宣言受諾つまり日本の降伏を決断したのは天皇である。

実はこのことについても、天皇はのちに二・二六事件の時と同じで立憲君主制を踏み越えた行為であると反省していた。しかし、天皇がそうしなければさらに多くの日本人とアメリカ人が犠牲になっていただろう。この「御聖断」は高く評価すべきものである。しかし、戦後の日本では天皇というと、日本の後進性の象徴だとされ、戦争が続いたことも天皇の責任とする意見が主流だった。前にも述べたように特に子供のころ「天皇陛下のために死ねるか」「死ねます」という教育を受けたのに、戦争に負けた途端「アメリカさんが来たらハローと言いましょう」などと「教育者」に言われた人々が「日本嫌い」になるのは無理もない。この人たちは確かに戦前教育の犠牲者である。

しかしながら、歴史は「好き嫌い」ではなく理性と論理で判断するものだ。戦前の帝国の重大な決断は最終的には天皇の名をもって行われた。英米に対する宣戦布告もそうだ。しかし、帝国憲法を冷静に検討すれば、そうした戦争責任をすべて天皇に押し付けるのは法理論的にも無理であるということがわかるはずである。

残念ながら日本には、こうした冷静な論理を受け付けない学者、文化人が少なからずいる。そろそろ、こういう人々には論戦の場から退場していただきたいものである。

欠陥憲法に潜む「ケガレ信仰」

昭和二〇年（一九四五）を境にして、天皇の憲法上の地位も大きく変わった。帝国憲法から日本国憲法へ憲法自体が変わったのだから当然といえば当然だが、新憲法制定施行前に天皇の国民に宛てた詔書が出された。

これは昭和天皇自ら「自分と国民との結びつきは天皇が現御神（あきつみかみ）（現世に姿を現わしている神、生き神）という信仰に基づくものではない」という見解を示したもので「人間宣言」と呼ばれているが、ではそうした信仰が本当に存在したのか？

この時期、日本を占領していた連合軍（実態はアメリカ軍）はそう信じていた。現御神というより現人神（あらひとがみ）という言い方のほうが一般的だったが、確かに教科書にもこの言葉は載せられていた。しかし、多くの人は誤解しているが「現人神」という言葉が子供に対する教育の場で使われたのは、明治でも大正でもなく昭和であり、軍部の政治関与が激しくなってからである。軍部が自分たちの戦争を「完遂」するため、天皇と軍部をより神聖な存在にしようとした、いわば「陰謀」の産物と言っていい。だから天皇は「人間宣言」にまったく抵抗はなかった。

その後アメリカの強い影響下、日本国憲法が制定された。だが、この憲法でも天皇は「日本国民の象徴」であり「日本国民統合の象徴」として他の国民とは隔絶した地位にいる。これは、日本における天皇という存在の歴史的意義を生かしたものといえるだろう。

しかし、日本国憲法には当然ながら欠点もある。「戦争放棄」という美名のもとに、当然の権利である自国防衛の手段を認めていないことだ。もちろん自衛隊という存在はあるが、あれは憲法を理性的、論理的に解釈すればやはり「違憲」の存在だろう。とはいっても国家は国民の生命と財産を守る義務があり、国家が憲法を守ればそれが不可能になるというなら、やはり日本国憲法は民主国家の憲法としては欠陥憲法と言わざるを得ない。

それでも多くの人が、少なくともこれまではそう思っていなかったのは、日本には軍事を「ケガレ」という不幸の根源と見る「信仰」があるからだ。しかも、天皇という日本文化における不可欠な存在はその「信仰」と固く結びついており、克服はなかなか難しい。ひょっとしたらこれが日本民族の将来にわたっての最大の文化的課題かもしれない。

ところで、敗戦で打ちのめされた戦後日本が完全に立ち直ったと多くの人が考えたのは、天皇の開会宣言のもとに開催された昭和三九年（一九六四）の東京オリンピックだったろう。開会式は一〇月一〇日だったが、その前月の九月二〇日に天皇は勅使つまり自らの代理をある場所に派遣した。

四国、香川県にある崇徳天皇の御陵である。なぜなら、翌二一日はちょうど八〇〇年前、崇徳が無念の最期を遂げた命日だったからである。しかも、通常は勅使といっても宮内庁の職員が代参するのが普通だが、天皇は特に弟宮の高松宮を勅使に同行させた。

当時の新聞にこうある。「モーニング姿の高松宮が九十一段の御陵の石段を静かにのぼられ、御供物のあとに衣冠に威儀を正した正親町(おおぎまち)勅使がつづいた。雅楽が木立の間を流れ、天皇、皇后両陛下からのおそなえものがみささぎにそなえられた」(四國新聞九月二一日付朝刊)。

天皇は常にこうして日本国の平安を祈ってきたのである。

平成の天皇［第一二五代］

つくられた「天皇＝現人神」

昭和八年（一九三三）生まれ、明仁と言うのがお名前である。日本の運命の分岐点とも言うべき満州事変の二年後だった。母親は香淳皇后（久邇宮良子女王）で、前から述べているように、天皇の絶対化神格化が最高潮に達した時代でもあった。なぜそういうことになったかは考察しておく必要があるだろう。

最大の原因は、やはり昭和四年（一九二九）の世界大恐慌だろう。アメリカに端を発した世界最大の不景気の渦はあらゆる国を巻き込んだ。いや、共産主義を貫いていたソビエト連邦だけは例外だった。要するにこの大恐慌は、資本主義というシステムの欠陥に基づくものだったからだ。そこで共産主義こそ正しいという「信仰」が生まれる一方、イギリスやフランスといった伝統的な資本主義を採用し植民地を多数獲得していた国は、自分たちだけのブロック経済圏を組んで危機を逃れようとした。自由貿易をやめてライバルを締め出したのである。

しかし、植民地で経済圏をつくるほどの力はないドイツ、イタリア、日本は困惑した。そうした中、強烈なリーダーが国を引っ張り新しい植民地を獲得していけばいいではないか、という考え方が生まれた。それを率先して実行したのがドイツのアドルフ・ヒトラーである。

ヒトラーはもちろん史上最悪の独裁者の一人だが、一種の天才であったことは紛れもない。第一次世界大戦の敗北でどん底に落ちたドイツ経済を完璧（かんぺき）に立て直し、ベルリンオリンピック（一九三六年）を成功させた。ヒトラーのやり方は今ファシズムと呼ばれているが、日本もヒトラーを見習って国家を建て直すべきだという「ドイツ派」が特に陸軍を支配した。陸軍は明治からドイツの指導を受け、エリートはドイツ留学組だったからだ。彼らが新しい「獲物」として注目したのが満州（中国東北部）である。

日本は日清戦争、日露戦争に勝利し韓国を併合して大陸に様々な利権を持っていたから、これをさらに拡大することが日本を救う道だと考えたのだ。彼らには頼もしい応援団がいた。戦前からあるマスコミ、すなわち大新聞である。特に朝日新聞は公募の形で「満州行進曲」を世に問うた。これは「満州は日本の生命線、これにつながる権益は日清日露で戦った兵士の尊い血で獲得したものだ。絶対に手放してはならない」という内容で大ヒットし、「何が何でも満州を維持しなければならぬ」という思想を国民に植え付けた。

昭和一六年（一九四一）、日本は「中国（満州）から手を引け」というアメリカの要求は受け入れられないとアメリカなど連合国との戦争に突入するのだが、昭和天皇はあくまでも戦争には反対だった。それを陸軍出身の東条英機首相が押し切る形で開戦に踏み切ったのは、「英霊に申しわけない」から、つまりこの「思想」が定着していたからだ。戦前のマスコミの「戦争責任」は限りなく大きいのである。

一方で陸軍は国民を戦争に参加させるために教育に介入した。それが「日本国民たるもの天皇のために戦って死ね」という教育である。これが明治のころから存在したというのは大きな誤解で、少なくとも「天皇は現人神」という形で強調されたのは、昭和以降の話だ。そんな時代に明仁皇太子は生まれたのである。

家庭教師はアメリカ人のクエーカー教徒

昭和二〇年（一九四五）、明仁皇太子は一一歳（満年齢）で終戦を迎えた。実はこのころ、皇室では皇太子を父母から切り離して側近が養育するという決まりで、自身も栃木県奥日光に疎開していた。しかし、父昭和天皇がポツダム宣言を受諾し日本が降伏することが決まると、東京に呼び戻された。ここで一番心配しておられたのは父の身の上だっただろう。アメリカ軍はその戦争責任を問い、場合によっては処刑するのではないか、などという風聞が広まっていたからである。

しかし父は通訳を連れ、日本に君臨することになった連合軍最高司令官ダグラス・マッカーサーを直接訪ね、自分の身の安全ではなく国民の生活保障を嘆願した。「命乞い」

をすると思っていた天皇が、そうした態度をとったのでマッカーサーは感動し、態度を改めたのは有名な話である。

天皇自身、これからはアメリカとの結び付きを強めなければいけないと考えたのだろう。占領軍に要請し、翌年からアメリカ人の家庭教師を派遣してもらい皇太子に学ばせた。

家庭教師はアメリカ人で、キリスト教一派の中でも平和を極めて重んじるクエーカー教徒のエリザベス・ヴァイニングである。一般には「ヴァイニング夫人」と呼ばれている。アメリカではキリスト教徒といっても召集令状が来れば当たり前のように出征し戦争に行くが、宗派の中には「殺人」を伴う戦争への参加に否定的なところもある。いわゆる「良心的兵役拒否者」を擁護する姿勢で、クエーカー教徒もその流れの中にいた。もちろん、独立戦争という形で建国し、様々な戦争で国勢を拡大してきたアメリカでは、どちらかといえば少数派であり、決して多数派ではない。

そうした少数派のクエーカー教徒からわざわざ家庭教師を選んだのだ。これはGHQ(占領軍総司令部)に明確な意図があってのことだろう。アメリカは日本を「天皇を現人神とする狂信的な国家神道」の国とみており、体制を改変する事が絶対に必要と考えていたようで、だからこそ昭和天皇をして「人間宣言」を出させた。

しかし前から述べているように、こうした「国のかたち」は満州事変以降敗戦までの極めて特殊な状況であって、それ以前は「大正デモクラシー」とよばれる時代もあったのだから、日本人が再びデモクラシーを取り戻すことは、それほど困難ではなかった。

それにしてもヴァイニング夫人と若き皇太子との「交流」は四年に及び、夫人はこの時のことを著作にしているが、日本側の詳細な記録は残されていない。敬虔なキリスト教徒にとっては、その教えを知らない人間に懇切丁寧に教えを説き、キリスト教への入信を勧めるのは神聖な義務でもある。ということは、それを試みた可能性もあるし、そのことをGHQが黙認していた可能性もある。これも前にのべた通り、西洋の民主主義の基本にはキリスト教があるというのは歴然たる事実である。この間に本当に「文化衝突」は無かったのか。

それはともかく、結論だけ言えば、皇太子は天皇として日本の宗教的伝統を保っていく道を選択された。しかし、それは必ずしもすべて保守的にやるということではなかった。

皇太子妃の前例を打ち破る大決断

皇太子の妻である皇太子妃、ゆくゆくは天皇の妻である皇后になる女性は、皇族か少なくとも華族（貴族）それも家格の高い家の出身でなければいけないというのが、天皇家と周辺の人々の信じる不文律であった。

日本は明治維新の時、天皇の前にはすべて平等という方針を貫くはずだった。しかし実際には、革命後貴族を完全に廃止したフランスとは違って、公爵、伯爵などの貴族を国王の藩屏（王家を守護するもの）として維持しているイギリスを見習い、華族制度を敷いた。宮家とのバランスをとるためでもあっただろう。したがって、将来の皇太子妃はこうした家々の令嬢であるべきだという考えが根強くあったのである。逆に言えば「自由恋愛」で皇太子が妻を選ぶなどということはあり得ない、というのが常識だった。一夫一婦制でないならそれも可能かもしれないが、もうそういう時代ではないのである。

ところが、皇太子は史上初めて自分が惚れ込んだ女性を、「平民」出身にもかかわらず正式な妃としたのである。天皇家の歴史に残る大きな決断と言ってもいいだろう。お相手は一歳年下の日清製粉（インスタントラーメンの日清食品とは無関係）社長（一九七三年から会長）の正田英三郎・冨美（一九五六年、富美子に改名）夫妻の長女美智子という女性だった。

二人が出会ったのは長野県軽井沢のテニスコートで、避暑地で行われたテニス大会で偶然対戦したのである。これをきっかけに二人の交流が深まった。また皇太子はテニスとともにカメラを趣味としていたが、彼女を被写体として何枚も写真を撮りそれを宮内庁の文化祭に出品した。「女ともだち」というタイトルがつけられていたという。しかし、それでも周囲の人々は皇太子の「本気」に気がつかなかった。皇太子妃は皇族か旧華族の出身者だと思い込んでいたからである。のちに皇太子の心情が明らかになると、周囲の人々はこぞって「平民出身の皇太子妃などとんでもない」と反対することになる。その筆頭が実の母にあたる香淳皇后だった。

しかし、皇太子には頼もしい味方もいた。経済学者で慶應義塾塾長もつとめた小泉信三である。戦後早い時期に宮内庁長官の委嘱を受け、小泉は東宮御教育常時参与として皇太子をサポートした。国民に愛されたイギリス国王「ジョージ五世」を模範とするように、あるいは健全な体をつくるためにテニスを勧めたのも、小泉である。これが美智子妃との出会いにつながった。

だが皇太子には行動の自由がない。また正田家でも前例の無いことだから当然二の足を踏む。この間をうまくとりもって御成婚を実現させたのは、小泉の尽力によるところ大であった。そしてもう一つ重大な要素として、あまり指摘されない事だが、昭和天皇が二人の結婚に反対しなかったということをあげておきたい。

母である皇后までが反対していた。これで父の天皇が「絶対に許さん」と言ったら御成婚はありえなかっただろう。昭和天皇は明仁皇太子を深く信頼していたのである。

ミッチー・ブームの影響、生前譲位という改革

明仁皇太子が美智子妃を選んだことで、国民にとって皇室がより身近なものになった。「ミッチー・ブーム」という言葉が生まれた。インターネット上の百科事典「ウィキペディア」によると「正田美智子（当時）が昭和三三年（一九五八）から昭和三四年（一九五九）にかけて、日本の皇太子・明仁親王（当時）と婚約して結婚することにより生じた社会現象。平民である美智子が、皇太子との「テニスコートでの自由恋愛」により

結婚に至ったこと、美智子がカトリックのミッション系大学出身者であったことなどをマスメディアが報道し、大きな話題となる。これを契機にテレビが普及するなど、第二次世界大戦後の日本の経済、ファッション、マスメディアなどの領域で、社会に大きな影響を与えた」とある。

当時テレビは本放送が始まって間もないころで、まだ一般家庭の普及率は低かった。だが「御成婚」の日（一九五九年四月一〇日）お二人が馬車に乗って皇居から東宮仮御所までの約九キロをパレードするのを、実況生中継するとテレビ会社が予告したため、地方の人々がその中継を見るためにテレビが大いに売れたという。その前年、本来テレビの電波塔である東京タワーが完成したこともテレビの普及を推進する大きな要素だった。もちろん、パレードにも約五三万人の観衆が詰めかけ祝福した。

これから日本は高度経済成長時代に突入し、週刊誌の創刊なども相次ぎ皇室ブームを支えた。インスタントラーメンもこのころ発明された。そうした高度成長に支えられた大衆社会の力量が、昭和三九年（一九六四）の東京オリンピック、昭和四五年（一九七〇）の大阪世界万博の成功を可能にした。

そして、男女三人のお子様、皇太子徳仁（なるひと）親王（浩宮（ひろのみや））、秋篠宮文仁（あきしののみやふみひと）親王（礼宮（あやのみや））そして紀宮清子（のりのみやさやこ）内親王（現在は皇籍離脱で黒田清子となる）にも恵まれ、皇室御一家のニュースは頻繁に報道されている。

そして昭和六四年（一九八九）一月七日、昭和天皇は八七歳で崩御され、直ちに明仁皇太子が即位し天皇となられ、美智子妃も皇后となられた。天皇そして皇后となられてからの御活動は記憶に新しいところだが、特に重要なのは「二度と戦争の悲劇を繰り返さない」御決意のもと、中国などとの友好を深められる御努力をされていること、戦争犠牲者への慰霊を常に念頭に置かれ、沖縄や南太平洋の島々等を歴訪され、平和への祈りをささげられていることである。

そして震災や水害などの国内での被災者には直接現地を訪ねられ、被災者の前では膝をつきあわせて激励されている。本当に頭が下がる行為である。

そしてもう一つ特筆すべきことは、近代に入ってからは事実上の「終身制」だった天皇という地位を、自ら生前譲位されることで、改革の方向に導かれたことである。これは将来も永遠の功績として語り継がれることになるだろう。

そうした上皇に、私が日本人の一人としてお願い申し上げたいことがいくつかある。

日本という国をさらに素晴らしくする近道

以下申し上げることは、生前譲位という大英断をされた「明仁上皇」に敬意を表しつつも、さらにこうしていただければ、日本いや世界にとっても物事が良い方向に進むのではないかという私個人の独断と偏見である。

受け入れがたいとお考えになるものもあるかもしれない。それはそれで当方が文句を言う筋合いではないし、日本国憲法に規定された天皇という立場上、出来ることと出来ないことがあるのかもしれない。したがって、あくまでお考えを深めるための参考資料程度に考えていただければありがたいことである。

まず第一に、御自身の回顧録をぜひお書きになって頂きたい。歴史の当事者として、後世の人間を真実に導くために、御父君のこと、あるいは終戦直後経験されたさまざまな出来事など、歴史の証言者としてお書き留め頂きたい。何か差し障りがあるなら、たとえば何年か後に公開するという手段もある。また、「物書き」としての経験から言わせていただければ、メディアを選んで連載するなり、信頼できるインタビュアーを選んで質問に答えるという形もある。御自分にとって一番やりやすい形でぜひやって頂きたいものだ。

これはご本人がその気になれば明日からでも実行可能だが、これから述べることはそう簡単には行かないかもしれない。実は大変申し上げにくいことでもある。しかしあえて申し上げることにする。それは端的に言えば部落差別解消の問題である。

本書で繰り返し述べてきたことだが、日本古来の、そして天皇家の信仰でもあった神道は、世界の宗教の中でも極めてユニークで、その大きな特徴に人間あるいは動物の「死」を不幸の根源である「穢れ（ケガレ）」と捉え、それらを徹底的に排除していこうという発想があった。すでに本書で何度も紹介したが、黄泉国で死のケガレにまみれたイザナギはそれを「水に流す」禊を行い、その結果ケガレのまったく無いところから、天皇家の祖先神アマテラスが生まれた。

それゆえに、桓武天皇は部下に「死のケガレ」に触れる行為である軍事を担当させ、自分は一切タッチしないという道を選び、それが天皇の「藩屏」でもある貴族にも受け継がれ、軍事や警察という「ケガレ仕事」に従事する武士たちが朝廷に代わって日本を統治するという歴史になった。日本の天皇陵が長年にわたって、樹木の繁茂を許したまま実質的に放置されてきたのも、この信仰のゆえである。

武士たちはまだいい。日本の統治者として名誉ある地位を得られたのだから。しかしその陰で革製品などの生産に従事する民衆は、「ケガレ多し」と蔑視されてきた。一方で、たとえば彼らは革生産の副産物として「墨」の原材料である膠を一手に製造してきた。それが作られなければ紫式部の『源氏物語』も雪舟の水墨画も存在することは出来なかったのだが、こうした彼らの日本文化への貢献は、その人権とともに無視され続けてきた。

どんなすばらしい文化でも、人間の作ったものである以上必ず欠点というものがあるが、私は日本文化についてはここがそれだと考えている。

そうしたところに、ぜひ何らかの形で光を当てていただきたいのだ。

それが日本という国をさらに素晴らしくする近道だと私は考えている。

父	母	皇后など	陵墓（所在地）
桃園天皇	一条富子	近衛維子〈皇太后〉	月輪陵（京都府京都市東山区泉涌寺内）
典仁親王〈慶光天皇〉	岩室磐代	欣子内親王、勧修寺婧子〈女院〉	後月輪陵（京都府京都市東山区泉涌寺内）
光格天皇	勧修寺婧子	鷹司繋子〈贈皇后〉、鷹司祺子〈皇太后〉、正親町雅子〈女院〉	後月輪陵（京都府京都市東山区泉涌寺内）
仁孝天皇	正親町雅子	九条夙子〈英照皇太后〉、中山慶子〈大典侍〉	後月輪東山陵（京都府京都市東山区泉涌寺内）
孝明天皇	中山慶子	一条美子〈昭憲皇太后〉、柳原愛子〈典侍〉	伏見桃山陵（京都府京都市伏見区）
明治天皇	柳原愛子	九条節子〈貞明皇后〉	多摩陵（東京都八王子市）
大正天皇	九条節子〈貞明皇后〉	久邇宮良子女王〈香淳皇后〉	武蔵野陵（東京都八王子市）
昭和天皇	久邇宮良子女王〈香淳皇后〉	正田美智子	

歴代天皇一覧

	名称	別名・異称	生没（年齢）	在位（期間）
118	後桃園（ごももぞの）	英仁（ひでひと）	1758~1779年（22歳）	1770~1779年（10年）
119	光格（こうかく）	兼仁（ともひと）、師仁（もろひと）、祐宮（さちのみや）	1771~1840年（70歳）	1779~1817年（39年）
120	仁孝（にんこう）	恵仁（あやひと）、寛宮（ゆたのみや）	1800~1846年（47歳）	1817~1846年（30年）
121	孝明（こうめい）	統仁（おさひと）、熙宮（ひろのみや）	1831~1866年（36歳）	1846~1866年（21年）
122	明治（めいじ）	睦仁（むつひと）、祐宮（さちのみや）	1852~1912年（61歳）	1867~1912年（46年）
123	大正（たいしょう）	嘉仁（よしひと）、明宮（はるのみや）	1879~1926年（48歳）	1912~1926年（15年）
124	昭和（しょうわ）	裕仁（ひろひと）、迪宮（みちのみや）	1901~1989年（87歳）	1926~1989年（64年）
125	平成（へいせい）の天皇	明仁（あきひと）、継宮（つぐのみや）	1933~	1989~2019年（31年）

一覧の内容は、『皇室事典』（皇室事典編纂委員会編著、角川学芸出版、2009年）収録の「天皇・皇后一覧（資料編02）」に拠った。同事典に記載のない読み仮名のうち、「陵墓（所在地）」は宮内庁ホームページ「歴代天皇陵一覧」を、「父」「母」「皇后など」は諸本を校合のうえ新たに付した。

父	母	皇后など	陵墓（所在地）
後陽成天皇	近衛前子	徳川和子、櫛笥隆子〈女院〉、園光子〈女院〉、園国子〈女院〉	月輪陵（京都府京都市東山区泉涌寺内）
後水尾天皇	徳川和子		月輪陵（京都府京都市東山区泉涌寺内）
後水尾天皇	園光子	庭田秀子〈典侍〉	月輪陵（京都府京都市東山区泉涌寺内）
後水尾天皇	櫛笥隆子	明子女王〈女御〉	月輪陵（京都府京都市東山区泉涌寺内）
後水尾天皇	園国子	鷹司房子、松木宗子〈女院〉	月輪陵（京都府京都市東山区泉涌寺内）
霊元天皇	松木宗子	幸子女王〈中宮〉、櫛笥賀子〈贈女院〉	月輪陵（京都府京都市東山区泉涌寺内）
東山天皇	櫛笥賀子	近衛尚子〈贈皇太后〉	月輪陵（京都府京都市東山区泉涌寺内）
中御門天皇	近衛尚子	二条舎子〈皇太后〉、姉小路定子〈女院〉	月輪陵（京都府京都市東山区泉涌寺内）
桜町天皇	姉小路定子	一条富子〈皇太后〉	月輪陵（京都府京都市東山区泉涌寺内）
桜町天皇	二条舎子		月輪陵（京都府京都市東山区泉涌寺内）

	名称	別名・異称	生没(年齢)	在位(期間)
108	御水尾(ごみずのお)	政仁(ただひと)、円浄(えんじょう)	1596~1680年(85歳)	1611~1629年(19年)
109	明正(めいしょう)	興子(おきこ)、女一宮(おんないちのみや)	1623~1696年(74歳)	1629~1643年(15年)
110	後光明(ごこうみょう)	紹仁(つぐひと)、素鵞宮(すがのみや)	1633~1654年(22歳)	1643~1654年(12年)
111	後西(ごさい)	良仁(ながひと)、秀宮(ひでのみや)、高松宮(たかまつのみや)、桃園宮(ももぞののみや)、花町宮(はなまちのみや)	1637~1685年(49歳)	1654~1663年(10年)
112	霊元(れいげん)	識仁(さとひと)、高貴宮(あてのみや)、素浄(そじょう)	1654~1732年(79歳)	1663~1687年(25年)
113	東山(ひがしやま)	朝仁(あさひと)、五宮(ごのみや)	1675~1709年(35歳)	1687~1709年(23年)
114	中御門(なかみかど)	慶仁(やすひと)、長宮(ますのみや)	1701~1737年(37歳)	1709~1735年(27年)
115	桜町(さくらまち)	昭仁(てるひと)	1720~1750年(31歳)	1735~1747年(13年)
116	桃園(ももぞの)	遐仁(とおひと)、八穂宮(やほのみや)、茶地宮(さちのみや)	1741~1762年(22歳)	1747~1762年(16年)
117	後桜町(ごさくらまち)	智子(としこ、さとこ)、以茶宮(いさのみや)、緋宮(あけのみや)	1740~1813年(74歳)	1762~1770年(9年)

父	母	皇后など	陵墓(所在地)
後伏見天皇	西園寺寧子	三条秀子〈女院〉	山国陵 (京都府京都市右京区)
後伏見天皇	西園寺寧子	三条実躬の娘(?)	大光明寺陵 (京都府京都市伏見区)
光厳天皇	三条秀子	庭田資子〈典侍〉	大光明寺陵 (京都府京都市伏見区)
光厳天皇	三条秀子	広橋仲子〈女院〉	深草北陵 (京都府京都市伏見区)
後光厳天皇	広橋仲子	三条厳子〈女院〉	深草北陵 (京都府京都市伏見区)
後円融天皇	三条厳子	日野西資子〈女院〉	深草北陵 (京都府京都市伏見区)
後小松天皇	日野西資子		深草北陵 (京都府京都市伏見区)
貞成親王〈後崇光院〉	庭田幸子	藤原信子〈女院〉	後山国陵 (京都府京都市右京区)
後花園天皇	藤原信子	庭田朝子〈贈皇太后〉	深草北陵 (京都府京都市伏見区)
後土御門天皇	庭田朝子	勧修寺藤子〈女院〉	深草北陵 (京都府京都市伏見区)
後柏原天皇	勧修寺藤子	万里小路栄子〈贈皇太后〉	深草北陵 (京都府京都市伏見区)
後奈良天皇	万里小路栄子	万里小路房子〈贈准三后〉	深草北陵 (京都府京都市伏見区)
誠仁親王〈陽光院〉	勧修寺晴子	近衛前子〈女院〉	深草北陵 (京都府京都市伏見区)

歴代天皇一覧

	名称	別名・異称	生没（年齢）	在位（期間）
北1	光厳（こうごん）	量仁（ときひと）、勝光智（しょうこうち）、光智（こうち）、無範（むはん）	1313~1364年（52歳）	1331~1333年（3年）
北2	光明（こうみょう）	豊仁（とよひと）、真常恵（しんじょうえ）	1321~1380年（60歳）	1336~1348年（13年）
北3	崇光（すこう）	興仁（おきひと）、益仁（ますひと）、勝円心（しょうえんしん）	1334~1398年（65歳）	1348~1351年（4年）
北4	後光厳（ごこうごん）	弥仁（いやひと）、光融（こうゆう）	1338~1374年（37歳）	1352~1371年（20年）
北5	後円融（ごえんゆう）	緒仁（おひと）、光浄（こうじょう）	1358~1393年（36歳）	1371~1382年（12年）
100	後小松（ごこまつ）	幹仁（もとひと）、素行智（そこうち）	1377~1433年（57歳）	1382~1412年（31年）
101	称光（しょうこう）	躬仁（みひと）・実仁（みひと）、大宝寿（たいほうじゅ）	1401~1428年（28歳）	1412~1428年（17年）
102	後花園（ごはなぞの）	彦仁（ひこひと）、円満智（えんまんち）	1419~1470年（52歳）	1428~1464年（37年）
103	後土御門（ごつちみかど）	成仁（ふさひと）、正等観（しょうとうかん）	1442~1500年（59歳）	1464~1500年（37年）
104	後柏原（ごかしわばら）	勝仁（かつひと）	1464~1526年（63歳）	1500~1526年（27年）
105	後奈良（ごなら）	知仁（ともひと）	1496~1557年（62歳）	1526~1557年（32年）
106	正親町（おおぎまち）	方仁（みちひと）	1517~1593年（77歳）	1557~1586年（30年）
107	後陽成（ごようぜい）	周仁（かたひと）、和仁（かずひと）	1571~1617年（47歳）	1586~1611年（26年）

父	母	皇后など	陵墓(所在地)
土御門天皇	土御門通子	西園寺姞子〈中宮〉	嵯峨南陵(京都府京都市右京区)
後嵯峨天皇	西園寺姞子	西園寺公子〈中宮〉、洞院愔子〈女院〉	深草北陵(京都府京都市伏見区)
後嵯峨天皇	西園寺姞子	洞院佶子、西園寺嬉子〈中宮〉	亀山陵(京都府京都市右京区)
亀山天皇	洞院佶子	堀河基子〈女院〉、五辻忠子〈女院〉、姈子内親王〈女院〉	蓮華峯寺陵(京都府京都市右京区)
後深草天皇	洞院愔子	西園寺鏱子〈中宮〉、五辻経子、洞院季子〈女院〉	深草北陵(京都府京都市伏見区)
伏見天皇	五辻経子	西園寺寧子〈女院〉	深草北陵(京都府京都市伏見区)
後宇多天皇	堀河基子	徳大寺忻子	北白河陵(京都府京都市左京区)
伏見天皇	洞院季子	正親町実子〈女院〉	十楽院上陵(京都府京都市東山区)
後宇多天皇	五辻忠子	西園寺禧子、珣子内親王、阿野廉子〈皇太后〉	塔尾陵(奈良県吉野郡吉野町)
後醍醐天皇	阿野廉子	藤原氏〈女院〉、北畠顕子〈中宮〉	檜尾陵(大阪府河内長野市)
後村上天皇	藤原氏	西園寺公重の娘〈中宮〉	嵯峨東陵(京都府京都市右京区)
後村上天皇	藤原氏		嵯峨小倉陵(京都府京都市右京区)

歴代天皇一覧

	名称	別名・異称	生没(年齢)	在位(期間)
88	後嵯峨(ごさが)	邦仁(くにひと)、素覚(そかく)	1220~1272年(53歳)	1242~1246年(5年)
89	御深草(ごふかくさ)	久仁(ひさひと)、素実(そじつ)、常磐井殿(ときわいどの)	1243~1304年(62歳)	1246~1259年(14年)
90	亀山(かめやま)	恒仁(つねひと)、万里小路殿(までのこうじどの)、金剛源(こんごうげん)、文応皇帝(ぶんおうこうてい)	1249~1305年(57歳)	1259~1274年(16年)
91	後宇多(ごうだ)	世仁(よひと)、金剛性(こんごうしょう)、大覚寺殿(だいかくじどの)	1267~1324年(58歳)	1274~1287年(14年)
92	伏見(ふしみ)	熙仁(ひろひと)、素融(そゆう)、持明院殿(じみょういんどの)	1265~1317年(53歳)	1287~1298年(12年)
93	後伏見(ごふしみ)	胤仁(たねひと)、持明院殿(じみょういんどの)、行覚(ぎょうかく)、理覚(りかく)	1288~1336年(49歳)	1298~1301年(4年)
94	後二条(ごにじょう)	邦治(くにはる)	1285~1308年(24歳)	1301~1308年(8年)
95	花園(はなぞの)	富仁(とみひと)、遍行(へんぎょう)、萩原殿(はぎわらどの)	1297~1348年(52歳)	1308~1318年(11年)
96	後醍醐(ごだいご)	尊治(たかはる)、吉野院(よしののいん)	1288~1339年(52歳)	1318~1339年(22年)
97	後村上(ごむらかみ)	義良、憲良(のりなが、のりよし)、賀名生殿(あのうどの)	1328~1368年(41歳)	1339~1368年(30年)
98	長 慶(ちょうけい)	寛成(ゆたなり)、慶寿院(けいじゅいん)、覚理(かくり)	1343~1394年(52歳)	1368~1383年(16年)
99	後亀山(ごかめやま)	熙成(ひろなり)、金剛心(こんごうしん)、大覚寺殿(だいかくじどの)	?~1424年(?歳)	1383~1392年(10年)

父	母	皇后など	陵墓(所在地)
鳥羽天皇	藤原得子	藤原多子、藤原呈子	安楽寿院南陵 (京都府京都市伏見区)
鳥羽天皇	藤原璋子	藤原忻子、平滋子〈皇太后〉、藤原懿子〈贈皇太后〉	法住寺陵 (京都府京都市東山区)
後白河天皇	藤原懿子	姝子内親王、藤原育子〈中宮〉、伊岐致遠の娘(?)	香隆寺陵 (京都府京都府市北区)
二条天皇	伊岐致遠の娘		清閑寺陵 (京都府京都市東山区)
後白河天皇	平滋子	平徳子、藤原殖子〈女院〉	後清閑寺陵 (京都府京都市東山区)
高倉天皇	平徳子		阿弥陀寺陵 (山口県下関市)
高倉天皇	藤原殖子	九条任子、土御門在子〈女院〉、高倉重子〈女院〉	大原陵 (京都府京都市左京区)
後鳥羽天皇	土御門在子	大炊御門麗子、土御門通子〈贈皇太后〉	金原陵(京都府長岡京市)
後鳥羽天皇	高倉重子	九条立子	大原陵 (京都府京都市左京区)
順徳天皇	九条立子		九条陵 (京都府京都市伏見区)
守貞親王〈後高倉院〉	持明院陳子	近衛長子、三条有子、九条竴子〈中宮〉	観音寺陵 (京都府京都市東山区泉涌寺内)
後堀河天皇	九条竴子	九条彦子〈女御〉	月輪陵 (京都府京都市東山区泉涌寺内)

	名称	別名・異称	生没(年齢)	在位(期間)
76	近衛(このえ)	体仁(なりひと)	1139~1155年(17歳)	1141~1155年(15年)
77	後白河(ごしらかわ)	雅仁(まさひと)	1127~1192年(66歳)	1155~1158年(4年)
78	二条(にじょう)	守仁(もりひと)	1143~1165年(23歳)	1158~1165年(8年)
79	六条(ろくじょう)	順仁(のぶひと)	1164~1176年(13歳)	1165~1168年(4年)
80	高倉(たかくら)	憲仁(のりひと)	1161~1181年(21歳)	1168~1180年(13年)
81	安徳(あんとく)	言仁(ときひと)、西国天皇(さいごくのてんのう)	1178~1185年(8歳)	1180~1185年(6年)
82	後鳥羽(ごとば)	尊成(たかひら)、顕徳院(けんとくいん)、隠岐院(おきのいん)、良然(りょうねん)、金剛理(こんごうり)	1180~1239年(60歳)	1183~1198年(16年)
83	土御門(つちみかど)	為仁(ためひと)、土佐院(とさのいん)、阿波院(あわのいん)、行源(ぎょうげん)	1195~1231年(37歳)	1198~1210年(13年)
84	順 徳(じゅんとく)	守成(もりなり)、佐渡院(さどのいん)	1197~1242年(46歳)	1210~1221年(12年)
85	仲 恭(ちゅうきょう)	懐成(かねなり)、九条廃帝(くじょうはいてい)	1218~1234年(17歳)	1221~1221年(1年)
86	後堀河(ごほりかわ)	茂仁(ゆたひと)	1212~1234年(23歳)	1221~1232年(12年)
87	四条(しじょう)	秀仁(みつひと)	1231~1242年(12歳)	1232~1242年(11年)

父	母	皇后など	陵墓（所在地）
村上天皇	藤原安子	昌子内親王、藤原懐子〈贈皇太后〉、藤原超子〈贈皇太后〉	桜本陵（京都府京都市左京区）
村上天皇	藤原安子	藤原媓子、藤原遵子〈中宮〉、藤原詮子〈皇太后〉	後村上陵（京都府京都市右京区）
冷泉天皇	藤原懐子	藤原忯子〈女御〉	紙屋川上陵（京都府京都市北区）
円融天皇	藤原詮子	藤原定子、藤原彰子〈中宮〉	円融寺北陵（京都府京都市右京区）
冷泉天皇	藤原超子	藤原娍子、藤原妍子〈中宮〉	北山陵（京都府京都市北区）
一条天皇	藤原彰子	藤原威子〈中宮〉	菩提樹院陵（京都府京都市左京区）
一条天皇	藤原彰子	禎子内親王、藤原嫄子〈中宮〉、藤原嬉子〈贈皇太后〉	円乗寺陵（京都府京都市右京区）
後朱雀天皇	藤原嬉子	章子内親王、藤原寛子、藤原歓子	円教寺陵（京都府京都市右京区）
後朱雀天皇	禎子内親王	馨子内親王、藤原茂子〈贈皇太后〉	円宗寺陵（京都府京都市右京区）
後三条天皇	藤原茂子	藤原賢子	成菩提院陵（京都府京都市伏見区）
白河天皇	藤原賢子	篤子内親王、藤原苡子〈贈皇太后〉	後円教寺陵（京都府京都市右京区）
堀河天皇	藤原苡子	藤原璋子〈中宮〉、藤原泰子、藤原得子	安楽寿院陵（京都府京都市伏見区）
鳥羽天皇	藤原璋子	藤原聖子	白峯陵（香川県坂出市）

歴代天皇一覧

	名称	別名・異称	生没(年齢)	在位(期間)
63	冷泉(れいぜい)	憲平(のりひら)	950~1011年(62歳)	967~969年(3年)
64	円融(えんゆう)	守平(もりひら)、覚如(かくにょ)、金剛法(こんごうほう)	959~991年(33歳)	969~984年(16年)
65	花山(かざん)	師貞(もろさだ)、入覚(にゅうかく)	968~1008年(41歳)	984~986年(3年)
66	一条(いちじょう)	懐仁(やすひと)、精進覚(しょうじんかく)、妙覚(みょうかく)	980~1011年(32歳)	986~1011年(26年)
67	三条(さんじょう)	居貞(おきさだ)、金剛浄(こんごうじょう)	976~1017年(42歳)	1011~1016年(6年)
68	後一条(ごいちじょう)	敦成(あつひら)	1008~1036年(29歳)	1016~1036年(21年)
69	後朱雀(ごすざく)	敦良(あつなが)、精進行(しょうじんこう)	1009~1045年(37歳)	1036~1045年(10年)
70	後冷泉(ごれいぜい)	親仁(ちかひと)	1025~1068年(44歳)	1045~1068年(24年)
71	後三条(ごさんじょう)	尊仁(たかひと)、金剛行(こんごうぎょう)、延久帝(えんきゅうのみかど)	1034~1073年(40歳)	1068~1072年(5年)
72	白河(しらかわ)	貞仁(さだひと)、六条帝(ろくじょうのみかど)、融観(ゆうかん)	1053~1129年(77歳)	1072~1086年(15年)
73	堀河(ほりかわ)	善仁(たるひと)	1079~1107年(29歳)	1086~1107年(22年)
74	鳥羽(とば)	宗仁(むねひと)、空覚(くうかく)	1103~1156年(54歳)	1107~1123年(17年)
75	崇徳(すとく)	顕仁(あきひと)、讃岐院(さぬきのいん)	1119~1164年(46歳)	1123~1141年(19年)

父	母	皇后など	陵墓(所在地)
桓武天皇	藤原乙牟漏	藤原帯子〈贈皇后〉	楊梅陵(奈良県奈良市)
桓武天皇	藤原乙牟漏	橘　嘉智子〈檀林皇后〉	嵯峨山上陵(京都府京都市右京区)
桓武天皇	藤原旅子	正子内親王、高志内親王〈贈皇后〉	大原野西嶺上陵(京都府京都市西京区)
嵯峨天皇	橘　嘉智子〈檀林皇后〉	藤原順子〈太皇太后〉、藤原沢子〈贈皇太后〉	深草陵(京都府京都市伏見区)
仁明天皇	藤原順子	藤原明子〈太皇太后〉	田邑陵(京都府京都市右京区)
文徳天皇	藤原明子	藤原高子〈皇太后〉	水尾山陵(京都府京都市右京区)
清和天皇	藤原高子	綏子内親王〈妃〉	神楽岡東陵(京都府京都市左京区)
仁明天皇	藤原沢子	班子女王〈皇太后〉	後田邑陵(京都府京都市右京区)
光孝天皇	班子女王	藤原胤子〈贈皇太后〉、藤原温子〈女御〉	大内山陵(京都府京都市右京区)
宇多天皇	藤原胤子	藤原穏子、為子内親王〈妃〉	後山科陵(京都府京都市伏見区)
醍醐天皇	藤原穏子	熙子女王〈女御〉	醍醐陵(京都府京都市伏見区)
醍醐天皇	藤原穏子	藤原安子	村上陵(京都府京都市右京区)

歴代天皇一覧

	名称	別名・異称	生没(年齢)	在位(期間)
51	平城(へいぜい)	小殿(おて)、安殿(あて)、日本根子天推国高彦尊(やまとねこあめおしくにたかひこのみこと)、奈良帝(ならのみかど)	774~824年(51歳)	806~809年(4年)
52	嵯峨(さが)	神野(かみの)	786~842年(57歳)	809~823年(15年)
53	淳和(じゅんな)	大伴(おおとも)、日本根子天高譲弥遠尊(やまとねこあめたかゆずるいやとおのみこと)、西院帝(さいいんのみかど)	786~840年(55歳)	823~833年(11年)
54	仁明(にんみょう)	正良(まさら)、日本根子天璽豊聡慧尊(やまとねこあめしるしとよさとのみこと)、深草帝(ふかくさのみかど)	810~850年(41歳)	833~850年(18年)
55	文徳(もんとく)	道康(みちやす)、田邑帝(たむらのみかど)	827~858年(32歳)	850~858年(9年)
56	清和(せいわ)	惟仁(これひと)、水尾帝(みずのおのみかど)、素真(そしん)	850~880年(31歳)	858~876年(19年)
57	陽成(ようぜい)	貞明(さだあきら)	868~949年(82歳)	876~884年(9年)
58	光孝(こうこう)	時康(ときやす)、小松帝(こまつのみかど)	830~887年(58歳)	884~887年(4年)
59	宇多(うだ)	定省(さだみ)、朱雀太上天皇(すざくだじょうてんのう)、亭子院帝(ていじのいんのみかど)、空理(くうり)、金剛覚(こんごうかく)、寛平法皇(かんぴょうほうおう)	867~931年(65歳)	887~897年(11年)
60	醍醐(だいご)	敦仁(あつぎみ)、維城(これき)、金剛宝(こんごうほう)、延喜帝(えんぎのみかど)	885~930年(46歳)	897~930年(34年)
61	朱雀(すざく)	寛明(ゆたあきら)、仏陀寿(ぶつだじゅ)	923~952年(30歳)	930~946年(17年)
62	村上(むらかみ)	成明(なりあきら)、覚貞(かくてい)、天暦帝(てんりゃくのみかど)	926~967年(42歳)	946~967年(22年)

父	母	皇后など	陵墓(所在地)
天智天皇	伊賀宅子娘	十市皇女〈妃〉	長等山前陵(滋賀県大津市)
舒明天皇	宝皇女〈皇極天皇／斉明天皇〉	鸕野讃良皇女〈持統天皇〉	檜隈大内陵(奈良県高市郡明日香村)
天智天皇	蘇我遠智娘	天武天皇〈配偶者〉	檜隈大内陵(奈良県高市郡明日香村)
草壁皇子	阿閇皇女〈元明天皇〉	藤原宮子〈夫人〉	檜隈安古岡上陵(奈良県高市郡明日香村)
天智天皇	蘇我姪娘	草壁皇子〈配偶者〉	奈保山東陵(奈良県奈良市)
草壁皇子	阿閇皇女〈元明天皇〉		奈保山西陵(奈良県奈良市)
文武天皇	藤原宮子	藤原安宿媛〈光明皇后〉	佐保山南陵(奈良県奈良市)
聖武天皇	藤原安宿媛〈光明皇后〉		高野陵(奈良県奈良市)
舎人親王	当麻山背	粟田諸姉？	淡路陵(兵庫県南あわじ市)
施基親王	紀橡姫	井上内親王、高野新笠〈夫人〉	田原東陵(奈良県奈良市)
光仁天皇	高野新笠	藤原乙牟漏、藤原旅子〈贈皇太后〉	柏原陵(京都府京都市伏見区)

歴代天皇一覧

	名称	別名・異称	生没(年齢)	在位(期間)
39	弘文(こうぶん)	大友(おおとも)、伊賀(いが)	648~672年(25歳)	671~672年(2年)
40	天武(てんむ)	大海人(おおあま)、天渟中原瀛真人尊(あまのぬなはらおきのまひとのみこと)、浄御原天皇(きよみはらのすめらみこと)	629~686年(58歳?)	673~686年(14年)
41	持統(じとう)	鸕野讃良(うののさらら)、大倭根子天之広野日女尊(おおやまとねこあめのひろのひめのみこと)、藤原宮御宇天皇(ふじわらのみやあめのしたしろしめすすめらみこと)	645~702年(58歳)	690~697年(8年)
42	文武(もんむ)	珂瑠(かる)、倭根子豊祖父天皇(やまとねことよおおじのすめらみこと)、後藤原宮御宇天皇(のちのふじわらのみやあめのしたしろしめすすめらみこと)	683~707年(25歳)	697~707年(11年)
43	元明(げんめい)	阿閇(あべ)/日本根子天津御代豊国成姫天皇(やまとねこあまつみしろとよくになりひめのすめらみこと)	661~721年(61歳)	707~715年(9年)
44	元正(げんしょう)	氷高(ひだか)、新家(にいのみ)、日本根子高瑞浄足姫天皇(やまとねこたかみずきよたらしひめ)	680~748年(69歳)	715~724年(10年)
45	聖武(しょうむ)	首(おびと)、天璽国押開豊桜彦尊(あめしるしくにおしはるきとよさくらひこのみこと)、勝宝感神聖武皇帝(しょうほうかんじんしょうむこうてい)	701~756年(56歳)	724~749年(26年)
46	孝謙(こうけん)	阿倍(あべ)、高野天皇(たかののすめらみこと)、宝字称徳孝謙皇帝(ほうじしょうとくこうけんこうてい)、法基尼(ほうきに)	718~770年(53歳)	749~758年(10年)
47	淳仁(じゅんにん)	大炊(おおい)、淡路公(あわじこう)、淡路廃帝(あわじのはいてい)	733~765年(33歳)	758~764年(7年)
48	称徳(しょうとく)	← 孝謙重祚		764~770年(7年)
49	光仁(こうにん)	白壁(しらかべ)、天宗高紹天皇(あめむねたかつぎのすめらみこと)、後田原天皇(のちのたわらのすめらみこと)	709~781年(73歳)	770~781年(12年)
50	桓武(かんむ)	山部(やまのべ)、日本根子皇統弥照尊(やまとねこあまつひつぎいやてらすのみこと)、延暦帝(えんりゃくのみかど)、柏原天皇(かしわらのすめらみこと)	737~806年(70歳)	781~806年(26年)

父	母	皇后など	陵墓（所在地）
継体天皇	尾張目子媛	春日山田皇女	古市高屋丘陵（大阪府羽曳野市）
継体天皇	尾張目子媛	橘仲皇女	身狭桃花鳥坂上陵（奈良県橿原市）
継体天皇	手白香皇女	石姫皇女、蘇我堅塩媛〈妃〉、蘇我小姉君〈妃〉	檜隈坂合陵（奈良県高市郡明日香村）
欽明天皇	石姫皇女	息長広姫、額田部皇女〈推古天皇〉	河内磯長中尾陵（大阪府南河内郡太子町）
欽明天皇	蘇我堅塩媛	穴穂部間人皇女	河内磯長原陵（大阪府南河内郡太子町）
欽明天皇	蘇我小姉君	大伴小手子〈妃〉	倉梯岡陵（奈良県桜井市）
欽明天皇	蘇我堅塩媛	敏達天皇〈配偶者〉	磯長山田陵（大阪府南河内郡太子町）
押坂彦人大兄皇子	糠手姫皇女	宝皇女〈皇極天皇／斉明天皇〉	押坂内陵（奈良県桜井市）
茅渟王	吉備姫王	舒明天皇〈配偶者〉	越智崗上陵（奈良県高市郡高取町）
茅渟王	吉備姫王	間人皇女	大阪磯長陵（大阪府南河内郡太子町）
舒明天皇	宝皇女〈皇極天皇／斉明天皇〉	倭姫王、蘇我遠智娘〈嬪〉、蘇我姪娘〈嬪〉、伊賀宅子娘〈宮人〉	山科陵（京都府京都市山科区）

歴代天皇一覧

	名称	別名・異称	生没（年齢）	在位（期間）
27	安閑（あんかん）	勾大兄（まがりのおおえ）、広国押武金日尊（ひろくにおしたけかなひのみこと）	雄略10~安閑2年（70歳）	継体25~安閑2年（5年）
28	宣化（せんか）	武小広国押盾尊（たけおひろくにおしたてのみこと）、檜前高田（ひのくまのたかだ）	雄略11~宣化4年（73歳）	安閑2~宣化4年（5年）
29	欽明（きんめい）	天国排開広庭尊（あめくにおしはるきひろにわのみこと）、志帰島天皇（しきしまのすめらみこと）	継体3~欽明32年（63歳）	宣化4~欽明32年（33年）
30	敏達（びだつ）	渟中倉太珠敷尊（ぬなかくらふとたましきのみこと）、他田天皇（おさだのすめらみこと）	宣化3~敏達14年（48歳）	敏達1~敏達14年（14年）
31	用明（ようめい）	橘豊日尊（たちばなのとよひのみこと）、池辺天皇（いけべのすめらみこと）	欽明1~用明2年（48歳）	敏達14~用明2年（3年）
32	崇峻（すしゅん）	泊瀬部（はつせべ）、長谷部若雀命（はつせべのわかさざきのみこと）、倉橋天皇（くらはしのすめらみこと）	?~崇峻5年（?歳）	用明2~崇峻5年（6年）
33	推古（すいこ）	額田部（ぬかたべ）、豊御食炊屋媛尊（とよみけかしきやひめのみこと）、小治田天皇（おはりだのすめらみこと）	554~628年（75歳）	592~628年（37年）
34	舒明（じょめい）	田村（たむら）、息長足日広額尊（おきながたらしひひろぬかのみこと）、高市天皇（たけちのすめらみこと）、岡本天皇（おかもとのすめらみこと）	593~641年（49歳）	629~641年（13年）
35	皇極（こうぎょく）	宝（たから）、天豊財重日足姫尊（あめとよたからいかしひたらしひめのみこと）、飛鳥天皇（あすかのすめらみこと）、後岡本天皇（のちのおかもとのすめらみこと）	594~661年（68歳）	642~645年（4年）
36	孝徳（こうとく）	軽（かる）、天万豊日尊（あめよろずとよひのみこと）	596~654年（59歳）	645~654年（10年）
37	斉明（さいめい）	← 皇極重祚		655~661年（7年）
38	天智（てんじ）	葛城（かつらぎ）、中大兄（なかのおおえ）、天命開別尊（あめみことひらかすわけのみこと）、近江天皇（おうみのすめらみこと）	626~671年（46歳）	668~671年（4年）

父	母	皇后など	陵墓（所在地）
日本武尊	両道入姫命	気長足姫尊〈神功皇后〉	恵我長野西陵（大阪府藤井寺市）
仲哀天皇	気長足姫尊〈神功皇后〉	仲姫命	恵我藻伏崗陵（大阪府羽曳野市）
応神天皇	仲姫命	磐之媛命、八田皇女	百舌鳥耳原中陵（大阪府堺市堺区）
仁徳天皇	磐之媛命	草香幡梭皇女	百舌鳥耳原南陵（大阪府堺市西区）
仁徳天皇	磐之媛命	津野姫〈夫人〉	百舌鳥耳原北陵（大阪府堺市堺区）
仁徳天皇	磐之媛命	忍坂大中姫命	恵我長野北陵（大阪府藤井寺市）
允恭天皇	忍坂大中姫命	中蒂姫命	菅原伏見西陵（奈良県奈良市）
允恭天皇	忍坂大中姫命	草香幡梭姫皇女、葛城韓媛〈妃〉	丹比高鷲原陵（大阪府羽曳野市）
雄略天皇	葛城韓媛		河内坂門原陵（大阪府羽曳野市）
市辺押磐皇子	蟻臣荑媛	難波小野王	傍丘磐坏丘南陵（奈良県香芝市）
市辺押磐皇子	蟻臣荑媛	春日大娘皇女	埴生坂本陵（大阪府藤井寺市）
仁賢天皇	春日大娘皇女	春日娘子	傍丘磐坏丘北陵（奈良県香芝市）
彦主人王	振媛命	手白香皇女、尾張目子媛〈妃〉	三嶋藍野陵（大阪府茨木市）

歴代天皇一覧

	名称	別名・異称	生没（年齢）	在位（期間）
14	仲哀（ちゅうあい）	足仲彦尊（たらしなかつひこのみこと）	?~仲哀9年(?歳)	仲哀1~仲哀9年(9年)
15	応神（おうじん）	誉田別尊（ほんだわけのみこと）	仲哀9~応神41年(111歳)	応神1~応神41年(41年)
16	仁徳（にんとく）	大鷦鷯尊（おおさざきのみこと）	神功摂政57~仁徳87年(143歳)	仁徳1~仁徳87年(87年)
17	履中（りちゅう）	大兄去来穂別尊（おおえのいざほわけのみこと）	?~履中6年(?歳)	履中1~履中6年(6年)
18	反正（はんぜい）	多遅比瑞歯別尊（たじひのみずはわけのみこと）	?~反正5年(?歳)	反正1~反正5年(5年)
19	允恭（いんぎょう）	雄朝津間稚子宿禰尊（おあさづまわくごのすくねのみこと）	?~允恭42年(?歳)	允恭1~允恭42(42年)
20	安康（あんこう）	穴穂尊（あなほのみこと）	履中2~安康3年(56歳)	允恭42~安康3年(4年)
21	雄略（ゆうりゃく）	大泊瀬幼武尊（おおはつせわかたけのみこと）、大長谷命（おおはつせのみこと）	允恭7~雄略23年(62歳)	安康3~雄略23年(24年)
22	清寧（せいねい）	白髪武広国押稚日本根子尊（しらがたけひろくにおしわかやまとねこのみこと）	允恭33~清寧5年(41歳)	清寧1~清寧5年(5年)
23	顕宗（けんぞう）	弘計尊（おけのみこと）、来目稚子尊（くめのわかごのみこと）	允恭39~顕宗3年(38歳)	顕宗1~顕宗3年(3年)
24	仁賢（にんけん）	億計尊（おけのみこと）、大脚（おおし）	允恭38~仁賢11年(50歳)	仁賢1~仁賢11年(11年)
25	武烈（ぶれつ）	小泊瀬稚鷦鷯尊（おはつせのわかさざきのみこと）	仁賢2~武烈8年(18歳)	仁賢11~武烈8年(9年)
26	継体（けいたい）	男大迹尊（おおどのみこと）、彦太尊（ひこふとのみこと）	允恭39~継体25年(82歳)	継体1~継体25年(25年)

父	母	皇后など	陵墓(所在地)
鸕鷀草葺不合尊(うがやふきあえずのみこと)	玉依姫命(たまよりひめのみこと)	媛蹈鞴五十鈴媛命(ひめたたらいすずひめのみこと)	畝傍山東北陵(うねびやまのうしとらのすみのみささぎ)(奈良県橿原市)
神武天皇	媛蹈鞴五十鈴媛命(ひめたたらいすずひめのみこと)	五十鈴依媛命(いすずよりひめのみこと)	桃花鳥田丘上陵(つきだのおかのえ)(奈良県橿原市)
綏靖天皇	五十鈴依媛命(いすずよりひめのみこと)	渟名底仲媛命(ぬなそこなかつひめのみこと)	畝傍山西南御陰井上陵(うねびやまのひつじさるのみほどのいのえ)(奈良県橿原市)
安寧天皇	渟名底仲媛命(ぬなそこなかつひめのみこと)	天豊津媛命(あまとよつひめのみこと)	畝傍山南繊沙渓上陵(うねびやまのみなみのまなごのたにのえ)(奈良県橿原市)
懿徳天皇	天豊津媛命(あまとよつひめのみことのみこと)	世襲足媛(よそたらしひめ)	掖上博多山上陵(わきのかみのはかたのやまのえ)(奈良県御所市)
孝昭天皇	世襲足媛(よそたらしひめ)	押媛命(おしひめのみこと)	玉手丘上陵(たまてのおかのえ)(奈良県御所市)
孝安天皇	押媛命(おしひめのみこと)	細媛命(ほそひめのみこと)	片丘馬坂陵(かたおかのうまさか)(奈良県北葛城郡王寺町)
孝霊天皇	細媛命(ほそひめのみこと)	鬱色謎命(うつしこめのみこと)	剣池嶋上陵(つるぎのいけのしまのえ)(奈良県橿原市)
孝元天皇	鬱色謎命(うつしこめのみこと)	伊香色謎命(いかがしこめのみこと)	春日率川坂上陵(かすがのいざかわのさかのえ)(奈良県奈良市)
開化天皇	伊香色謎命(いかがしこめのみこと)	御間城姫命(みまきひめのみこと)	山辺道勾岡上陵(やまのべのみちのまがりのおかのえ)(奈良県天理市)
崇神天皇	御間城姫命(みまきひめのみこと)	狭穂姫命(さほひめのみこと)、日葉酢媛命(ひばすひめのみこと)	菅原伏見東陵(すがわらのふしみのひがし)(奈良県奈良市)
垂仁天皇	日葉酢媛命(ひばすひめのみこと)	播磨稲日大郎姫命(はりまのいなびのおおいらつめのみこと)、八坂入姫命(やさかのいりひめのみこと)	山辺道上陵(やまのべのみちのえ)(奈良県天理市)
景行天皇	八坂入姫命(やさかのいりひめのみこと)		狭城盾列池後陵(さきのたたなみのいけじり)(奈良県奈良市)

歴代天皇一覧

	名称	別名・異称	生没(年齢)	在位(期間)
1	神武(じんむ)	神日本磐余彦尊(かんやまといわれひこのみこと)、狭野尊(さののみこと)、始馭天下之天皇(はつくにしらすすめらみこと)	庚午1~神武76年(127歳)	神武1~神武76年(76年)
2	綏靖(すいぜい)	神渟名川耳尊(かんぬなかわみみのみこと)	神武29~綏靖33年(84歳)	綏靖1~綏靖33年(33年)
3	安寧(あんねい)	磯城津彦玉手看尊(しきつひこたまでみのみこと)	綏靖5~安寧38年(67歳)	綏靖33~安寧38年(39年)
4	懿徳(いとく)	大日本彦耜友尊(おおやまとひこすきとものみこと)	綏靖29~懿徳34年(77歳)	懿徳1~懿徳34年(34年)
5	孝昭(こうしょう)	観松彦香殖稲尊(みまつひこかえしねのみこと)	懿徳5~孝昭83年(114歳)	孝昭1~孝昭83年(83年)
6	孝安(こうあん)	日本足彦国押人尊(やまとたらしひこくにおしひとのみこと)	孝昭49~孝安102年(137歳)	孝安1~孝安102年(102年)
7	孝霊(こうれい)	大日本根子彦太瓊尊(おおやまとねこひこふとにのみこと)	孝安51~孝霊76年(128歳)	孝霊1~孝霊76年(76年)
8	孝元(こうげん)	大日本根子彦国牽尊(おおやまとねこひこくにくるのみこと)	孝霊18~孝元57年(116歳)	孝元1~孝元57年(57年)
9	開化(かいか)	稚日本根子彦大日日尊(わかやまとねこひこおおひびのみこと)	孝元7~開化60年(111歳)	孝元57~開化60年(61年)
10	崇神(すじん)	御間城入彦五十瓊殖尊(みまきいりひこいにえのみこと)、御肇国天皇(はつくにしらすすめらみこと)	開化10~崇神68年(119歳)	崇神1~崇神68年(68年)
11	垂仁(すいにん)	活目入彦五十狭茅尊(いくめいりひこいさちのみこと)	崇神29~垂仁99年(139歳)	垂仁1~垂仁99年(99年)
12	景行(けいこう)	大足彦忍代別尊(おおたらしひこおしろわけのみこと)	垂仁17~景行60年(143歳)	景行1~景行60年(60年)
13	成務(せいむ)	稚足彦尊(わかたらしひこのみこと)	景行14~成務60年(107歳)	成務1~成務60年(60年)

歴代天皇一覧

本書は、小社刊行の『天皇の日本史』（二〇一八年七月二〇日）及び『天皇の日本史Ⅱ』（二〇一九年四月二六日）を歴代天皇順に再構成して合本し、加筆修正のうえ文庫化したものです。

天皇の日本史

井沢元彦

令和2年 4月25日 初版発行
令和6年 4月25日 7版発行

発行者●山下直久

発行●株式会社KADOKAWA
〒102-8177 東京都千代田区富士見2-13-3
電話 0570-002-301(ナビダイヤル)

角川文庫 22127

印刷所●株式会社KADOKAWA
製本所●株式会社KADOKAWA

表紙画●和田三造

●お問い合わせ
https://www.kadokawa.co.jp/（「お問い合わせ」へお進みください）
※内容によっては、お答えできない場合があります。
※サポートは日本国内のみとさせていただきます。
※Japanese text only

ISBN 978-4-04-400575-7 C0195

◆◇◇

角川文庫発刊に際して

角川源義

第二次世界大戦の敗北は、軍事力の敗北であった以上に、私たちの若い文化力の敗退であった。私たちの文化が戦争に対して如何に無力であり、単なるあだ花に過ぎなかったかを、私たちは身を以て体験し痛感した。西洋近代文化の摂取にとって、明治以後八十年の歳月は決して短かすぎたとは言えない。にもかかわらず、近代文化の伝統を確立し、自由な批判と柔軟な良識に富む文化層として自らを形成することに私たちは失敗して来た。そしてこれは、各層への文化の普及滲透を任務とする出版人の責任でもあった。

一九四五年以来、私たちは再び振出しに戻り、第一歩から踏み出すことを余儀なくされた。これは大きな不幸ではあるが、反面、これまでの混沌・未熟・歪曲の中にあった我が国の文化に秩序と確たる基礎を齎らすためには絶好の機会でもある。角川書店は、このような祖国の文化的危機にあたり、微力をも顧みず再建の礎石たるべき抱負と決意とをもって出発したが、ここに創立以来の念願を果すべく角川文庫を発刊する。これまで刊行されたあらゆる全集叢書文庫類の長所と短所とを検討し、古今東西の不朽の典籍を、良心的編集のもとに、廉価に、そして書架にふさわしい美本として、多くのひとびとに提供しようとする。しかし私たちは徒らに百科全書的な知識のジレッタントを作ることを目的とせず、あくまで祖国の文化に秩序と再建への道を示し、この文庫を角川書店の栄ある事業として、今後永久に継続発展せしめ、学芸と教養との殿堂として大成せんことを期したい。多くの読書子の愛情ある忠言と支持とによって、この希望と抱負とを完遂せしめられんことを願う。

一九四九年五月三日

角川文庫ベストセラー

英傑の日本史 新撰組・幕末編 増補決定版
井沢元彦
将軍や諸大名、幕臣や藩士、新撰組隊士など、主要69人を一挙掲載。数々の困難を前に、歴史に名を刻んだ人物たちはどんな決断を下していったのか。英傑たちの生涯とその活躍から幕末史を通覧する増補決定版。

英傑の日本史 源平争乱編
井沢元彦
源義経・平清盛・源頼朝・武蔵坊弁慶・北条政子――。日本史上有数の大変革期を戦った源氏と平氏。「歴史の神」に選ばれた英傑たちのドラマと、定説からは見えてこない歴史をダイナミックに読み解く！

英傑の日本史 信長・秀吉・家康編
井沢元彦
従来の慣習を次々と変えて乱世を勝ち抜いた信長。「人たらし」と呼ばれるほどの対人交渉術で最高の出世を果たした秀吉。苦労人で腰が低く誰からも慕われた家康。三人三様の生き様から戦国の歴史を見つめ直す。

英傑の日本史 風林火山編
井沢元彦
戦にも民政にも才を発揮した武田信玄、長く存在を否定されてきた軍師・山本勘助、父の仇に嫁した諏訪御料人――。戦国最強と謳われた武田軍団の野望と人間ドラマから、謀略渦巻く戦国史の襞に分け入る！

英傑の日本史 上杉越後死闘編
井沢元彦
乱世を「義」に生きた武将・上杉謙信、上杉景勝の右腕として御家騒動や徳川家康の脅威に抗した名家老・直江兼続――。川中島から関ヶ原へ向かう戦国の世、時代を駆け抜けた男たちの人間ドラマに迫る！

角川文庫ベストセラー

英傑の日本史 激闘織田軍団編
井沢元彦

「本能寺の変」で得をした前田利家、徹底して秀吉に逆らい「悪人」となった佐々成政、信長を残忍な男に変えた浅井長政——。波瀾に満ちた男たちのドラマに迫り、勝者が敗者を書き記す歴史の虚実に斬り込む！

英傑の日本史 坂本龍馬編
井沢元彦

坂本龍馬の生涯を軸にすえ、武市半平太、西郷隆盛、高杉晋作、勝海舟、徳川慶喜ほか幕末の英傑たちが歩んだ激動のドラマに肉迫。虚像多き龍馬像をつきくずし、新たな龍馬と維新のダイナミズムを描きだす！

英傑の日本史 智謀真田軍団編
井沢元彦

武田・上杉・北条ら大勢力の狭間を生き、信長・秀吉・家康たち天下人を向こうに戦った真田の知謀とは。彼らが繰り広げた死闘と謎多き実像に肉薄。敵味方が錯綜する戦国ドラマを独自の史観で照らし出す！

動乱の日本史 徳川システム崩壊の真実
井沢元彦

なぜ「ペリーは突然やってきた」が歴史常識なのか。なぜ明治革命でなく明治維新なのか。万全のはずだった幕府の崩壊に、日本を繰り返し滅亡の危機に追い込んできた思想の原因をさぐるシリーズ第二弾！

動乱の日本史 南北朝対立と戦国への道
井沢元彦

「応仁の乱」以前とそれに続く乱世を縦断的に俯瞰。幕府政治という「常識」が崩れ、天下人や天下統一という「非常識」が生まれた因果関係を明らかにする。歴史をより深く極め評価する視点を養うシリーズ第3弾。